Erbschaft- und Schenkungsteuerrecht in Frage und Antwort

Alexander Schneider

Erbschaft- und Schenkungsteuerrecht in Frage und Antwort

2., vollständig aktualisierte Auflage

Alexander Schneider
München, Deutschland

ISBN 978-3-658-48480-4   ISBN 978-3-658-48481-1 (eBook)
https://doi.org/10.1007/978-3-658-48481-1

Die Deutsche Nationalbibliothek verzeichnet diese Publikation in der Deutschen Nationalbibliografie; detaillierte bibliografische Daten sind im Internet über https://portal.dnb.de abrufbar.

© Der/die Herausgeber bzw. der/die Autor(en), exklusiv lizenziert an Springer Fachmedien Wiesbaden GmbH, ein Teil von Springer Nature 2021, 2025

Das Werk einschließlich aller seiner Teile ist urheberrechtlich geschützt. Jede Verwertung, die nicht ausdrücklich vom Urheberrechtsgesetz zugelassen ist, bedarf der vorherigen Zustimmung des Verlags. Das gilt insbesondere für Vervielfältigungen, Bearbeitungen, Übersetzungen, Mikroverfilmungen und die Einspeicherung und Verarbeitung in elektronischen Systemen.
Die Wiedergabe von allgemein beschreibenden Bezeichnungen, Marken, Unternehmensnamen etc. in diesem Werk bedeutet nicht, dass diese frei durch jede Person benutzt werden dürfen. Die Berechtigung zur Benutzung unterliegt, auch ohne gesonderten Hinweis hierzu, den Regeln des Markenrechts. Die Rechte des/der jeweiligen Zeicheninhaber*in sind zu beachten.
Der Verlag, die Autor*innen und die Herausgeber*innen gehen davon aus, dass die Angaben und Informationen in diesem Werk zum Zeitpunkt der Veröffentlichung vollständig und korrekt sind. Weder der Verlag noch die Autor*innen oder die Herausgeber*innen übernehmen, ausdrücklich oder implizit, Gewähr für den Inhalt des Werkes, etwaige Fehler oder Äußerungen. Der Verlag bleibt im Hinblick auf geografische Zuordnungen und Gebietsbezeichnungen in veröffentlichten Karten und Institutionsadressen neutral.

Planung/Lektorat: Catarina Gomes de Almeida
Springer Gabler ist ein Imprint der eingetragenen Gesellschaft Springer Fachmedien Wiesbaden GmbH und ist ein Teil von Springer Nature.
Die Anschrift der Gesellschaft ist: Abraham-Lincoln-Str. 46, 65189 Wiesbaden, Germany

Wenn Sie dieses Produkt entsorgen, geben Sie das Papier bitte zum Recycling.

Vorwort zur 2. Auflage

Die Bedeutung der Erbschaft- und Schenkungsteuer für Privatpersonen und Unternehmen bleibt weiter hoch. In keiner anderen Steuer kann durch sorgfältige Planung und Gestaltung die tatsächliche Steuerlast so beeinflusst werden. Im Freistaat Bayern wurde im Jahr 2023 eine Erhöhung der Steuer um 6,3 % festgestellt, im Bundesgebiet stiegen die Steuereinnahmen insgesamt um 3,9 %. Der tatsächliche Vermögensverlust der Steuerpflichtigen durch die Erbschaft- und Schenkungsteuer lässt sich nur bedingt allein anhand der Steuereinnahmen erkennen. Zur Reduzierung oder Vermeidung dieser Steuer werden zunehmend beträchtliche Vermögenswerte an gemeinnützige Einrichtungen zu Lebzeiten oder von Todes wegen übertragen. Dieser Vermögensverlust ist in der Statistik nicht ausgewiesen. Auffallend ist, dass die Steuereinnahmen durch Schenkungen deutlich stärker zunehmen als durch Erbschaften. Hieraus lässt sich ableiten, dass offenbar die Notwendigkeit der Regelung der Vermögensnachfolge zu Lebzeiten vermehrt erkannt und umgesetzt wird. Dies gilt insbesondere für die Übertragung von Betriebsvermögen. Inflation, unveränderte Freibeträge und höhere Grundstücksbewertungen werden wohl zukünftig dazu führen, dass sich der Anteil derjenigen, die von der Steuer berührt sind, weiter erhöhen wird.

Für die 2. Auflage des vorliegenden Buches wurde das gesamte Werk aktualisiert. Zwischenzeitlich fanden einige bedeutsame Änderungen im Erbschaft- und Schenkungsteuerrecht statt, die nun Berücksichtigung in diesem Buch gefunden haben. Hier ist insbesondere das Jahressteuergesetz 2022 zu nennen, in welchem die Angleichung der steuerlichen Bewertungsregelungen für Immobilien an die Immobilienermittlungsverordnung vom 14. Juli 2021 erfolgte. Hierdurch werden sich in der Gegenwart und zukünftig höhere Immobilienbewertungen ergeben, die sich auf die Festsetzung der Erbschaft- und Schenkungsteuer auswirken bzw. auswirken werden. Zudem sind die Anpassungen des Erbschaftsteuerrechts an die Reform des Personengesellschaftsrechtes (kurz MoPeG) zu erwähnen. Zu Änderungen hat auch das Wachstumschancengesetz sowie das neue Jahressteuergesetz 2024 geführt. Das nun aktualisierte Buch berücksichtigt all diese Änderungen. Aktuelle Rechtsprechung bis einschließlich März 2025 ist in dem vorliegenden Buch eingearbeitet.

Das vorliegende Buch möchte die komplexe Materie des Erbschaft- und Schenkungsteuerrechts möglichst einfach vermitteln. Hierzu werden die wesentlichen Themen des Steuergebietes allein anhand von Fragen und Antworten vermittelt. Die Fragen können hierbei abstrakt sein. Häufig jedoch wird anhand eines konkreten Falles eine Frage gestellt. Im Rahmen der Antworten werden zudem noch ergänzende wichtige Hinweise über die eigentliche Beantwortung der Frage hinaus gewährt. Besonders an diesem Buch ist die Einarbeitung der angesprochenen Themen in ein Prüfungsschema, das dem Leser verdeutlichen soll, wo er die Thematik einzuordnen hat. Dieser didaktische Aufbau soll vor allem Studentinnen und Studenten eine bessere systematische Einordnung ermöglichen. Aus Gründen der besseren Darstellung wurde lediglich der Teil über die Bewertung von Erbschaften und Schenkungen ausgenommen und in einen eigenen Gliederungspunkt (Kap. 2) eingereiht. Das Buch erläutert zunächst allgemeine Aspekte zur Besteuerung von Erbschaften und Schenkungen, wie z. B. das Verhältnis der Erbschaftsteuer zu anderen Steuerarten (Abschn. 1.1). Dann wird anhand eines logischen Prüfungsschemas die Materie dargestellt (Abschn. 1.2). Anschließend folgt die Abhandlung über die Bewertung des der Erbschaft- und Schenkungsteuer unterliegenden Vermögens (Kap. 2). In das Buch wurden auch Fragen aus dem mündlichen Steuerberaterexamen eingearbeitet.

Das Buch richtet sich an Studentinnen und Studenten von wirtschaftswissenschaftlichen, rechtlichen oder anderen Studiengängen, in welchem die Thematik Bestandteil der Ausbildung ist. Im besonderen Maße richtet sich jedoch das Buch an die steuerbezogenen Bachelor- und Masterstudiengänge sowie an diejenigen, die das Steuerberaterexamen oder die Prüfung zum Steuerfachwirt ablegen wollen. Auch für Personen, die in Steuerkanzleien oder Steuerabteilungen arbeiten, ist das Buch bedeutsam.

Das Buch wurde nach bestem Wissen und Gewissen erstellt. Sollten sich dennoch Fehler oder Ungereimtheiten in dieses Buch eingeschlichen haben, so bedankt sich der Autor für eine Rückmeldung unter der Emailanschrift „alexander.f.schneider@online.de". Eine steuerliche Beratung kann dieses Buch nicht ersetzen.

München, Deutschland   Alexander Schneider

Inhaltsverzeichnis

1	**Besteuerung von Schenkungen und Erwerben von Todes wegen**...........			1
1.1	Stellung der Erbschaft- und Schenkungsteuer im Steuerrecht...........			1
	1.1.1	Allgemeines..		1
	1.1.2	Verhältnis zu anderen Steuern............................		3
		1.1.2.1	Körperschaftsteuer..............................	3
		1.1.2.2	Einkommensteuer...............................	3
		1.1.2.3	Umsatzsteuer...................................	4
		1.1.2.4	Grunderwerbsteuer..............................	4
	1.1.3	Anzeige- und Steuererklärungspflicht.......................		5
	1.1.4	Verfahrensrechtliche Besonderheiten........................		7
1.2	Prüfungsreihenfolge der Schenkung und Erbschaftsteuer............			9
	1.2.1	Prüfungsschema...		9
	1.2.2	Persönliche Steuerpflicht.................................		10
		1.2.2.1	Natürliche Personen.............................	10
		1.2.2.2	Gesellschaften und Körperschaften des öffentlichen Rechts..	14
	1.2.3	Sachliche Steuerpflicht...................................		15
		1.2.3.1	Erwerbe von Todes wegen........................	16
		1.2.3.2	Schenkungen unter Lebenden.....................	22
		1.2.3.3	Zweckzuwendungen.............................	30
		1.2.3.4	Erbersatzbesteuerung............................	30
	1.2.4	Besteuerungszeitpunkt/Entstehen der Steuer.................		34
	1.2.5	Vermögensanfall..		37
		1.2.5.1	Von Todes wegen...............................	37
		1.2.5.2	Schenkungen...................................	37
	1.2.6	Gegenstandsbezogene Steuerbefreiungen....................		37
		1.2.6.1	Hausrat und andere bewegliche körperlichen Gegenstände...................................	38
		1.2.6.2	Kulturgüter.....................................	39

		1.2.6.3	Immobilien	40
		1.2.6.4	Rückfall von Vermögen an Eltern oder Großeltern	46
		1.2.6.5	Gelegenheitsgeschenke	46
		1.2.6.6	Unterhalts- und Pflegeleistungen	47
		1.2.6.7	Verzicht	49
		1.2.6.8	Zuwendung an begünstigte Einrichtungen	49
		1.2.6.9	Betriebsvermögen	49
	1.2.7	Nachlassschulden/Abzugsposten		68
		1.2.7.1	Erwerb von Todes wegen	68
	1.2.8	Nicht gegenstandsbezogene, sachliche Steuerbefreiungen		78
		1.2.8.1	Zugewinn	78
		1.2.8.2	Freibeträge nach § 16 ErbStG	81
		1.2.8.3	Versorgungsfreibetrag	83
	1.2.9	Steuertarif		85
		1.2.9.1	Tarif	85
		1.2.9.2	Härteklausel	86
	1.2.10	Ausländische Steuern		87
	1.2.11	Mehrfacherwerbe		89
	1.2.12	Stundung		91
	1.2.13	Erlöschen der Steuer		93
1.3	Besonderheiten bei der Besteuerung			95
	1.3.1	Vor- und Nacherbschaft		95
	1.3.2	Berliner Testament		99
	1.3.3	Mittelbare Schenkung		99
	1.3.4	Konfusion		101
	1.3.5	Teilungsanordnung		101
	1.3.6	Renten, Nutzungen und Leistungen		102
Literatur				102
2	**Bewertung von Schenkungen und Erwerben von Todes wegen**			**105**
2.1	Feststellungsverfahren			105
2.2	Bewertung von Vermögen, soweit es sich nicht um Betriebs- oder Grundvermögen handelt			107
	2.2.1	Allgemeine Gegenstände		107
	2.2.2	Forderungen und Schulden		108
	2.2.3	Einlage, Versicherungen und Inhaberschuldverschreibungen		110
	2.2.4	Sachleistungen		111
	2.2.5	Nutzungen und Leistungen		112
	2.2.6	Bedingte Erwerbe und Lasten		117
2.3	Bewertung von Grundvermögen			118
	2.3.1	Bewertungsgrundsätze		118
	2.3.2	Bewertungsverfahren		121

2.4	Bewertung von Betriebsvermögen	124
	2.4.1 Bewertungsgrundsätze	124
	2.4.2 Vereinfachtes Ertragswertverfahren	125
	2.4.3 Bewertung des Anteils an einem Betriebsvermögen (Personengesellschaft)	131
	2.4.4 Bewertung des Anteils an einer vermögensverwaltenden Personengesellschaft	132
	2.4.5 Bewertung des Anteils an einer Kapitalgesellschaft	133
	2.4.6 Paketzuschlag	134
	2.4.7 Buchwertklausel bei Personengesellschaften	135
Literatur		136

Besteuerung von Schenkungen und Erwerben von Todes wegen

1.1 Stellung der Erbschaft- und Schenkungsteuer im Steuerrecht

1.1.1 Allgemeines

Die deutsche Erbschaftsteuer ist eine sog. Erbanfallsteuer. Was ist hierunter zu verstehen?

Bei der sog. Erbanfallsteuer steht der Erwerber im Fokus der Besteuerung. Jeder Erbe muss für die Bezahlung der Steuer geradestehen. Die Verhältnisse der Erben zum Erblasser (z. B. Freibeträge) sind für die Besteuerung wesentlich.

Neben der Erbanfallsteuer ist international auch die sog. Nachlasssteuer weit verbreitet. Hier betrachtet der Fiskus den Nachlass als ganzen und erhebt dementsprechend die Steuer. Für die Erben ist insoweit vorteilhaft, dass sich die Erben nach der Erbauseinandersetzung keine Gedanken mehr über die Erbschaftsteuer machen müssen. Nachteilig ist jedoch, dass persönliche Freibeträge der Erben nicht möglich sind, da die Verhältnisse der Erben keine Berücksichtigung finden. Wegen des Wegfalls der persönlichen Freibeträge ist die Gesamtsteuerbelastung meist bei der Ausgestaltung der Erbschaftsteuer als Nachlasssteuer höher als bei der Erbanfallsteuer.

Wer hat die Gesetzgebungs-, Ertrags- und Verwaltungshoheit über die Erbschaft- und Schenkungsteuer?

Dem Bund obliegt die konkurrierende Gesetzgebung (Art. 105 Abs. 2 i. V. m. Art. 72 Abs. 2 GG). Der Ertrag aus dieser Steuerquelle fließt den Ländern zu (Art. 106 Abs. 2 Nr. 2 GG). Für die Verwaltung der Steuer sind die Länderfinanzbehörden zuständig (Art. 108 Abs. 2 GG).

Welche Verwaltungsvorschriften gibt es im Erbschaftsteuerrecht?

Die Bundesregierung hat am 16. Dezember 2019 mit Zustimmung des Bundesrates gemäß Art. 108 Abs. 7 GG die Erbschaftsteuerrichtlinien 2019 erlassen. Die Richtlinien untergliedern sich in einen Teil, welcher die Vorschriften des ErbStG umfasst (R. E. jeweilige Paragraf des ErbStG), und in einen Teil, in welchem die Vorschriften des Bewertungsrechts (R. B. jeweilige Paragraf des BewG) behandelt werden. Die Richtlinien gelten für Erwerbsfälle, für die die Steuer nach dem 21. August 2019 entstanden ist. Soweit es jedoch um die Begünstigungsvorschriften für Betriebsvermögen geht (§§ 13a, 13b, 13c, 28a ErbStG), gelten die Richtlinien auch für Erwerbe vor dem 21. August 2019.

Der 21. August 2019 wurde als Datum gewählt, weil an diesem Tag das Regierungskabinett die Richtlinien beschlossen hat. Die Zustimmung durch den Bundesrat folgte erst später.

Der koordinierte Ländererlass vom 22. Juni 2017 zur Anwendung der geänderten Vorschriften des Erbschaft- und Schenkungsteuergesetzes ist in den neuen Erbschaftsteuerrichtlinien aufgenommen und damit abgelöst worden.

▶ **Hinweis** *Anders als Richtlinien (vgl. Art. 108 Abs. 7 GG) können (Anwendungs-)Erlasse ohne Beteiligung des Bundesrates beschlossen werden. Hierdurch können die Verwaltungsvorschriften meist schneller aktualisiert werden.*

Infolge von Richtlinien ist es gemäß Art. 108 Abs. 7 GG möglich, dass ein Bundesorgan (BMF) an Länderbehörden (Finanzämter) verbindliche Weisungen erteilen kann.

Was unterscheidet Hinweise von den Richtlinien in den Erbschaftsteuerrichtlinien 2019?

Hinweise weisen auf durch die Rechtsprechung bereits geklärte Grundsätze hin. Richtlinien wollen offene Rechtsfragen regeln, um ein einheitliches Vorgehen der Verwaltung sicherzustellen.

Wie werden Richtlinien und Hinweise korrekt zitiert?

Zunächst wird mit dem ersten Großbuchstaben angegeben, ob es um eine Richtlinie oder einen Hinweis geht. Sodann wird mit einem Großbuchstaben dargelegt, ob es um das Erbschaftsteuer- oder Bewertungsrecht geht. Dann folgt die genaue Zifferangabe sowie die Bezeichnung der Richtlinien bzw. Hinweise samt Beschlussjahr und Stichwort.

Beispiel:

R E 2.2 ErbStR 2019 „Inlandsvermögen" oder H E 13.3 ErbStH 2019 „Arbeitszimmer"

1.1.2 Verhältnis zu anderen Steuern

1.1.2.1 Körperschaftsteuer
Stefan setzt die Seniorenpflegeheim München GmbH als Erbin ein. Wie ist die Erbschaft der GmbH zu besteuern?

Nach ständiger Rechtsprechung des Bundesfinanzhofes verfügt eine Kapitalgesellschaft ertragsteuerlich über keine außerbetriebliche Sphäre. Der Bereich der gewerblichen Gewinnerzielung einer Kapitalgesellschaft umfasst sämtliche Einkünfte, also auch Vermögensmehrungen, die nicht unter eine der sieben Einkunftsarten fallen, einschließlich Vermögenszugänge aufgrund unentgeltlicher Zuwendungen.[1] Somit erhöht die Erbschaft den steuerlichen Gewinn der GmbH. Die gezahlte Erbschaftsteuer ist eine nichtabziehbare Betriebsausgabe.[2]

Neben der Körperschaftsteuer entsteht zusätzlich noch eine Erbschaftsteuer gemäß § 3 Abs. 1 Nr. 1 ErbStG. Es kommt somit zu einer Doppelbesteuerung.

Die Doppelbesteuerung stellt keinen Wertungswiderspruch dar und ist von dem Gesetzgeber bewusst in Kauf genommen.[3] Die GmbH kann einen Freibetrag von 20.000 € in Anspruch nehmen. Aufgrund der Steuerklasse III gilt der Steuersatz von 30 % (§ 19 ErbStG).

1.1.2.2 Einkommensteuer
Der Freiberufler Stefan, der seinen Gewinn durch Erstellung einer Einnahme- und Überschussrechnung ermittelt (vgl. § 4 Abs. 3 EStG), stellt seinem Mandanten im Februar 2024 für Beratungsleistungen eine Honorarrechnung von 10.000 € zzgl. Umsatzsteuer in Rechnung. Im März 2024 verstirbt Stefan. Das Honorar geht im April 2024 auf dem Konto von Stefan ein. Die Erbin Julia möchte wissen, wie der Vorgang steuerlich zu würdigen ist.

Im Zeitpunkt des Todes besteht eine Forderung des Stefan, die in das geerbte Nachlassvermögen fällt (§ 3 Abs. 1 Nr. 1 i. V. m. § 9 Abs. 1 Nr. 1 ErbStG). Es liegt folglich eine steuerpflichtige Bereicherung der Julia gemäß § 10 Abs. 1 ErbStG vor. Der spätere Zufluss ist erbschaftsteuerlich unbeachtlich.

Einkommensteuerlich erzielt Julia als Erbin mit dem Zufluss (§ 11 EStG) Einkünfte aus selbstständiger Tätigkeit (§ 18 EStG i. V. m. § 24 Nr. 2 EStG). Es kommt zu einer echten Doppelbesteuerung.

Gemäß § 35b EStG kann jedoch eine Steuerermäßigung auf die Einkommensteuer in Anspruch genommen werden. Voraussetzung ist hierfür eine Doppelbelastung der Einkünfte mit Einkommen- und Erbschaftsteuer im Veranlagungszeitraum der Einkommensteuer oder in den vorangegangenen vier Veranlagungszeiträumen, ein Erwerb von Todes wegen und ein Antrag des Steuerpflichtigen (Julia).

---

[1] BFH, Beschluss vom 15. Februar 2012 – I B 97/11, DStRE 2012, 450.
[2] Vgl. § 10 Nr. 2 KStG; Gosch (2020) § 10 Rn. 26.
[3] BFH, Urteil vom 6. Dezember 2016 – I R 50/16, DStR 2017, 319.

▶ **Hinweis** *§ 35b EStG gewährt keinen vollen Ausgleich der tatsächlichen Erbschaftsteuerbelastung. Es soll im Ergebnis lediglich der Betrag von der Einkommensteuer abgezogen werden, um den die Erbschaftsteuer niedriger gewesen wäre, wenn dort die latente Einkommensteuerbelastung hätte abgezogen werden können. Erreicht wird dies dadurch, dass zunächst die Einkommensteuerbelastung auf die doppelt besteuerten Einkünfte bestimmt wird und hierauf ein Prozentsatz anwendet wird, der der durchschnittlichen Erbschaftsteuerbelastung entspricht. Der sich so errechnete Betrag wird als Steuerermäßigung von der tariflichen Einkommensteuer abgezogen.*

1.1.2.3 Umsatzsteuer
Der Unternehmer Marc schenkt seinem Neffen einen zu seinem Betriebsvermögen gehörenden Pkw. Welche Steuern kommen in Betracht?

Neben der Schenkungsteuer gemäß § 1 Abs. 1 Nr. 2 i. V. m. § 7 Abs. 1 Nr. 1 ErbStG kommt hier auch die Umsatzsteuer in Betracht. Gemäß § 3 Abs. 1b S. 1 Nr. 1 UStG i. V. m. § 10 Abs. 4 Nr. 1 UStG wird die Entnahme aus dem Betriebsvermögen einer Lieferung gegen Entgelt gleichgestellt. Bemessungsgrundlage der Umsatzsteuer ist der Einkaufspreis für einen gleichartigen Pkw. Beide Steuern sind nebeneinander anwendbar.

1.1.2.4 Grunderwerbsteuer
Miguel schenkt seiner Frau Carla einmalig ein Mietshaus. Er behält sich jedoch bis zu seinem Tode den Nießbrauch an dem Mietshaus zurück. Welche Steuern sind einschlägig?

Neben der Schenkungsteuer kommt grundsätzlich auch die Grunderwerbsteuer in Betracht. Jedoch soll nach § 3 Nr. 2 GrEStG eine Doppelbelastung eines Grunderwerbs mit Schenkung-/Erbschaftsteuer und Grunderwerbsteuer vermieden werden. Dies wird dadurch erreicht, dass Schenkungen von Grundstücken unter Lebenden und Grundstückserwerbe von Todes wegen von der Grunderwerbsteuer ausgenommen sind. Ob ein Grundstückserwerb im Sinne des Erbschaftsteuerrechts vorliegt, beurteilt sich ausschließlich nach dem Erbschaftsteuerrecht.

Im Anwendungsbereich des § 3 Nr. 2 GrEStG kommt es ausschließlich auf die Steuerbarkeit nach dem ErbStG an, nicht jedoch auf die tatsächliche Festsetzung einer Erbschaft- oder Schenkungsteuer.[4] Somit ändert ein noch nicht in Anspruch genommener Freibetrag gemäß § 16 ErbStG oder die teilweise Steuerbefreiung des § 13d ErbStG nichts daran, dass die Übertragung des Mietshauses gemäß § 3 Nr. 2 S. 1 GrEStG vollständig grunderwerbsteuerfrei ist.

Zu berücksichtigen ist jedoch, dass sich Miguel den Nießbrauch zurückbehalten hat. Es liegt damit eine gemischte Grundstücksschenkung vor, sodass nur der unentgeltliche Teil von der Grunderwerbsteuer gemäß § 3 S. 2 GrEStG befreit ist. Der entgeltliche Erwerbsteil hingegen unterliegt mit dem entsprechenden Gegenwert (Kapitalwert des

---
[4] BFH, Urteil vom 14.06.1995 – II R 92/92, BStBl. II 1995, 609.

Nießbrauches) grundsätzlich der Grunderwerbsteuer. Bei gemischten Grundstücksschenkungen kann daher Grunderwerbsteuer und Schenkungsteuer nebeneinander zur Anwendung kommen.

Da es sich jedoch hier um eine Grundstücksübertragung zwischen Ehegatten handelt, bleibt es gemäß § 3 Nr. 4 GrEStG bei der Grunderwerbsteuerbefreiung.

▶ **Hinweis** *Soweit es zu einer Doppelbelastung des gleichen Grundstücks mit Erbschaftsteuer und Grunderwerbsteuer kommt, ist verfahrensrechtlich eine Änderung der bestandskräftigen Bescheide nach § 174 AO möglich.*

1.1.3 Anzeige- und Steuererklärungspflicht

Muss der Erbe eine Erbschaftsteuererklärung abgeben?

Die Abgabe der Erbschaftsteuererklärung ist für den Erben nur bzw. erst dann erforderlich, wenn das Finanzamt ihn dazu auffordert (§ 31 Abs. 1 S. 1 ErbStG). Ohne Aufforderung durch das Finanzamt besteht eine solche Verpflichtung nicht.

▶ **Hinweis** *Wird eine Schenkung- oder Erbschaftsteuererklärung nicht innerhalb der vom Finanzamt gesetzten Frist abgegeben, kann ein Verspätungszuschlag nach § 152 AO festgesetzt werden. Ein Verspätungszuschlag nach § 152 AO ist nicht möglich, wenn eine Anzeige nach § 30 ErbStG unterbleibt.*

Welche steuerliche Verpflichtung obliegt dem Erben oder Beschenkte auch ohne Aufforderung durch das Finanzamt?

Gemäß § 30 Abs. 1 ErbStG hat der Erbe bzw. Beschenkte den Erwerb dem Finanzamt anzuzeigen. Eine Anzeige ist auch dann notwendig, wenn sich eine Steuerpflicht (z. B. wegen Freibeträgen) nicht ergibt („Jeder der Erbschaftsteuer unterliegende Erwerb (§ 1) (…)").

Wer ist neben dem Erben und Beschenkten noch zur Anzeige nach § 30 ErbStG verpflichtet?

Gemäß § 30 Abs. 2 ErbStG ist der Schenker neben dem Beschenkten verpflichtet, eine Anzeige zu erstatten. Hat der Schenker jedoch positive Kenntnis darüber, dass durch den Beschenkten eine Anzeige durchgeführt wird, soll für ihn die Anzeigepflicht entfallen.[5] Der Beschenkte als Begünstigter bleibt auch dann anzeigeverpflichtet, wenn der Schenker eine Anzeige durchführt. Zudem ist auch jeder andere Erwerber zur Anzeige verpflichtet. Dies kann ein Vermächtnisnehmer oder ein Pflichtteilsberechtigter sein, der seinen Pflichtteil geltend macht. Bei mehreren Erwerbern ist grundsätzlich jeder anzeigepflichtig.[6]

---

[5] BeckOK ErbStG/Hinker § 30 Rn. 27.
[6] Troll/Gebler/Jülicher/Gottschalk ErbStG § 30 Rn. 6.

▶ **Hinweis** *Häufig besteht bei Schenkungen das Mißverständnis, dass nur der Beschenkte anzeigepflichtig ist.*

▶ **Hinweis** *Bei einer grenzüberschreitenden Steuergestaltung kann sich bei Vorliegen der entsprechenden Voraussetzungen auch eine Anzeigepflicht nach § § 138d Abs. 1 AO beim Bundeszentralamt für Steuern ergeben. Die Erbschaftsteuer als Steuer im Sinne des § 138d Abs. 2 Nr. 1 AO ist vom Anwendungsbereich der §§ 138d ff. AO umfasst.*

Wann kann eine Anzeige nach § 30 ErbStG entfallen?

Eine Anzeige ist bei Schenkungen entbehrlich, wenn eine Schenkung unter Lebenden notariell beurkundet wird (§ 30 Abs. 3 S. 2 ErbStG). Bei Erwerben von Todes wegen ist eine Anzeige entbehrlich, wenn ein Testament vorliegt und dieses durch einen deutschen Notar oder Gericht eröffnet wird. Dies gilt nur, wenn aus dem Testament hervorgeht, in welchem Verwandtschaftsverhältnis Erwerber und Erblasser stehen. Eine Anzeigepflicht bei Erwerben von Todes wegen ist jedoch stets gegeben, wenn zu dem Erwerb ein Grundstück, Betriebsvermögen, Anteile an einer Kapitalgesellschaft oder ausländisches Vermögen gehört (§ 30 Abs. 3 S. 1 ErbStG).

▶ **Hinweis** *Bei gesetzlicher Erbfolge ist stets eine Anzeige nach § 30 ErbStG erforderlich.*

Können sich auch nach der Erbschaft oder Schenkung noch weitere Anzeigepflichten ergeben?

Dies ist der Fall, wenn eine Steuerbefreiung, Steuerermäßigung oder sonstige Steuervergünstigung des Erbschaft- und Schenkungsteuerrechts nachträglich entfällt. In diesen sog. Nachversteuerungsfällen kann sich die Anzeigepflicht direkt aus dem Erbschaft- und Schenkungsteuerrecht oder hilfsweise aus dem allgemeinen Verfahrensrecht ergeben.

So hat der Erbe von Betriebsvermögen das Unterschreiten der Mindestlohnsumme (§ 13 a Abs. 7 S. 1 ErbStG) oder den Verkauf von begünstigtem Betriebsvermögen bis 5 Jahre nach dem Erbfall dem Finanzamt binnen sechs oder einem Monat anzuzeigen (§ 13 a Abs. 7 S. 2 ErbStG).

Wird im Fall der Erbschaft eines sog. Familienheimes in den folgenden 10 Jahren die Selbstnutzung zu Wohnzwecken durch den Erben aufgegeben (§ 13 Nr. 4b S. 5, Nr. 4c S. 5 ErbStG), so hat der Erbe dies dem Finanzamt mitzuteilen. Dies ergibt sich zwar nicht selbst aus dem ErbStG. Jedoch ergibt sich die Mitteilungspflicht aus der generellen Vorschrift des § 153 Abs. 2 AO, wonach der (nachträgliche) Wegfall von Steuerbegünstigungen dem Finanzamt anzuzeigen ist.

▶ **Hinweis** *Weitere Nachversteuerungsfälle finden sich in §§ 13 Abs. 1 Nr. 2 S. 2, Nr. 3 S. 2, Nr. 13 S. 3, Nr. 16 Buchstabe b, Nr. 18 S. 2 ErbStG.*

Welche Konsequenzen können sich für den Erben ergeben, wenn er die Anzeige nach § 30 ErbStG unterlässt?

Das Unterlassen der Anzeige führt allein noch nicht zu einer Sanktion des Steuerpflichtigen. Wird jedoch die Steuer infolge der unterlassenen Anzeige nicht oder nicht rechtzeitig in voller Höhe festgesetzt, erfüllt dies den objektiven Tatbestand des § 370 Abs. 1 Nr. 2 AO. Handelt der Steuerpflichtige hierbei leichtfertig (grob fahrlässig), so begeht er eine Steuerverkürzung nach § 378 AO (Ordnungswidrigkeit). Handelt der Steuerpflichtige (bedingt) vorsätzlich, so hat er sich gemäß § 370 Abs. 1 Nr. 2 AO der Steuerhinterziehung strafbar gemacht.

Sind die Steuern infolge der unterlassenen Anzeige hinterzogen worden, kann es zusätzlich zu einer Verzinsung nach § 235 AO kommen. Ohne Steuerhinterziehung kommt es zu keiner Verzinsung. § 233a AO findet keine Anwendung auf die Erbschaftsteuer.

Besteht im Falle einer Erbersatzsteuer eine Anzeigepflicht nach § 30 ErbStG?

Gemäß § 30 Abs. 5 ErbStG gilt die Anzeigepflicht auch für die turnusmäßig zu erhebende Erbschaftsteuer für inländische Familienstiftungen.

Besteht die Pflicht zur Abgabe einer Steuererklärung auch bei der Ersatzerbschaftsteuer?

Nach § 31 Abs. 1 S. 3 und 4 ErbStG kann das Finanzamt auch von der Familienstiftung verlangen, eine Steuererklärung abzugeben. Nach dem weiten Wortlaut des Gesetzes soll eine solche Steuererklärung auch von jedem Familienmitglied verlangt werden können.

Welche steuerlichen Pflichten obliegen einem Testamentsvollstrecker?

Der Testamentsvollstrecker selbst ist nicht zur Anzeige nach § 30 ErbStG verpflichtet, da er kein „Erwerber" ist. Jedoch ist der Testamentsvollstrecker zur Erstellung der Steuererklärung verpflichtet (§ 31 Abs. 5 ErbStG). Wie die Erben ist auch der Testamentsvollstrecker nur nach Aufforderung durch das Finanzamt zur Abgabe der Steuererklärung verpflichtet. Unerheblich ist, ob der Erbe den Testamentsvollstrecker zur Erstellung der Steuererklärung auffordert. Ist jedoch der Testamentsvollstrecker in seinen Befugnissen eingeschränkt worden, so wird auch seine Erklärungspflicht nach § 31 Abs. 5 ErbStG hierdurch beschränkt.[7] Der Steuerbescheid wird gemäß § 32 ErbStG dem Testamentsvollstrecker bekanntgegeben.

1.1.4 Verfahrensrechtliche Besonderheiten

Der in Hamburg ansässige Erblasser verstirbt. Der Alleinerbe wohnt in München. Welches Finanzamt ist zuständig?

Zu prüfen ist, welches Finanzamt örtlich zuständig ist. Die örtliche Zuständigkeit ergibt sich aus den §§ 17 ff. AO, soweit in der jeweiligen Steuerart keine andere Bestimmung vorgesehen ist. Für die Erbschafts- und Schenkungsteuer findet sich eine „andere Bestimmung" in § 35 ErbStG. Gemäß § 35 Abs. 1 ErbStG i. V. m. § 19 AO ist das Finanzamt am Ort des Wohnsitzes des Erblassers zuständig. Das Finanzamt Hamburg ist somit das zuständige Finanzamt.

---

[7] Meincke/Hannes/Holtz ErbStG § 31 Rn. 17.

Wann ist die Erbschaft- und Schenkungsteuer fällig?

Die Abgabenordnung unterscheidet zwischen dem Entstehen eines Anspruches (§ 38 AO i. V. m. § 9 ErbStG) und der Fälligkeit (§ 220 AO). Diese Unterscheidung wird für die Erbschaft- und Schenkungsteuer übernommen. Das Entstehen der Steuer regelt das ErbStG für ihre Steuerart in § 9 ErbStG. Für die Fälligkeit besteht keine spezielle Regelung. Es verbleibt somit bei § 220 AO. Die Erbschaft- und Schenkungsteuer wird demnach mit dem Datum fällig, welcher im Steuerbescheid als Fälligkeit benannt ist. Dies kann frühestens der Tag der Bekanntgabe des Steuerbescheides sein (§ 220 Abs. 2 S. 2 AO).

Wann verjährt die Schenkung- oder Erbschaftsteuer?

Die Frist beträgt vier Jahre, im Fall der leichtfertigen Steuerverkürzung fünf Jahre, im Fall der Steuerhinterziehung sogar zehn Jahre (§ 169 Abs. 2 AO). Die Verjährungsfrist beginnt nach § 170 Abs. 1 AO grundsätzlich mit dem Ablauf des Kalenderjahrs, in dem die Steuererklärung oder Anzeige nach § 30 ErbStG eingereicht wird. Wird eine Steuererklärung oder Anzeige beim Finanzamt nicht eingereicht, beginnt die Frist spätestens mit Ablauf des dritten Kalenderjahrs, das auf das Kalenderjahr folgt, in dem die Steuer entstanden ist. Die Steuer entsteht in der Regel mit dem Tod des Erblassers oder der Ausführung der Schenkung (§ 9 ErbStG).

Am 30. November 2023 verstirbt Evelyn. Einzige Erbin ist ihre Tochter Nelly. Am 31. Mai 2024 zeigt Nelly die Erbschaft gegenüber dem Finanzamt an. Das Finanzamt ist bisher untätig geblieben. Nelly möchte wissen, wann sie vor dem Finanzamt sicher ist.

Die Verjährungsfrist beginnt mit Ablauf des Jahres, in welchem Nelly die Anzeige getätigt hat. Dies ist der 1. Januar 2025 (00:00 Uhr). Die Festsetzungsverjährungsfrist läuft vier Jahre. Nach Ablauf des 31. Dezember 2028 ist Nelly vor dem Finanzamt sicher.

Wie oben: Jedoch hat Nelly keine Anzeige und auch keine Steuererklärung beim Finanzamt eingereicht. Wie lange kann das Finanzamt die Steuer noch verlangen?

Die Verjährungsfrist beginnt mit Ablauf des dritten Kalenderjahres, das auf den Erbfall folgt. Die Frist läuft somit am 1. Januar 2027 an. Die Festsetzungsverjährungsfrist beträgt vier Jahre. Mit Ablauf des 31. Dezember 2030 kann das Finanzamt die Steuer von Nelly nicht mehr verlangen.

▶ *Hinweis In § 170 Abs. 5 AO ist eine besondere Anlaufhemmung vorgesehen:*
Bei einem Erwerb von Todes wegen beginnt die Festsetzungsverjährungsfrist nicht vor Ablauf des Kalenderjahrs, in dem der Erwerber Kenntnis von dem Erwerb erlangt hat. Bei einer Schenkung beginnt die Festsetzungsverjährung nicht vor Ablauf des Kalenderjahrs, in dem der Schenker gestorben ist oder die Finanzbehörde von der vollzogenen Schenkung Kenntnis erlangt hat.

Lisa und Anna erben von ihrer Mutter Angie im November 2020 jeweils ein beträchtliches Barvermögen. Im Oktober 2021 übermittelt Lisa an das Finanzamt eine Anzeige gemäß § 30 ErbStG. Anna sieht hiervon ab. Im Dezember 2025 hat Anna immer noch nichts vom Finanzamt gehört. Sie möchte wissen, wann sie vor dem Finanzamt sicher ist.

Die Anzeigepflicht nach § 30 ErbStG besteht auch, wenn andere Dritte zur Anzeige verpflichtet sind und dieser Pflicht nachkommen. Kommt jedoch einer von mehreren Verpflichteten der Anzeige nach, so wird die Festsetzungsfrist nicht weiter dadurch hinausgeschoben, weil eine Person selbst ihre Anzeigepflicht nicht erfüllt.[8] Ab dem 1. Januar 2022 (00:00 Uhr) beginnt somit die Festsetzungsverjährungsfrist. Ab dem 1. Januar 2026 hat Anna daher vom Finanzamt nichts mehr zu befürchten.

1.2 Prüfungsreihenfolge der Schenkung und Erbschaftsteuer

1.2.1 Prüfungsschema

Wie sieht das Prüfungsschema im Erbschaft- und Schenkungsteuerrecht aus?

> **Übersicht**
> I. Steuerpflicht
>   a. Persönliche Steuerpflicht (beschränkte oder unbeschränkte Steuerpflicht § 2 ErbStG)
>   b. Sachliche Steuerpflicht: Erwerb von Todes wegen (§ 3 … ErbStG) oder Schenkung (§ 7 … ErbStG)
>   c. Entstehen der Steuer (§ 9 ErbStG)
>   d. Bewertungsstichtag (§ 11 ErbStG)
> II. Bereicherung
>   a. Steuerwert des Vermögensanfalles gemäß § 12 ErbStG (hier erfolgt eine etwaige notwendige Bewertung nach § 12 ErbStG i. V. m. §§ … BewG)
>   b. Abzgl. gegenstandsbezogener Steuerbefreiungen nach § 13, § 13a, § 13d ErbStG
>   c. = Vermögensanfall nach Steuerwerten
>   d. Abzgl. (Nachlass-)Verbindlichkeiten (insbesondere § 10 Abs. 5 und 6 ErbStG)
>   e. = Bereicherung
> III. Berechnung des steuerpflichtigen Erwerbs
>   a. Abzgl. Zugewinnausgleichsbetrag nach § 5 ErbStG
>   b. Abzgl. Freibetrag nach § 16 ErbStG
>   c. Abzgl. Versorgungsfreibetrag nach § 17 ErbStG
>   d. Abrundung auf volle 100 € (§ 10 Abs. 1 S. 6 ErbStG)
> IV. Berechnung der Steuer
>   a. Erbschaftsteuersatz (§ 19 Abs. 1 ErbStG)
>   b. Überprüfung der Härteklausel (§ 19 Abs. 3 ErbStG)
>   c. = Steuer

---

[8] BFH, Urteil vom 21. Juni 1995 – II R 11/92, BStBl. II 1995, 802.

> V. Steuerfestsetzung
>   a. Anrechnung einer ausländischen Steuer nach § 21 ErbStG
>   b. Ermäßigung der Steuer wegen mehrfachem Erwerb desselben Vermögens nach § 27 ErbStG
>   c. Ggf. Stundung nach § 28 ErbStG
> VI. Erlöschen der Steuer (§ 29 ErbStG)

I. Steuerpflicht

1.2.2 Persönliche Steuerpflicht

I. Steuerpflicht
  a. Persönliche Steuerpflicht (beschränkte oder unbeschränkte Steuerpflicht § 2 ErbStG)

1.2.2.1 Natürliche Personen

Der deutsche Staatsangehörige Max, der seit 20 Jahren in Kolumbien lebt, verstirbt. Alleinerbin ist sein in München lebender Freund Nico, der die spanische Staatsangehörigkeit besitzt. Unterliegt der Erbanfall der deutschen Erbschaftsteuer?

Der Erwerb von Nico unterliegt gemäß § 1 Abs. 1 Nr. 1 i. V. m. § 3 Abs. 1 Nr. 1 ErbStG der Erbschaftsteuer. Nico gilt als sog. Inländer gemäß § 2 Abs. 1 S. 2 Buchstabe a ErbStG. Unerheblich ist, dass der Erblasser Max selbst kein Inländer ist. Es genügt, wenn der Erblasser oder Erbe Inländer ist, um die unbeschränkte Steuerpflicht zu begründen. Auf die Staatsangehörigkeit kommt es nicht an. Der gesamte Nachlass unterliegt folglich der deutschen Erbschaftsteuer.

Marc und sein Vater Alex (beide deutsche Staatsbürger) verlegen am 31. März 2022 ihren Wohnsitz nach Österreich, weil sie gehört haben, dass es in Österreich keine Erbschaftsteuer gibt. Am 30. April 2024 verstirbt Alex. Marc ist Alleinerbe. Unterliegt die Erbschaft der deutschen Erbschaftsteuer?

Zu prüfen ist zunächst, ob eine unbeschränkte Steuerpflicht in Deutschland besteht (§ 2 Abs. 1 ErbStG). Folge einer solchen Steuerpflicht ist, dass der gesamte Vermögensanfall der deutschen Erbschaftsteuer unterliegt (unbeschränkte Steuerpflicht). Dies ist der Fall, wenn der Erblasser oder Erbe Inländer im Sinne des § 2 Abs. 1 S. 2 ErbStG ist. Marc und Alex haben zwar ihren deutschen Wohnsitz in Deutschland aufgegeben (§ 2 Nr. 1 S. 2 Nr. 1a ErbStG). Jedoch ist dies im Zeitpunkt des Erbfalles noch keine fünf Jahre her, sodass sich die unbeschränkte Steuerpflicht aus § 2 Abs. 1 S. 2 Nr. 1b ErbStG ergibt.

1.2 Prüfungsreihenfolge der Schenkung und Erbschaftsteuer

▶ **Hinweis**

Eine unbeschränkte Steuerpflicht liegt vor, wenn Erblasser/Schenker oder Erwerber Inländer ist. Inländer ist, wer

einen Wohnsitz oder gewöhnlichen Aufenthalt in Deutschland hat	oder die deutsche Staatsangehörigkeit besitzt und sich dauernd nicht länger als fünf Jahre im Ausland aufhält	oder die deutsche Staatsangehörigkeit besitzt und ein Dienstverhältnis zu einer juristischen Person des öffentlichen Rechts hat

Marc und Alex leben bereits seit zehn Jahren in Österreich. Zum Vermögen des Alex gehören neben einem in Deutschland belegenen Grundstück auch Aktien an der in Deutschland ansässigen Deutschland AG (5 % am Stammkapital). Als Alex stirbt möchte Marc als sein Erbe wissen, ob deutsche Erbschaftsteuer anfällt.

Da sowohl Alex als auch Marc länger als fünf Jahre ihren Wohnsitz in Deutschland aufgegeben haben, sind sie keine Inländer im Sinne des § 2 Abs. 1 S. 2 ErbStG mehr. Eine unbeschränkte Steuerpflicht liegt daher nicht vor. Jedoch liegt eine beschränkte Steuerpflicht gemäß § 2 Abs. 1 Nr. 3 ErbStG vor, wenn Inlandsvermögen im Sinne des § 121 BewG zum Nachlassvermögen gehört. In diesem Fall unterliegt das Inlandsvermögen der deutschen Erbschaftsteuer. Das Grundstück ist in Deutschland belegen und somit gemäß § 121 Nr. 2 BewG Inlandsvermögen. Die Aktien hingegen sind kein Inlandsvermögen gemäß § 121 Nr. 4 BewG. Zwar hat die AG ihren Sitz in Deutschland, allerdings hält Alex weniger als 10 % der verfügbaren Aktien, sodass die Aktien aus der Steuerpflicht herausfallen.

▶ **Hinweis** *Während die unbeschränkte Steuerpflicht den gesamten Nachlass umfasst, wird bei der beschränkten Steuerpflicht nur das Vermögen, welches in § 121 BewG aufgeführt ist, besteuert. Neben dem Vermögen wird nun auch durch das Wachstumschancengesetz vom 27.3.2024 der Anspruch auf Übertragung von Vermögen im Sinne des § 121 BewG in die beschränkte Steuerpflicht einbezogen.*

Pablo, der seinen ausschließlichen Wohnsitz in Spanien hat, vererbt seiner von ihm getrenntlebenden Frau Lisa sein gesamtes Vermögen. Lisa hat ihren Wohnsitz in Italien. Zum Vermögen des Pablo gehört Schmuck, eine Eigentumswohnung in Hamburg, ein Haus in Spanien und ein Sparguthaben bei einer in Deutschland ansässigen Bank. Lisa und Pablo haben beide die spanische Staatsangehörigkeit. Welches Vermögen unterliegt der deutschen Erbschaftsteuer?

Pablo und Lisa haben im Zeitpunkt des Todes keinen Wohnsitz oder gewöhnlichen Aufenthalt in Deutschland (§ 2 Abs. 1 Nr. 1 S. 2 Buchstabe a ErbStG). Auch sind beide keine deutschen Staatsangehörigen (§ 2 Abs. 1 Nr. 1 S. 2 Buchstabe b ErbStG), weshalb es nicht darauf ankommt, wie lange Pablo und Lisa ihren Wohnsitz im Ausland haben. Somit liegen keine Inländer und damit keine unbeschränkte Steuerpflicht vor.

Es besteht jedoch eine beschränkte Steuerpflicht, wenn Inlandsvermögen im Sinne des § 121 BewG vorliegt (§ 1 Abs. 1 Nr. 3 ErbStG). Anders als die Eigentumswohnung in Hamburg ist das Haus in Spanien kein Inlandsvermögen, da es nicht in Deutschland belegen ist (§ 121 Nr. 2 BewG). Der Schmuck sowie das Sparguthaben sind im Katalog des § 121 BewG nicht aufgeführt, sodass diese Vermögensbestandteile von der deutschen Erbschaftsteuer auch nicht umfasst sind. Somit unterliegt der beschränkten Steuerpflicht lediglich die Eigentumswohnung in Hamburg.

Paul und Carla (beide deutsche Staatsangehörige) leben seit 15 Jahren in Österreich. Paul verstirbt und Carla erbt sein Vermögen. Zum Vermögen des Paul gehören Aktien (5 % vom Grundkapital) an der in Deutschland ansässigen Deutsch AG. Sechs Jahre vor seinem Tode hat Paul bereits Aktien an Carla geschenkt (8 % vom Grundkapital). Unterliegen die Aktien der beschränkten Steuerpflicht?

Es kommt lediglich die beschränkte Steuerpflicht in Betracht. Fraglich ist jedoch, ob Inlandsvermögen im Sinne des § 121 BewG vorliegt.

Im Zeitpunkt des Todes war Paul nicht zu mehr als 10 % an der Deutsch AG beteiligt, sodass eigentlich kein Inlandsvermögen im Sinne des § 121 Nr. 4 ErbStG vorliegt. Allerdings hatte Paul bereits innerhalb des 10-Jahreszeitraumes nach § 14 ErbStG Aktien an Carla übertragen. Für die Beurteilung von Inlandsvermögen werden auch diese Vorerwerbe eingerechnet, sodass insgesamt gemäß § 2 Abs. 1 Nr. 3 S. 3 ErbStG Inlandsvermögen vorliegt. Die Aktien an der Deutsch AG unterliegen somit der beschränkten Steuerpflicht.

▶ **Hinweis** *Inlandsvermögen im Sinne des § 121 BewG sind:*
Im Inland belegenes land- und forstwirtschaftliches Vermögen
Im Inland belegenes Grundvermögen
Inländisches Betriebsvermögen (kumulativ müssen vorliegen: Gewerbebetrieb, inländische Betriebsstätte oder ständiger Vertreter und Zuordnung von Gegenstand zum Betriebsvermögen)
Anteile an Kapitalgesellschaften mit Sitz oder Geschäftsleitung im Inland und der Gesellschafter oder nahestehende Person hält eine Beteiligung von mindestens 10 % des Nennkapitals (auch mittelbar)
Erfindungen u. a, soweit sie in ein inländisches Buch/Register eingetragen sind (z. B. deutsches Patent- und Markenamt)
Wirtschaftsgüter, die an einen inländischen Gewerbebetrieb überlassen werden
Forderungen und Rechte, wenn sie durch inländischen Grundbesitz gesichert sind
Forderung aus der Beteiligung als stiller Gesellschafter und aus partiarischen Darlehen, wenn der Schuldner Geschäftsleitung, Sitz oder Wohnsitz im Inland hat
Nutzungsrechte an Gegenständen im Sinne des § 121 Nr. 1 bis 8 BewG (neben Nießbrauch auch sonstige dingliche oder schuldrechtliche Nutzungsrechte)

1.2 Prüfungsreihenfolge der Schenkung und Erbschaftsteuer

Der seit der Geburt in Deutschland wohnhafte deutsche Staatsangehörige Ben verlegt mit Vollendung des 60. Lebensjahres (1. Februar 2012) zusammen mit seiner Tochter Anna (Alleinerbin) seinen Wohnsitz nach Österreich. Sieben Jahre nach dem Wegzug verstirbt Ben. Anna ist Alleinerbin. Zum Vermögen des Ben gehört neben einem im Inland belegenen Mietshaus auch eine Kapitalforderung in Höhe von 100 TE gegen den in Deutschland wohnhaften Marc sowie Aktien an der in Deutschland ansässigen Z-AG (2 % am Stammkapital im Wert von 1 Mio. €). Ist das Vermögen in Deutschland erbschaftsteuerpflichtig?

Da sowohl Ben als auch Anna länger als fünf Jahre ihren deutschen Wohnsitz aufgegeben haben, liegt keine unbeschränkte Steuerpflicht vor.

Das im Inland belegene Grundstück stellt Inlandsvermögen im Sinne des § 121 BewG dar. Im Übrigen sind die Vermögensgegenstände nicht vom Begriff des Inlandsvermögens im Sinne des § 121 BewG umfasst. Insoweit käme es zu keiner Besteuerung.

Es kommt jedoch die beschränkte erweiterte Steuerpflicht nach § 4 AStG i. V. m. § 2 AStG in Betracht. Ben lebte in den letzten 10 Jahren vor seinem Tode in Deutschland. Zudem war er in der Vergangenheit mindestens fünf Jahre unbeschränkt steuerpflichtig. Österreich ist mangels Erbschaftsteuerrecht ein Niedrigbesteuerungsland im Sinne des § 2 Abs. 2 AStG. Ben hatte zudem aufgrund seiner wesentlichen Beteiligung im Sinne des § 17 EStG wesentliche wirtschaftliche Interessen in Deutschland (§ 4 AStG i. V. m. § 2 Abs. 3 Nr. 1 ErbStG). Folglich gehören neben dem Inlandsvermögen auch Wirtschaftsgüter zum steuerpflichtigen Vermögen, deren Erträge bei unbeschränkter Einkommensteuerpflicht nicht ausländische Einkünfte im Sinne des § 34d EStG wären. Als solche Vermögensgegenstände sind die Kapitalforderung gegen einen deutschen Schuldner und die Beteiligungen an einer deutschen Gesellschaft anzusehen, die nicht unter § 121 Nr. 4 BewG (insbesondere Beteiligungen unter 10 %) fallen.

Somit unterliegen das Mietshaus, die Kapitalforderung und die Aktien der deutschen Erbschaftsteuer.

Unbeschränkte Steuerpflicht	Gesamter Vermögensanfall steuerpflichtig
Beschränkte Steuerpflicht	Inlandsvermögen steuerpflichtig
Erweiterte beschränkte Steuerpflicht	Inlandsvermögen und Teile des Vermögens, deren Erträge nicht ausländische Einkünfte im Sinne des § 34 d EStG wären, sind steuerpflichtig

▶ **Hinweis** *Voraussetzungen der erweiterten beschränkten Steuerpflicht:*

- *beschränkte Erbschaftsteuerpflicht nach § 2 Abs. 1 Nr. 3 ErbStG*
- *in den letzten zehn Jahren unbeschränkt einkommensteuerpflichtig*
- *mindestens 5 Jahre unbeschränkt einkommensteuerpflichtig*
- *ansässig in einem Niedrigbesteuerungsland*
- *wesentliche Interessen in Deutschland*
- *kein Fall des § 4 Abs. 2 AStG*

Welche Unterschiede ergeben sich bei einer beschränkten Steuerpflicht im Vergleich zu einer unbeschränkten Erbschaftsteuerpflicht?

Der Unterschied besteht zunächst darin, dass bei einer unbeschränkten Steuerpflicht der gesamte Vermögensanfall (jegliches Inlands- und Auslandsvermögen) der Steuer unterliegt. Bei der beschränkten Steuerpflicht unterliegt lediglich das Vermögen der Erbschaft- und Schenkungsteuer, welches als Inlandsvermögen im Sinne des § 2 Abs. 1 Nr. 3 i. V. m. § 121 BewG anzusehen ist.

Zudem ergibt sich noch ein Unterschied bei der Freibetragsregelung. Gemäß § 16 Abs. 2 ErbStG sind bei beschränkt Steuerpflichtigen die Freibeträge anteilig zu kürzen. Der Freibetrag des nicht der beschränkten Steuerpflicht unterliegenden Vermögens ist um den Teilbetrag zu mindern, der dem Verhältnis zum Wert des gesamten Vermögensanfalls (binnen der letzten 10 Jahre)[9] entspricht.

Ferner kann bei beschränkt Steuerpflichtigen die ausländische Erbschaftsteuer auf die deutsche Erbschaftsteuer nicht angerechnet werden (vgl. Wortlaut in § 21 Abs. 1 S. 1 ErbStG).

Der besondere Versorgungsfreibetrag kann bei einer beschränkten Steuerpflicht nur gewährt werden, wenn der Erblasser oder Erwerber in einem Staat ansässig sind, der Amtshilfe leistet (vgl. § 17 Abs. 3 ErbStG).

▸ **Hinweis** *Unterschiede bei der beschränkten Steuerpflicht im Vergleich zur unbeschränkten Steuerpflicht:*

- *nur Inlandsvermögen oder Anspruch auf Inlandsvermögen unterliegt der Steuer*
- *Anteilige Kürzung des Freibetrages bei Vermögen, das nicht der Steuer unterliegt*
- *Keine Anrechnung einer ausländischen Steuer*
- *Kein besonderer Versorgungsfreibetrag, wenn Staat keine Amthilfe leistet*

1.2.2.2 Gesellschaften und Körperschaften des öffentlichen Rechts

Können Kapitalgesellschaften und Personengesellschaften als Erwerber bzw. Steuerschuldner nach § 20 Abs. 1 ErbStG für die Schenkung- und Erbschaftsteuer in Anspruch genommen werden?

Unzweifelhaft kann eine Kapitalgesellschaft Erwerber einer Schenkung oder eines Erbes sein (§ 2 Nr. 1d ErbStG). Die Personengesellschaft selbst kann jedoch nicht Erwerber sein (§ 2a Satz 2 ErbStG). Dies können nur die einzelnen an der Gesamthand beteiligten Gesellschafter sein.

▸ **Hinweis** *Auch nach Einführung des Gesetzes zur Modernisierung des Personengesellschaftsrechtes (MoPeG) zum 1. Januar 2024 bleibt die Personengesellschaft im Erbschaft- und Schenkungsteuerrecht transparent (vgl. § 2a ErbStG). Erwerber und Zuwendene können nur die Gesellschafter der Personengesellschaft sein.*

---

[9] Vgl. Troll/Gebel/Jülicher/Gottschalk, ErbStG, § 16 Rn. 20.

Unterliegen auch Kapitalgesellschaften mit Sitz im Ausland der Erbschaft- und Schenkungsteuer?

Hat eine Kapitalgesellschaft ihren Sitz oder ihre Geschäftsleitung in Deutschland, so ist der gesamte Erwerb steuerpflichtig (§ 2 Abs. 1 Nr. 1d ErbStG). Sollte die Kapitalgesellschaft ihre Geschäftsführung im Inland ausüben, so wäre folglich eine unbeschränkte Steuerpflicht für das gesamte gerbte oder geschenkte Vermögen in Deutschland gegeben. Ist dies nicht der Fall, so unterliegt die Kapitalgesellschaft nach § 1 Abs. 1 Nr. 3 ErbStG lediglich hinsichtlich ihres Inlandsvermögens im Sinne des § 121 BewG der beschränkten Steuerpflicht.

▶ *Hinweis Auch bei Kapitalgesellschaften ist zwischen unbeschränkter und beschränkter Steuerpflicht zu unterscheiden.*

Können der Bund oder die Länder Erwerber einer Schenkung oder Erbschaft sein?

Das Gesetz geht davon aus, dass die Steuerpflicht gemäß § 20 Abs. 1 ErbStG jeden trifft, der von Todes wegen oder durch Schenkung unter Lebenden erwirbt. Demzufolge können Bund, Länder, Gemeinden oder Körperschaften des öffentlichen Rechts auch steuerpflichtig werden. Allerdings sind diese Erwerbe gemäß § 13 Nr. 15 ErbStG von der Steuer befreit.

▶ *Hinweis Auch ein ausländischer Staat kann Erwerber im Sinne des § 20 Abs. 1 ErbStG sein. Die Steuerbefreiung nach § 13 Nr. 15 ErbStG gilt hier aber nicht.*

1.2.3 Sachliche Steuerpflicht

I. Steuerpflicht
   b. Sachliche Steuerpflicht: Erwerb von Todes wegen (§ 3 … ErbStG) oder Schenkung (§ 7 … ErbStG)

Welche Vorgänge unterliegen dem Erbschaftsteuer- und Schenkungsteuergesetz?

Neben Erwerben von Todes wegen (§ 1 Abs. 1 Nr. 1 i. V. m. § 3 ErbStG), Schenkungen unter Lebenden (§ 1 Abs. 1 Nr. 2 i. V. m. § 7 ErbStG), Zweckzuwendungen (§ 1 Abs. 1 Nr. 3 i. V. m. § 8 ErbStG) wird auch das Vermögen einer Familienstiftung oder eines Familienvereins im Abstand von 30 Jahren besteuert (vgl. § 1 Abs. 1 Nr. 4 ErbStG).

1.2.3.1 Erwerbe von Todes wegen

1.2.3.1.1 Erwerbe durch Erbfall, Vermächtnis und Auflage

Carla ist Erbin des Alex. Im Testament des Alex ist bestimmt, dass Ben die Wohnung von Alex erhalten soll. Welche sachlichen Steuerpflichten können entstehen?

Für Carla ergibt sich infolge des Erbfalls gemäß § 3 Abs. 1 Nr. 1 Alt. 1 ErbStG und für Ben infolge des Vermächtnisses gemäß § 3 Abs. 1 Nr. 1 Alt. 2 ErbStG eine sachliche Steuerpflicht. Es liegen zwei zu unterscheidende steuerliche Tatbestände vor. Carla kann die Vermächtnisverpflichtung als Nachlassverbindlichkeit gemäß § 10 Abs. 5 Nr. 2 Alt. 1 ErbStG abziehen.

▶ **Hinweis** *In einem Vermächtnis erhält der Vermächtnisnehmer einen schuldrechtlichen Anspruch gegen den Erben oder einen anderen Vermächtnisnehmer (vgl. § 2174 BGB).*

Carla ist Erbin des Alex. Im Testament des Alex ist bestimmt, dass Carla auf ihre Kosten 10 Jahre den Garten des Nachbarn Giuseppe pflegen soll. Giuseppe soll dies jedoch selbst nicht von Carla verlangen können. Carla kommt der Verpflichtung nach. Welche sachlichen Steuerpflichten können entstehen?

Alex hat in seinem Testament zugunsten von Giuseppe eine Auflage angeordnet. Mit Vollziehung der Auflage entsteht für Giuseppe gemäß § 3 Abs. 2 Nr. 2 Alt. 1 ErbStG eine sachliche Steuerpflicht. Für Carla ergibt sich die persönliche Steuerpflicht aus ihrer Erbenstellung nach § 3 Abs. 1 Nr. 1 Alt. 1 ErbStG. Carla kann die Auflage als Nachlassverbindlichkeit gemäß § 10 Abs. 5 Nr. 2 Alt. 2 ErbStG steuermindernd geltend machen.

▶ **Hinweis** *In einer Auflage wird der Erbe oder ein Vermächtnisnehmer zu einer Leistung verpflichtet, ohne einem anderen ein Recht auf die Leistung zuzuwenden (vgl. § 1940 BGB). In dem fehlenden Anspruch ist der wesentliche Unterschied zum Vermächtnis zu sehen.*

Was sind vermächtnisähnliche Erwerbe im Sinne des § 3 Abs. 1 Nr. 3 ErbStG?

Vermächtnisse selbst sind bereits nach § 3 Abs. 1 Nr. 1 Alt. 2 ErbStG steuerpflichtig. Vermächtnisse sind im Testament oder Erbvertrag festgelegte schuldrechtliche Ansprüche einer Person gegen den Erben auf Übereignung eines Gegenstandes aus dem Nachlassvermögen. Mit vermächtnisähnlichen Erwerben sind die sog. gesetzlichen Vermächtnisse gemeint. In diesen Fällen erhalten Personen ein Vermächtnis nicht durch eine Bestimmung im Testament oder Erbvertrag, sondern das Gesetz selbst gewährt den Begünstigten den Vermächtnisanspruch.

Ein solches gesetzliche Vermächtnis ist zunächst der sog. Dreißigste, der Familienangehörigen im Haushalt des Erblassers für 30 Tage einen Anspruch auf Unterhalt gibt (§ 1969 BGB).

Ferner ist auch der sog. Voraus des überlebenden Ehegatten (§ 1932 BGB) ein gesetzlicher Vermächtnisanspruch, der dem überlebenden Ehegatten einen Anspruch auf Herausgabe der zum ehelichen Haushalt gehörenden Gegenstände gibt, ohne dass sich dies der Ehegatte auf seine Erbquote anrechnen lassen muss (deswegen auch die Bezeichnung als Voraus).

▶ **Hinweis** *Der sog. Dreißigste nach § 1969 BGB ist nach § 13 Abs. 1 Nr. 4 ErbStG steuerfrei, sodass der Anwendungsbereich der Vorschrift nur geringe praktische Relevanz hat.*

1.2.3.1.2 Pflichtteilsanspruch
Wann unterliegen Pflichtteilansprüche der Besteuerung?

Gemäß § 3 Abs. 1 Nr. 1 Alt. 3 ErbStG gilt nur der geltend gemachte Pflichtteilsanspruch als steuerpflichtiger Erwerb von Todes wegen. Das bloße Bestehen eines Pflichtteilsanspruches mit dem Erbfall genügt für die Steuerpflicht nicht.

Besteuert wird – trotz des abweichenden Gesetzeswortlauts – schon der Erwerb des Pflichtteilsanspruchs, nicht erst der Gelderwerb, der dem Pflichtteilsgläubiger aufgrund des Anspruchs zufließt.[10] Um den Pflichtteilsgläubiger jedoch nicht zu einer Realisierung seines Anspruchs zu drängen, entsteht die Steuerpflicht erst dann, wenn und soweit der Anspruch geltend gemacht wird. Der Anspruch kann auch teilweise geltend gemacht werden. Die Steuer entsteht dann begrenzt durch die Höhe, in der dieser (Anspruch) geltend gemacht worden ist.[11] Der nicht geltend gemachte Teil ist nicht steuerbar.

▶ **Hinweis** *Der geltend gemachte Pflichtteilsanspruch kann beim Erben als Nachlassverbindlichkeit im Sinne des § 10 Abs. 5 Nr. 2 ErbStG abgezogen werden.*

Das Kind Chiara ist von seinem verstorbenen Vater Giuseppe in dessen Testament nicht berücksichtigt worden. Den Pflichtteilsanspruch hat Chiara nicht geltend gemacht. Einige Zeit später stirbt Chiara. Erbin von Chiara ist die Enkelin Livia. Auch Livia macht den Pflichtteil gegenüber den Erben nicht geltend. Muss Livia für ihren geerbten Pflichtteilsanspruch Erbschaftsteuer zahlen?

Der Pflichtteilsanspruch ist ein übertragbarer und vererblicher Anspruch (§ 2317 Abs. 2 BGB). Der originär erworbene Pflichtteilsanspruch unterliegt erst dann der Erbschaftsteuer, wenn er vom Pflichtteilsberechtigten geltend gemacht wird (§ 3 Abs. 1 Nr. 1 Alt. 3 ErbStG). Anders ist dies jedoch, wenn ein Pflichtteilsanspruch geerbt wird. In diesem Fall entsteht die Erbschaftsteuer bereits mit dem Tode des Erblassers. Der geerbte Pflichtteilsanspruch ist bereits Bestandteil des Erwerbs durch Erbanfall (§ 3 Abs. 1 Nr. 1 Alt. 1 ErbStG) und entsteht damit mit dem Tode des Erblassers (§ 9 Nr. 1 ErbStG). Die spätere

---

[10] FG München, Urteil vom 24. August 2005 – 4 K 4361/03, EFG 05, 1887.
[11] BFH, Urteil vom 8. Juli 1973 – II R 34/69, BStBl II 73, 798, 800.

Geltendmachung des derivativ erworbenen Pflichtteils ist für die Erbschaftsteuer unerheblich. Hierdurch entsteht dann keine weitere Erbschaftbesteuerung.[12] Livia muss daher den geerbten Pflichtteilsanspruch bereits mit dem Tode von Chiara versteuern.

1.2.3.1.3 Schenkungsversprechen von Todes wegen
Paolo schenkt seiner Freundin Lisa in einer handschriftlich verfassten und unterschriebenen Vereinbarung ein Haus für den Fall, dass sie ihn überlebt. Paolo verstirbt. Erbe von Paolo ist Fin. Welche erbschaftsteuerlichen Folgen ergeben sich?

Paolo hat Lisa ein Schenkungsversprechen von Todes wegen im Sinne des § 2301 BGB gegeben. Es handelt sich hierbei um eine Schenkung, welche unter der Bedingung erteilt wird, dass die Beschenkte den Schenker überlebt. Ein solches Schenkungsversprechen unterliegt gemäß § 3 Abs. 1 Nr. 2 ErbStG der Erbschaftsteuer und ist nur formwirksam erstellt, wenn die Formvorschriften einer letztwilligen Verfügung von Todes wegen eingehalten sind. Die Steuer entsteht im Zeitpunkt des Todes von Paolo (§ 9 Nr. 1a ErbStG). Aus Sicht des Erben Fin stellt die Verpflichtung eine Nachlassverbindlichkeit dar (§ 10 Abs. 1 S. 2 ErbStG).

1.2.3.1.4 Verträge zugunsten Dritter
Erblasser Fritz schließt zu Lebzeiten eine Lebensversicherung auf den Todesfall ab. Begünstigte des Vertrages ist seine Ehefrau Franziska. In dem Lebensversicherungsvertrag wird bereits vereinbart, dass Franziska unwiderruflich Bezugsberechtigte beim Tode des Fritz ist. Fritz verstirbt. Liegt ein steuerpflichtiger Erwerb bzw. welcher steuerpflichtige Erwerb liegt vor?

Es liegt kein steuerpflichtiger Erwerb nach § 3 Abs. 1 Nr. 1 ErbStG vor, da Franziska mit dem Tode von Fritz einen Vermögenswert erhält, der außerhalb des Nachlassvermögens liegt. Der Anspruch von Franziska ist nicht gegen den Nachlass, sondern gegen die Lebensversicherung gerichtet.

Nach § 3 Abs. 1 Nr. 4 ErbStG sind jedoch auch Vermögensvorteile steuerpflichtig, die von einem Dritten unmittelbar mit dem Tode des Erblassers erworben werden. Dies könnte hier fraglich sein, weil Fritz bereits zu Lebzeiten (und nicht mit seinem Tode) Franziska ein unwiderrufliches Bezugsrecht gegeben hat. Zu den Vermögensvorteilen, die erst beim Tod des Erblassers nach § 3 Abs. 1 Nr. 4 ErbStG erworben werden, rechnet die Rechtsprechung den Anspruch aus einer vom Erblasser abgeschlossenen Lebensversicherung auf den Todesfall aber auch dann, wenn der Begünstigte schon vor dem Tod des Versicherungsnehmers unwiderruflich zum Bezugsberechtigten benannt war.[13] Begründet wird dies damit, dass die Versicherungssumme, die der Erblasser dem Begünstigten zuwenden will, erst mit dem Todeszeitpunkt verlangt werden kann. Es liegt somit ein steuerpflichtiger Erwerb nach § 3 Abs. 1 Nr. 4 ErbStG vor.

---

[12] Vgl. BFH, Urteil vom 5. Dezember 2018 – II R 9/15, DStR 2019, 978.
[13] RFH vom 19. November 1941, RStBl 42, 555; BFH BStBl III 52, 240; NV 00, 190.

1.2 Prüfungsreihenfolge der Schenkung und Erbschaftsteuer

Wie sind die Vorschriften § 3 Abs. 1 Nr. 1 ErbStG und § 3 Abs. 1 Nr. 4 ErbStG voneinander abzugrenzen?

Entscheidend für eine Anwendung des § 3 Abs. 1 Nr. 4 ErbStG ist, dass der Erwerb außerhalb des Nachlasses erfolgt. § 3 Abs. 1 Nr. 4 ErbStG meint nur den Erwerb von Vermögensvorteilen, die dem Begünstigten **nicht schon durch Erbanfall** (Erbfolge oder Vermächtnis) zufallen.

Hauptanwendungsfall des § 3 Abs. 1 Nr. 4 ErbStG ist der Erwerb aufgrund eines vom Erblasser geschlossenen (echten oder unechten) Vertrags zugunsten Dritter.

Da ein Erwerb nach § 3 Abs. 1 Nr. 4 ErbStG nicht in den Nachlass fällt, bleibt er gänzlich beim Erben unberücksichtigt. Das bedeutet, dass im Rahmen der Ermittlung des steuerpflichtigen Erwerbs des Erben gemäß § 3 Abs. 1 Nr. 1 ErbStG diese Vermögenszuwendung nicht nur keine Bereicherung des Erben darstellt, sondern auch keine im Sinne des 10 Abs. 5 Nr. 1 ErbStG abziehbare Nachlassverbindlichkeit.

Kann ein Begünstigter nach § 3 Abs. 1 Nr. 4 ErbStG zur Vermeidung der Erbschaftsteuer den steuerpflichtigen Erwerb „ausschlagen"?

Eine klassische erbrechtliche Ausschlagung ist nicht möglich, da der Begünstigte insoweit nicht als Erbe oder Vermächtnisnehmer bedacht ist. Da es sich jedoch um einen Vertrag zugunsten des Begünstigten handelt, hat der Begünstigte die Möglichkeit, die Leistung an ihn gegenüber dem Verpflichteten (meist Lebensversicherung oder Bank) nach § 333 BGB zurückzuweisen. Folge der Zurückweisung ist, dass das Recht als nicht erworben gilt und damit auch keine Besteuerung eingreifen kann.[14]

▶ **Hinweis** *Verzichtet der Begünstigte allerdings zugunsten einer bestimmten Person, so kann darin die Annahme und Weiterübertragung des Erwerbs liegen und einen doppelten Steuerzugriff bei dem vertraglich begünstigten Dritten gemäß § 3 Abs. 1 Nr. 4 ErbStG und bei dem von diesem bestimmten Zuwendungsempfänger gemäß § 7 Abs. 1 Nr. 1 ErbStG auslösen.*

Wann könnte eine Zurückweisung des Erwerbs durch den Begünstigten im Sinne des § 3 Abs. 1 Nr. 4 ErbStG erbschaftsteuerlich sinnvoll sein?

Die Zurückweisung des Erwerbs ist in den Fällen zu empfehlen, in denen der Erblasser einem von mehreren Erben, statt ihm Bankvollmacht zu erteilen, sein Bankguthaben und seine Depots durch Vertrag zugunsten Dritter auf den Todesfall zugewiesen hat. Will der Bedachte dann das Buchgeld und die Wertpapiere unter den Miterben verteilen, läuft er Gefahr, dass diese Ausgleichsleistung nun einer eigenständigen Besteuerung als freigebige Zuwendung unterliegt.[15] Dieser Steuerfolge kann er nur durch Zurückweisung des Erwerbs und der damit verbundenen Überleitung des Erwerbs in den Nachlass entgehen.

---

[14] Von Oertzen/Loose § 3 Rz 92 mit Verweis auf Palandt/Grüneberg § 333 Rz 3.
[15] Vgl. FG Saarland, Urteil vom 12. Dezember 1995 – K 130/93, EFG 96, 447.

Sind die Versorgungsansprüche Hinterbliebener erbschaftsteuerpflichtig?
Nach dem Wortlaut des Gesetzes können nur diejenigen Versorgungsansprüche erbschaftsteuerpflichtig sein, die gemäß § 3 Abs. 1 Nr. 4 ErbStG aufgrund eines vom Erblasser geschlossenen **Vertrages** erworben werden.

Versorgungsbezüge von Beamten beruhen auf den Beamtengesetzen und nicht auf einer vertraglichen Vereinbarung, sodass diese Bezüge nicht steuerpflichtig sind. Entsprechendes gilt für Versorgungsbezüge aus der gesetzlichen Rentenversicherung oder Versorgungsbezüge von Angehörigen freier Berufe aus einer berufsständischen Pflichtversicherung bei einer berufsständischen Versorgungseinrichtung.

Keine vertragliche Grundlage haben auch die Versorgungsbezüge von Abgeordneten. Insoweit ergibt sich die Grundlage des Versorgungsbezuges aus den Diätengesetzen des Bundes oder der Länder.

Ein Vermögensvorteil im Sinne des § 3 Abs. 1 Nr. 4 ErbStG liegt auch nicht vor, wenn der Versorgungsanspruch auf einem kollektiv geprägten arbeitsrechtlichen Rechtsinstitut, wie Tarifvertrag, Betriebsordnung, Betriebsvereinbarung, betrieblicher Übung oder auf dem Gleichbehandlungsgrundsatz beruht. Es fehlt auch insoweit an einem individualrechtlichen Vertrag.

Beruhen Hinterbliebenenbezüge jedoch auf einem Einzelvertrag, ist der Wortlaut des § 3 Abs. 1 Nr. 4 ErbStG erfüllt und es liegt ein steuerpflichtiger Erwerb vor.

Eine Ausnahme hiervon soll jedoch gelten, wenn die Versorgungsbezüge auf einem Arbeitsverhältnis beruhen und angemessen sind.[16] Somit sind auch individualrechtlich in Arbeitsverträgen vereinbarte, angemessene Hinterbliebenenbezüge steuerfrei. Der Bundesfinanzhof hat diese Ansicht auf eine am Gleichheitssatz unter Berücksichtigung der historischen Entwicklung orientierten Auslegung zurückgeführt und mit dem Gesichtspunkt der teleologischen Reduktion begründet. Das Bundesverfassungsgericht[17] hat die weitreichende Auslegung des Bundesfinanzhofes im Rahmen zulässiger richterlicher Rechtsfortbildung für verfassungsrechtlich unbedenklich erklärt. Die Finanzverwaltung folgt dieser Rechtsprechung.[18]

▶ **Hinweis** *Versorgungsansprüche, die sich aus dem Gesetz ergeben, sind stets erbschaftsteuerfrei. Versorgungsansprüche, die auf einem Vertrag beruhen, sind hingegen grundsätzlich erbschaftsteuerpflichtig. Eine Ausnahme hiervon besteht, wenn sich der Versorgungsanspruch aus einem Arbeitsvertrag ergibt. Versorgungsansprüche aus einem Arbeitsvertrag sind somit erbschaftsteuerfrei.*

---

[16] Vgl. R E 3.5 Abs. 3 ErbStR 2019.
[17] BVerfG, Beschluss vom 9. November 1988 – BvR 243/86, BStBl II 89, 938, 943.
[18] Vgl. R E 3.5 Abs. 3 ErbStR 2019.

1.2 Prüfungsreihenfolge der Schenkung und Erbschaftsteuer

Wie sind die vertraglichen Versorgungsansprüche der Hinterbliebenen von Gesellschafter-Geschäftsführern steuerlich zu behandeln?

Entscheidend ist, ob die Rechtsgrundlage für einen solchen Anspruch arbeitsrechtlich (steuerfrei) oder aufgrund der Gesellschafterstellung (dann § 3 Abs. 1 Nr. 4 ErbStG) begründet ist. Auf die Rechtsfortbildung des Bundesfinanzhofes und auf die damit einhergehende Steuerfreiheit kann sich der Steuerpflichtige nur berufen, wenn der Anspruch arbeitsrechtlicher Natur ist.

Der Bundesfinanzhof hat für diese Frage darauf abgestellt, ob der GmbH-Gesellschafter maßgeblichen Einfluss hat. Die Finanzverwaltung sieht einen solchen Einfluss,[19] wenn ein beherrschender Einfluss des Gesellschafter-Geschäftsführers vorliegt. Dies ist u. a. der Fall, wenn der Gesellschafter mittels einer 50 %igen Kapitalbeteiligung oder aufgrund besonderer Bestimmungen im Gesellschaftsvertrag Beschlussfassungen gegen seine Stimme verhindern kann,[20] wenn er eine solche Position im Zusammenwirken mit anderen je für sich allein nicht herrschenden Gesellschafter-Geschäftsführern erreicht[21] oder wenn er die Gesellschaft als Großgläubiger oder aufgrund überragender Branchenkenntnisse faktisch beherrscht; darüber hinaus soll auch bereits die Befreiung vom Selbstkontrahierungsverbot (§ 181 BGB) eine faktische Beherrschung begründen. Für die Frage der Beherrschungsposition ist der Zeitpunkt der Vereinbarung der Hinterbliebenenversorgung maßgebend.

Liegt kein beherrschender Einfluss des Gesellschafter-Geschäftsführers vor, so bleiben die Bezüge steuerfrei, soweit diese angemessen sind.

Wann sind vertragliche Versorgungsansprüche angemessen?

Eine gesetzliche Regelung hierzu fehlt.

Der Bundesfinanzhof hat bei der Prüfung der Angemessenheit einer Hinterbliebenenleistung in einer Höhe von 45 % der letzten Bezüge des Erblassers noch als angemessen angesehen. Nicht maßgeblich soll die absolute Höhe der Hinterbliebenenbezüge sein.[22] Die Finanzverwaltung hat die 45 %-Grenze aufgegriffen und wendet diese einheitlich als Obergrenze an. Übersteigende Beträge werden der Erbschaftsteuer unterworfen.[23]

Bei Hinterbliebenenversorgungen aufgrund eines Tarifvertrages oder anderer kollektiven Vereinbarungen wird grundsätzlich von einer Angemessenheit auszugehen sein.

---

[19] Vgl. R E 3.5 Abs. 3 ErbStR 2019.
[20] FG Münster, Urteil vom 31. Januar 2002 – 3 K 2322/00, EFG 02, 627.
[21] FG Baden-Württemberg, Urteil vom 23. Februar 2010 – 11 K 498/07, EFG 10, 1144.
[22] BFH, Urteil vom 20. Mai 1981 – II R 33/78, BStBl. II 1982, 27.
[23] Vgl. R E 3.5 Abs. 3 S. 2 ErbStR 2019.

> **Merke**
>
> | Steuerpflichtige Versorgungsansprüche | Steuerfreie Versorgungsansprüche |
> | --- | --- |
> | *Vertragliche Versorgungsansprüche (insbesondere Ansprüche aus Versicherungs- und Gesellschaftsverträgen)* | *Nicht vertragliche Versorgungsansprüche (insbesondere Ansprüche aus Gesetz oder Tarifvertrag)* |
> | *Nicht vertragliche Ansprüche, soweit diese unangemessen sind* | *Arbeitsvertragliche Ansprüche, soweit diese angemessen sind* |
> | *Arbeitsvertragliche Ansprüche, soweit diese unangemessen sind* | |
>
> ◄

Die Ehegatten Deniz und Louise sind Versicherungsnehmer einer sog. verbundenen Lebensversicherung (Lebensversicherung, die auf dem Tode des Erstversterbenden von Mitversicherten geschlossen wird). Deniz verstirbt. Die Lebensversicherungssumme von 100 TE wird fällig. Ergibt sich eine Erbschaftsteuerpflicht?

Die Hälfte der Versicherungssumme (50 TE) ist nicht steuerbar, weil sie der Überlebende in seiner Eigenschaft als Versicherungsnehmer erlangt. Die andere Hälfte (50 TE) ist jedoch nach § 3 Abs. 1 Nr. 4 ErbStG steuerpflichtig.[24]

 Hinweis *In der Praxis schließen Eheleute oder unverheiratete Paare häufig eine sog. Lebensversicherung „über Kreuz" ab. Beispiel: Person A ist Versicherungsnehmer, Beitragszahler und Bezugsberechtigter. Versicherte Person ist jedoch Person B. Person B schließt eine entsprechende Lebensversicherung mit Person A als versicherter Person ab. Stirbt Person B, so erhält Person A nur eine Leistung aus seinem eigenen Vertrag. Erbschaftsteuer fällt nicht an.*

1.2.3.2 Schenkungen unter Lebenden
Wenn der Gesetzgeber im ErbStG von Erbschaften spricht, gilt dies dann auch für Schenkungen?

Es ist die Absicht des Gesetzgebers Schenkungen und Erbschaften grundsätzlich gleich zu besteuern. Gemäß § 1 Abs. 2 ErbStG gelten vom Grundsatz demnach Regelungen, die nur die Erbschaft ansprechen, auch für Schenkungen.

Anders kann es sein, wenn sich aus dem Sinn und Zweck oder der Entstehungsgeschichte einer Vorschrift ergibt, dass eine Regelung ausschließlich für den Erbfall gilt.

So wird auf Schenkungen der Pauschbetrag für Erwerbskosten nach § 10 Abs. 5 Nr. 3 S. 2 ErbStG,[25] der Erwerb eines Familienheims von Todes nach § 13 Abs. 1 Nr. 4b ErbStG sowie die Stundungsmöglichkeit nach § 28 Abs. 1 ErbStG nicht angewendet.

---

[24] Vgl. R E 3.6 Abs. 3 ErbStR 2019.
[25] FG Nürnberg, Urteil vom 11. März 1993 – IV (VI) 138/91, EFG 93, 729.
[26] BFH, Urteil vom 6. April 1986 – II R 135/83, BStBl II 86, 622.

1.2 Prüfungsreihenfolge der Schenkung und Erbschaftsteuer

Der Bundesfinanzhof[26] hat ferner die Anwendung des § 13 Abs. 1 Nr. 10 ErbStG auf Rückerwerbe durch Schenkung ausgeschlossen. Auch die in § 27 ErbStG geregelte Steuerermäßigung bei mehrfachem Erwerb desselben Vermögens soll auf den Fall beschränkt bleiben, in welchem der letzte Erwerb von Todes wegen anfällt.[27]

Der Versorgungsfreibetrag, den § 17 ErbStG dem überlebenden Ehegatten einräumt, gilt gleichsam nur für Erwerbe von Todes wegen. Zwar hat das Finanzgericht Nürnberg[28] die These entwickelt, dass der Versorgungsfreibetrag unter Umständen auch bei der Besteuerung einer Abfindung für einen Erb- oder Pflichtteilsverzicht eingreifen kann.[29] Abgesehen hiervon bleibt es jedoch dabei, dass der Versorgungsfreibetrag nur den Erwerben von Todes wegen vorbehalten bleibt.

1.2.3.2.1 Freigebige Zuwendungen
Was ist unter einer freigebigen Zuwendung im Sinne des § 7 Abs. 1 Nr. 1 ErbStG zu verstehen?

Durch die Formulierung „freigebig" macht der Gesetzgeber klar, dass allein das objektive Vorliegen einer unentgeltlichen Zuwendung auf Kosten des Zuwendenden nicht ausreichend ist, um eine Steuerpflicht nach § 7 Abs. 1 Nr. 1 ErbStG zu begründen. Vielmehr müssen subjektive Elemente neben dem objektiven Tatbestand hinzutreten. Welche Elemente hinsichtlich des subjektiven Tatbestandes erfüllt sein müssen, ist weitgehend umstritten.[30] Einigkeit besteht insoweit, dass ausschließlich auf den Willen des Zuwendenden abzustellen ist. Uneinigkeit bestand lange darüber, welche Elemente hierzu gehören.

Der Bundesfinanzhof lässt es genügen, wenn die Unentgeltlichkeit vom Zuwendenden gewollt ist.[31] Ein Wille zur Bereicherung oder ein Wille zur schenkungsweisen Zuwendung muss nicht vorliegen. Die Finanzverwaltung hat diese Rechtsprechung übernommen.[32]

▶ **Wichtig** *Tatbestandsmerkmale einer freigebigen Zuwendung im Sinne des ErbStG sind demnach:*

- *Die Zuwendung muss unentgeltlich erfolgen*
- *Der Erwerber muss objektiv auf Kosten des Zuwendenden bereichert sein*
- *Der Zuwendende muss die Unentgeltlichkeit subjektiv gewollt haben*

---

[27] BFH, Beschluss vom 2. September 1987 – II B 103/87, BStBl II 87, 785.
[28] Finanzgericht Nürnberg, Urteil vom 12. September 1989 – VI 408/84, EFG 90, 65, 67.
[29] So auch die Finanzverwaltung, wenn ein Ehegatte als Abfindung für seinen Erbverzicht und aufschiebend bedingt bis zum Tod des anderen Ehegatten ein Leibrentenstammrecht erwirbt; vgl. auch R E 1.1 Nr. 7 ErbStR 2019. Der Meinung der Finanzverwaltung kann nicht zugestimmt werden, da § 7 Abs. 1 Nr. 5 ErbStG die Abfindung bei Erbverzicht den Schenkungen unter Lebenden zuordnet.
[30] Vgl. mwN BeckOK ErbStG/Felten § 7 Rn. 222.
[31] BFH vom 2. März 1994, BStBl. II 1994, 366.
[32] Vgl. R.E 7.1 Abs. 1 und Abs. 3 ErbStR 2019.

Sind ehebedingte Zuwendungen freigebige Zuwendungen im Sinne des § 7 Abs. 1 Nr. 1 ErbStG?

Im Zivilrecht gelten ehebedingte („unbenannte") Zuwendungen nicht als Schenkungen. Hierunter sind Zuwendungen zu verstehen, die der Erhaltung der ehelichen Gemeinschaft dienen. Der Bundesfinanzhof[33] sieht hierin jedoch eine freigebige Zuwendung, wenn die drei Tatbestandskriterien einer freigebigen Zuwendung erfüllt sind. Die Finanzverwaltung übernimmt diese Ansicht.[34]

Trägt z. B. ein Ehegatte die Anschaffungskosten an einem Gegenstand allein, verschafft er jedoch dem anderen an dem erworbenen Gegenstand Miteigentum oder Eigentum, so liegt eine freigebige Zuwendung vor.

Max überweist dem korrupten Beamten Nico 30 TE für dessen privaten Hausbau. Er möchte hierdurch erreichen, dass Nico seinem Antrag zum Bau einer Fabrik zustimmen wird. Ist die Geldüberweisung steuerpflichtig?

Einer Schenkung steht es nicht entgegen, dass der Zuwendende nicht selbstlos handelt, sondern mit seiner Zuwendung eigennützige Motive verfolgt. Ein Wille zur Bereicherung muss nicht vorliegen. Entscheidend ist, ob Leistung und Gegenleistung kausal miteinander verknüpft sind. Dies ist bei einer bloßen Erwartung nicht der Fall. Es liegt eine unentgeltliche Zuwendung vor. Somit können auch Schmiergeldzahlungen als freigebige Zuwendungen der Schenkungsteuer unterliegen.[35]

Der vermögende Stefan nimmt seine Lebensgefährtin Julia auf eine mehrmonatige Luxuskreuzfahrt mit. Stefan übernimmt sämtliche Kosten für Julia, die sich eine solche Reise nicht leisten könnte. Liegt eine Schenkung im Sinne des § 7 Abs. 1 Nr. 1 ErbStG vor?

Die Gesamtkosten für die Einladung des Lebensgefährten zu einer Luxus-Weltreise mit einem Kreuzfahrtschiff unterliegen nicht der Schenkungsteuer. Allein die Mitnahme auf die Kreuzfahrt ist im Ergebnis nur als Gefälligkeit zu beurteilen.

Julia hat zwar ein eigenes Forderungsrecht gegenüber dem Reiseveranstalter, dadurch ist sie aber nicht in dem erforderlichen Maße bereichert worden. Sie kann hierüber nicht frei verfügen, sondern die Zuwendung ist daran geknüpft, den Stefan zu begleiten. Allein die Mitnahme auf die Kreuzfahrt ist im Ergebnis nur als Gefälligkeit zu beurteilen.

Eine Vermögensmehrung bei Julia ist auch nicht durch einen Verzicht von Stefan auf Wertausgleich erfolgt. Denn es handelt sich um Luxusaufwendungen, die die Lebensgefährtin Julia sonst nicht aufgewandt hätte. Schließlich ist auch durch das Erleben der Reise selbst keine Vermögensmehrung eingetreten, die Begleitung auf der Reise erschöpft sich vielmehr im gemeinsamen Konsum.[36]

---

[33] BFH, Urteil vom 10. November 2004 – II R 44/0, BStBl II 05, 188, 190.
[34] Vgl. R E 7.2 ErbStR 2019.
[35] Troll/Gebel/Jülicher/Gottschalk ErbStG § 7 Rn. 274.
[36] Vgl. FG Hamburg, Urteil vom 12. Juni 2018, 3 K 77/17; Revision zugelassen.

Unterliegt ein zinslos gewährtes Darlehen der Schenkungsteuer?

Zivilrechtlich wird man das unverzinsliche Darlehen nicht der Schenkungsteuer zuordnen können, weil das Zivilrecht (BGB) das zinslose Darlehen als besonderen, neben der Schenkung stehenden Vertragstyp ausgestaltet hat. An diese Wertung ist das Steuerrecht aber nicht gebunden. Der Bundesfinanzhof hat sich im Anschluss an die Rechtsprechungsrichtlinie des Reichsfinanzhofes[37] für die Steuerpflicht entschieden, wonach die unentgeltliche Überlassung einer Kapitalsumme auf Zeit der Schenkungsteuer unterliegt.[38] Die Vermögensmehrung beim Beschenkten sieht der Bundesfinanzhof in dem Nutzungsvorteil, den dieser durch das ihm zinslos gewährte Darlehen erhält. Die Vermögensminderung beim Schenker liegt in dem Verzicht auf den Zinsertrag, den er bei verkehrsüblichem Verhalten gezogen hätte.

Livia ist Alleinerbin ihres Vater Giuseppe. Das Vermögen besteht lediglich aus einem landwirtschaftlichen Hof. Die andere Tochter Chiara fordert daraufhin den Pflichtteil von Livia. Da Livia diesen nicht aufbringen kann, vereinbart sie mit Chiara ein Darlehen mit einem Zins von 1 % und einer Laufzeit von 5 Jahren.

Die verbilligte Darlehensgewährung in Höhe der Differenz des gesetzlichen Zinssatzes in Höhe von 5,5 % (vgl. § 12 Abs. 3 BewG) und dem Zinssatz von 1 % stellt eine freigebige Zuwendung dar. Zu beachten ist, dass bereits im Zeitpunkt der Darlehensauszahlung der Vorteil des verbilligten Zinses auch für die Folgejahre zu berücksichtigen ist.[39]

Max schenkt seinem Cousin Marc ein Haus unter der Auflage, dass sein Vater Chris weiterhin unentgeltlich und lebenslang im Dachgeschoss leben kann.

Max hat eine Schenkung unter einer Auflage getätigt. Max gewährt an Marc gemäß § 7 Abs. 1 Nr. 1 ErbStG eine freigebige Zuwendung. Zudem erhält Chris von Max mit Vollziehung der Auflage einen steuerpflichtigen Vermögensvorteil gemäß § 7 Abs. 1 Nr. 2 ErbStG. Eine Zuwendung von Marc an Chris liegt nicht vor. Marc vollzieht nur die getroffene Entscheidung von Max.

Anders wäre der Fall, wenn Marc eine eigene Entscheidungsbefugnis über das Wohnrecht von Chris hätte. In diesem Fall würde die Zuwendung von Marc an Chris erfolgen.

Sind Gesellschaftereinlagen freigebige Zuwendungen im Sinne des § 7 Abs. 1 Nr. 1 ErbStG?

Der Bundesfinanzhof lehnt eine freigebige Zuwendung mit der Begründung ab, dass die Leistung ihren Rechtsgrund in einem Gemeinschaftsverhältnis hat.[40] Dieser Rechtsgrund schließt eine unentgeltliche Zuwendung im Verhältnis des Zuwendenden an die Kapitalgesellschaft aus. Die Werterhöhung des Gesellschaftsanteils eines Mitgesellschafters durch die Vermögenszuwendung in das Vermögen der Kapitalgesellschaft ist eine bloße, nicht steuerbare Reflexwirkung.

---

[37] RFH vom 18. März 1942, RStBl 43, 419 mwN.
[38] BFH, Urteil vom 12. Juli 1979 – II R 26/78, BStBl II 79, 631. BFH, Urteil vom 31. März 2010 – II R 22/09, BStBl II 10, 806.
[39] BFH, Urteil vom 31. Juli 2024 – II R 20/22.
[40] BFH, Urteil vom 1. Juli 1992 – BStBl II 92, 921, DB 1992, 2535.

Konsequenz dieser ständigen Rechtsprechung war die spätere Einführung des § 7 Abs. 8 ErbStG durch den Gesetzgeber.

▶ **Hinweis** *Anders stellt sich die steuerliche Beurteilung bei einer Personengesellschaft dar. Hier liegt eine freigebige Zuwendung vor. Die Personengesellschaft ist erbschaft- und schenkungsteuerlich transparent, sodass die Zuwendung die Gesellschafter anteilig bereichert.*

1.2.3.2.2 Gesellschafterbezogene und gesellschaftsbezogene Zuwendungen
Unterliegen disquotale Einlagen von Gesellschaftern der Schenkungsteuer?

Disquotale Einlagen liegen vor, wenn Gesellschafter unter Berücksichtigung ihrer Beteiligungsquote höhere Einlagen als die anderen Gesellschafter erbringen.

Gesellschaftereinlagen stellen keine freigebige Zuwendung nach § 7 Abs. 1 Nr. 1 ErbStG dar. Die Einlage ist durch das Gemeinschaftsverhältnis veranlasst. Die Werterhöhung des Anteils ist eine bloße Reflexwirkung.

Eine Steuerpflicht kann sich jedoch aus § 7 Abs. 8 S. 1 ErbStG ergeben, in welchem eine mittelbare Werterhöhung der Anteile an einer Kapitalgesellschaft ohne Willen zur unentgeltlichen Zuwendung Schenkungsteuer auslösen kann. Nach dem Wortlaut kommt es zur Schenkungsteuer, wenn eine Zuwendung an eine Kapitalgesellschaft, eine Beteiligung (mittelbar oder unmittelbar) einer natürlichen Person an der Kapitalgesellschaft vorliegt und durch die Zuwendung sich deren Anteile im Wert erhöhen.

▶ **Hinweis** *Eine disquotale Einlage in eine KGaA stellt weder eine freigebige Zuwendung noch eine Zuwendung nach § 7 Abs. 8 ErbStG dar. Es liegen keine „Anteile an einer Kapitalgesellschaft" vor. Zur Schließung dieser Gesetzeslücke hat der Gesetzgeber § 7 Abs. 9 ErbStG eingeführt. Die Vorschrift gilt erst seit dem 28. März 2024.*

Der Gesellschafter Peter will auf ein Darlehen verzichten, welches er der in finanzieller Not befindlichen Z-GmbH gegeben hat. Peter ist an der Z-GmbH als Gesellschafter beteiligt. Neben ihm ist noch seine Ehefrau Christiane an der Z-GmbH beteiligt. Kann der Forderungsverzicht zur Schenkungsteuer führen?

Es liegt eine Zuwendung an eine Kapitalgesellschaft (Z-GmbH) vor. Hierdurch erhöht sich mittelbar die Beteiligung von Christiane an der Z-GmbH. Auf einen Bereicherungswillen des Peter kommt es nicht an. Folglich würde eine steuerpflichtige Zuwendung nach § 7 Abs. 8 S. 1 ErbStG vorliegen. Ausweg könnte jedoch ggf. die Bewertung der Forderung sein. Kommt man zu dem Ergebnis, dass die Forderung im Zeitpunkt des Verzichts wertlos ist, kann dies auch nicht den Wert der Anteile von Christiane erhöhen.

Ist die Forderung jedoch werthaltig, so liegt eine Schenkung unter Lebenden an Christiane vor. Da die Schenkung durch den Gesellschafter und Ehemann Peter veranlasst war, kommt ein Freibetrag von 500 TE sowie die Steuerklasse I zur Anwendung (§ 15 Abs. 4 ErbStG).

1.2 Prüfungsreihenfolge der Schenkung und Erbschaftsteuer

Wie kann beim Forderungsverzicht des Gesellschafters zugunsten einer Kapitalgesellschaft eine Steuerpflicht nach § 7 Abs. 8 S. 1 ErbStG vermieden werden?

Grundsätzlich löst der Forderungsverzicht einer werthaltigen Forderung gegenüber einer Kapitalgesellschaft zugunsten der anderen Gesellschafter eine Schenkungsteuer nach § 7 Abs. 8 ErbStG aus. Um dies zu verhindern, könnte der Gesellschafter zunächst seine Forderung anteilig an die anderen Gesellschafter zum Verkehrswert verkaufen und dann alle Gesellschafter den Forderungsverzicht aussprechen lassen. Eine zweite und wohl praktikablere Möglichkeit besteht darin, dass der Gesellschafter seinen Forderungsverzicht nur unter Besserungsschein erklärt. Die Finanzverwaltung verneint dann mangels Vermögensumschichtung eine Steuerpflicht.[41]

Warum wird der Wortlaut des § 7 Abs. 8 S. 1 ErbStG als zu weitgehend empfunden?

Nach dem Wortlaut der Vorschrift kann Zuwendender jeder sein. Eine Ausdehnung des Anwendungsbereiches der Vorschrift auf Nichtgesellschafter ist jedoch nicht sachgerecht.

Zudem erfasst der Wortlaut des § 7 Abs. 8 ErbStG auch disquotale Einlagen, in welchen die anderen Gesellschafter zu einer Ausgleichsleistung verpflichtet wären.

Für beide Fälle ist eine teleologische einschränkende Auslegung der Norm erforderlich.

▶ **Hinweis** *Die Werterhöhung von Anteilen an Kapitalgesellschaften nach § 7 Abs. 8 ErbStG gehört nicht zu dem begünstigten Betriebsvermögen nach § 13b ErbStG. Eine Begünstigung nach § 13a Abs. 1 oder 2 ErbStG scheidet hier aus.*[42]

Chris ist zu 100 % an der Christian GmbH beteiligt. Auf seine Veranlassung erhält sein Sohn Max als Geschäftsführer der Christian GmbH ein um 1 Mio. € überhöhtes, nicht fremdübliches Geschäftsführergehalt. Unterliegt eine verdeckte Gewinnausschüttung der Schenkungsteuer?

Max ist als Sohn eine nahestehende Person des Gesellschafters Chris. Ertragsteuerlich liegt eine sog. verdeckte Gewinnausschüttung der Christian GmbH an den Gesellschafter Chris vor. Schenkungsteuerlich ist diese Zuwendung an Christian nicht als freigebige Zuwendung zu qualifizieren, weil die Ursache der Zuwendung im Gesellschaftsverhältnis veranlasst ist.

Eine freigebige Zuwendung nach § 7 Abs. 1 Nr. 1 ErbStG liegt jedoch mittelbar im Verhältnis zwischen dem Gesellschafter Chris und Max vor. Chris verschafft Max durch die Mitwirkung bei dem mit der Christian GmbH abgeschlossenen Vertrag einen Vermögensvorteil. Er verfügt damit wirtschaftlich über seinen Gewinnausschüttungsanspruch.[43]

---

[41] Gleichlautender Erlass der obersten Finanzbehörden der Länder vom 14. März 2012, Rz 3.3.6 und 3.3.7, BStBl I 12, 331.

[42] BFH, Urteil vom 10. April 2024 – II R 23/21.

[43] Der BFH hat mit drei Grundsatzentscheidungen vom 13. September 2017 (II R 54/15, II R 42/16 und II R 32/16, DB 2018 S. 293) unter Aufgabe seiner früheren Rechtsprechung (Urteil vom 7. November 2007 – II R 28/06, DB 2008 S. 509) die schenkungsteuerliche Beurteilung der verdeckten Gewinnausschüttung neu justiert.

▶ **Hinweis** *Für die Praxis sind die Anzeigepflichten nach § 30 ErbStG bedeutsam. Da nicht die GmbH Zuwendende ist, scheidet sie als Anzeigeverpflichtete aus. Zur Anzeige verpflichtet sind der Gesellschafter als Zuwendender und die nahestehende Person als Zuwendungsempfänger. Die Nichtbeachtung der Anzeigepflichten in den Fällen der verdeckten Gewinnausschüttung an nahestehende Personen kann unangenehme, insbesondere auch strafrechtliche Folgen haben.*

Alleinige Gesellschafterin der Kapitalgesellschaften Schwester 1 GmbH ist Susanne. An der Schwester 2 GmbH ist Susanne gemeinsam mit ihrer Schwester Anette zu je 50 % beteiligt. Die Schwester 1 GmbH überträgt nun unentgeltlich und in Bereicherungsabsicht zugunsten der Gesellschafterin Anette ein Grundstück an die Schwester 2 GmbH.

Ertragsteuerlich liegt eine verdeckte Gewinnausschüttung der Schwester 1 GmbH an Susanne und eine verdeckte Einlage von Susanne in die Schwester 2 GmbH vor. Einlagen und Gewinnausschüttungen sind keine freigebige Zuwendungen nach § 7 Abs. 1 Nr. 1 ErbStG.

Jedoch liegt eine Zuwendung nach § 7 Abs. 8 Satz 2 ErbStG vor.

Es erfolgt eine Zuwendung zwischen Kapitalgesellschaften, die in der Absicht erfolgt ist, einen Gesellschafter zu bereichern, und soweit die Beteiligungsverhältnisse an den beteiligten Kapitalgesellschaften (mittelbar/unmittelbar) voneinander abweichen.

Nach § 7 Abs. 8 S. 2 ErbStG wird eine solche Zuwendung in Höhe des hälftigen Grundstückswertes an die Gesellschafterin Anette als freigebig eingestuft. Für die Besteuerung kommt ein Freibetrag von 20 TE sowie die Steuerklasse II zur Anwendung (§ 15 Abs. 4 ErbStG).

▶ **Hinweis** *Um sonstige konzerninterne Vorgänge von der Besteuerung nach § 7 Abs. 8 S. 2 ErbStG auszunehmen, hat die Leistung der Kapitalgesellschaft an die empfangende Gesellschaft in Bereicherungsabsicht zugunsten eines Gesellschafters zu erfolgen. Andernfalls entsteht keine Schenkungsteuer.*

Merke

§ 7 Abs. 8 S. 1 ErbStG:

- *Zuwendung eines Gesellschafters an eine Kapitalgesellschaft*
- *Andere natürliche Person erhält hierdurch eine Werterhöhung*

§ 7 Abs. 8 S. 2 ErbStG:

- *Zuwendung zwischen Kapitalgesellschaften*
- *Unterschiedliche Beteiligungsverhältnisse an den Kapitalgesellschaften*
- *Bereicherungsabsicht* ◀

1.2 Prüfungsreihenfolge der Schenkung und Erbschaftsteuer

▶ **Hinweis** *Ein Gesellschafter kann auch eine gesellschafterbezogene Kapitalrücklage leisten. Folge einer solchen Rücklage ist, dass bei Rückzahlung oder Liquidation die Rücklage an den leistenden Gesellschafter wieder zurückfliesst. Eine solche gesellschafterbezogene Kapitalrücklage vermeidet grundsätzlich eine Schenkungsteuer. Verzichtet der leistende Gesellschafter später auf einen angemessenen Wertausgleich zugunsten der anderen Gesellschafter, kann dies jedoch wiederum Schenkungsteuer verursachen.[44]*

▶ **Hinweis** *Eine Begünstigung nach § 13a und § 13b ErbStG kommt nicht in Betracht. Besteuert wird in § 7 Abs. 8 ErbStG die Werterhöhung; nicht jedoch ein Übertragungsvorgang.*

Ben scheidet durch Kündigung nach Maßgabe des Gesellschaftsvertrages als Kommanditist aus der Profit KG aus. Die anderen Gesellschafter verbleiben in der Profit KG. Laut Gesellschaftsvertrag erhält Ben als Abfindung 1 Mio. €. Der steuerliche Wert seines Anteils liegt jedoch bei 2 Mio. €. Liegt eine steuerpflichtige Schenkung vor?

Gesellschaftsvertraglich vereinbarte Abfindungsbeschränkungen, die gleichmäßig für alle Gesellschafter gelten, stellen keine zivilrechtlichen Schenkungen sowie freigebige Zuwendungen dar. Jeder Gesellschafter geht das Wagnis des Verlustes seines eigenen Gesellschaftsanteils ohne entsprechende Abfindung ein, um der Chance willen, die Gesellschaftsanteile des anderen bei dessen Ausscheiden günstig zu übernehmen.[45] Diese Lücke wird vom Gesetzgeber durch § 7 Abs. 7 ErbStG geschlossen. Hiernach liegt infolge des gesellschaftsvertraglichen Ausscheidens eine steuerpflichtige Schenkung vor, wenn die verbleibenden Gesellschafter einen Wertzuwachs infolge eines niedrigeren Abfindungsanspruches an den ausscheidenden Gesellschafter erhalten. Dies gilt gleichermaßen beim Ausscheiden aus einer Kapital- und einer Personengesellschaft.

▶ **Hinweis** *In § 7 Abs. 7 ErbStG wird eine Schenkung unterstellt. Unerheblich ist, ob eine Unentgeltlichkeit oder Bereicherung gewollt ist.*
In der Praxis sehen viele Gesellschaftsverträge bei Ausscheiden eines Gesellschafters eine Abfindung zum Buchwert (sog. Buchwertklausel) vor. In diesen Fällen droht eine Schenkungsteuer. Zur Vermeidung einer Schenkungsteuer kann das sog. Managermodell eingeführt werden. Bei diesem Modell müssen die Gesellschaftsanteile an einen Treuhänder zurückübertragen werden. Der Treuhänder überträgt die Anteile dann wieder auf neu einsteigende Gesellschafter. Durch die Einschaltung eines Treuhänders fehlt es an einem Übergang der Anteile „auf die anderen Gesellschafter oder Gesellschaft".[46]

---

[44] BFH, Urteil vom 19. Juni 2024 – II R 40/21.
[45] BFH, Urteil vom 15. Mai 1953 – II 65/51 S, BStBl. III 1953, 199; sog. Wagnisrechtsprechung.
[46] BFH, Urteil vom 6. Mai 2020 – II R 34/17.

Voraussetzungen und Rechtsfolge des § 7 Abs. 7 ErbStG:

Freiwillig oder zwangsweise
Ausscheiden aus einer Gesellschaft (Personen- oder Kapitalgesellschaft)
Aufgrund von Gesellschaftsvertrag oder Gesetz (nicht individualrechtlich)
Steuerliche Wert des übergehenden Anteils höher als Abfindungsanspruch
Rechtsfolge: gilt als Schenkung

1.2.3.3 Zweckzuwendungen

Was sind Zweckzuwendungen im Sinne des § 1 Abs. 1 Nr. 3 ErbStG i. V. m. § 8 ErbStG?

Hierunter sind Zuwendungen unter Lebenden oder von Todes wegen zu verstehen, die mit der Auflage verbunden sind, die Zuwendungen zugunsten eines bestimmten Zweckes für einen unbestimmten Personenkreis zu verwenden.

Ist der Personenkreis bestimmt, liegen in der Regel bereits eine Zuwendung gemäß § 3 Abs. 2 Nr. 2 bzw. § 7 Abs. 1 Nr. 2 ErbStG vor. Eine Zweckzuwendung kommt dann nicht mehr in Betracht.

Ben setzt seine Ehefrau Carla als Erbin ein. Das Nachlassvermögen hat einen Nachlasswert von 200 TE. Carla soll zudem für Bens geliebten Hund Bello 25 TE für Pflege und Futter aufwenden.

Es liegt eine Zweckzuwendung im Sinne des § 8 ErbStG vor. Carla hat eine Zuwendung mit der Auflage erhalten, Kosten für einen Hund zu übernehmen. Mangels Bestimmbarkeit eines begünstigten Personenkreises liegt eine Zweckzuwendung vor. Steuerschuldnerin ist die mit der Ausführung der Zuwendung beschwerte Carla (vgl. § 20 Abs. 1 S. 1 Alt. 3 ErbStG). Carla hat die Zweckzuwendung damit zu versteuern. Zweckzuwendungen gehören nach § 15 Abs. 1 ErbStG zur Steuerklasse III, sodass ein Freibetrag von 20 TE gemäß § 16 Abs. 1 Nr. 7 ErbStG abziehbar ist.

Carla hat ihren eigenen Erbanfall ferner nach § 3 Abs. 1 Nr. 1 ErbStG zu versteuern. Hiervon ist die Zweckzuwendung als Nachlassverbindlichkeit (§ 10 Abs. 5 Nr. 2 ErbStG) abzuziehen.

1.2.3.4 Erbersatzbesteuerung

Warum hat der Gesetzgeber die Erbersatzbesteuerung nach § 1 Abs. 1 Nr. 4 ErbStG als weiteren dem Erbschaft- und Schenkungsteuerrecht unterliegenden Tatbestand aufgenommen?

Die gesetzgeberische Intention besteht darin, zu verhindern, dass das in Familienstiftungen und Familienvereinen gebundene Vermögen auf Generationen hinweg der Erbschaftsteuer entzogen wird. Nach bürgerlich-rechtlichen Grundsätzen kann es zu keinem Rechtsträgerwechsel mehr kommen. Stiftungen gehören niemanden, sodass hier keine Anteile übertragen oder vererbt werden können. Auch Mitgliedschaften an einem Verein sind nicht übertragbar.

Mit der Erbersatzsteuer wird das Ziel verfolgt, Vermögen, das in Stiftungen bzw. Vereinen enthalten ist, ohne Schenkung und Erbfall unmittelbar zu besteuern. Die Erbersatzsteuer wirkt wie eine Vermögenssteuer.

1.2 Prüfungsreihenfolge der Schenkung und Erbschaftsteuer

Für die Besteuerung ist ein Zeitabstand von 30 Jahren vorgesehen, der typischerweise einem Generationswechsel von natürlichen Personen entsprechen soll.

Welche Stiftungen unterliegen der Erbersatzbesteuerung?

Die Steuer trifft das Vermögen von Stiftungen, die im Interesse einer Familie oder von bestimmten Familien errichtet sind und ihre Geschäftsleitung oder ihren Sitz im Inland haben (§ 1 Abs. 1 Nr. 4 und § 2 Abs. 1 Nr. 2 ErbStG). Stiftungen mit Sitz und Geschäftsleitung im Ausland unterliegen nicht der Erbersatzsteuer, auch nicht hinsichtlich ihres inländischen Vermögens.[47]

Als Stiftung wird das nach § 80 BGB rechtsfähige Zweckvermögen bezeichnet. Die nicht rechtsfähige Stiftung ist nicht von der Erbersatzbesteuerung erfasst,[48] weil diese über kein eigenes Vermögen verfügt. Unter Familie wird der Kreis der durch Abstammung, Heirat oder häusliche Gemeinschaft verbundenen Angehörigen im Sinne des § 15 AO verstanden.[49] Es muss sich um die Familie des Stifters handeln.

Unternehmerstiftungen (Begünstigter ist das Unternehmen) unterliegen damit nicht der Erbersatzbesteuerung. Ferner unterliegen gemeinnützige Stiftungen nicht der Erbersatzbesteuerung.

▶ **Hinweis** *Der Begriff „Familienstiftung" geht im ErbStG weiter als im Außensteuergesetz (§ 15 Abs. 2 AStG). Demnach können auch Familienstiftungen vorliegen, wenn die Destinatäre nicht mehr als zur Hälfte bezugs- oder anfallsberechtigt sind. Die Finanzverwaltung sieht eine Familienstiftung auch bei einer Bezugs- und Anfallsberechtigung von mehr als ein Viertel als gegeben, wenn zusätzlich ein wesentliches Familieninteresse (z. B. Einfluss auf Geschäftsführung der Stiftung) besteht.*[50]

▶ **Hinweis** *In § 15 AStG geht es darum, bei ausländischen Familienstiftungen den Stifter bzw. hilfsweise die Bezugs- oder Anfallsberechtigten des Stiftungsvermögens mit Ertragsteuern zu belasten. Es geht hier nicht um die Erbschaft- bzw. Erbersatzsteuer. Die Vorschrift gilt auch für nicht rechtsfähige Stiftungen (§ 15 Abs. 4 AStG).*

▶ **Hinweis** *Ausländische Familienstiftungen unterliegen nicht der beschränkten Steuerpflicht. Die beschränkte Steuerpflicht nach § 2 Abs. 1 Nr. 3 ErbStG besteuert den „Vermögensanfall", während bei der Ersatzerbschaftsteuer das „Vermögen" als solches besteuert wird.*

Eine Stiftung oder ein Trust im Ausland (z. B. Liechtenstein) unterliegt nicht der Erbersatzbesteuerung, wenn weder Geschäftsleitung noch Sitz im Inland ist und damit keine unbeschränkte Steuerpflicht vorliegt.

---

[47] Es liegt kein Inlandsvermögen im Sinne des § 121 Nr. 4 BewG vor.
[48] BFH, Urteil vom 25. Januar 2917 – II R 26/16, DStR 17, 597.
[49] Meincke/Hannes/Holtz ErbStG § 1 Rn. 17; aM Flämig, DStZ 86, 11, 14, der den Familienbegriff auf die aus Eltern und Kindern bestehende Kernfamilie begrenzen will.
[50] Vgl. R E 1.2 Abs. 2 ErbStR 2019.

▶ **Hinweis** *Für die Berechnung der Erbersatzbesteuerung wird der doppelte Freibetrag für Kinder abgezogen. Die Steuer wird im Übrigen nach dem Steuersatz der Steuerklasse I berechnet, der für die Hälfte des Vermögens der Stiftung gelten würde. Dies entspricht einem alle 30 Jahre stattfindenden Vermögensübergang auf zwei Kinder des Erblassers (vgl. § 15 Abs. 2 Satz 3 ErbStG).*

Welche Vorteile einer Erbersatzbesteuerung bestehen gegenüber der klassischen Erbschaftsteuer?

Vorteilhaft an der Erbersatzbesteuerung ist die bessere Planung über den Zeitpunkt der Besteuerung. Die Stiftung kennt den Zeitpunkt der Besteuerung frühzeitig. Dies ermöglicht der Stiftung, ihr Vermögen rechtzeitig zu reduzieren oder in begünstigtes Vermögen umzuschichten. Überdies besteht bei der Erbersatzbesteuerung nach § 24 ErbStG die Möglichkeit – anders als bei der Erbschaftsteuer – die Steuerschuld in 30 jährlichen Teilbeträgen zu begleichen. Allerdings muss hier der ungünstige Zinssatz von 5,5 % in Kauf genommen werden.

Neben der Verrentung der Steuerschuld kann auch eine Stundung nach § 28 ErbStG in Betracht gezogen werden.

▶ **Hinweis** *Auch bei der Erbersatzbesteuerung kann nach § 13b ErbStG begünstigtes Betriebsvermögen vorliegen.*

Eine rechtsfähige Familienstiftung hat ein Stiftungsvermögen von 10.800.000 €. Der Zeitpunkt der Erbersatzbesteuerung rückt näher und der Stiftungsvorstand möchte wissen, mit welcher Erbschaftsteuer die Stiftung zu rechnen hat.

Für die Berechnung der Erbschaftsteuer ist auf § 15 Abs. 2 S. 3 ErbStG abzustellen: Von dem Vermögen der Familienstiftung wird der doppelte Freibetrag für Kinder (§ 16 Abs. 1 Nr. 2 ErbStG) abgezogen, also 800.000 €. Die Steuer ist im Übrigen nach dem Steuersatz der Steuerklasse I zu berechnen, der für die Hälfte des Vermögens der Stiftung gelten würde. Die Besteuerung entspricht damit einem alle 30 Jahre stattfindenden Vermögensübergang auf zwei Kinder eines Erblassers.

Stiftungsvermögen	10.800.000
Davon die Hälfte	5.400.000
Abzgl. Freibetrag nach § 16 Abs. 1 Nr. 1	400.000
	5.000.000
Steuer bei Steuersatz von 19 %	950.000
Doppelter Betrag als Erbersatzsteuer	1.900.000

Steuerschuldner der Erbersatzsteuer ist die Stiftung nach § 20 Abs. 1 ErbStG.

Wie wird der Übergang von Vermögen an die Stiftung besteuert?

Hier muss zunächst unterschieden werden, ob Vermögen im Rahmen des Stiftungsgeschäftes übergeht oder eine (spätere) Zustiftung erfolgt.

1.2 Prüfungsreihenfolge der Schenkung und Erbschaftsteuer

Wird eine Stiftung zu Lebzeiten oder von Todes wegen errichtet und mit Vermögen aufgrund des Stiftungsgeschäftes ausgestattet, liegen steuerpflichtige Vorgänge nach § 7 Abs. 1 Nr. 8 Satz 1 ErbStG bzw. § 3 Abs. 2 Nr. 1 ErbStG vor.

Liegt eine Zustiftung vor, so richtet sich die Steuerpflicht nach § 7 Abs. 1 Nr. 1 ErbStG. Es spielt keine Rolle, ob die Stiftung im Inland oder Ausland ihren Sitz hat.

Ist die Stiftung gemeinnützig, ist der Erwerb gemäß § 3 Nr. 16 ErbStG steuerfrei. Die Steuerklasse richtet sich nach dem entferntest Berechtigten (§ 15 Abs. 2 Nr. 1 ErbStG).

▶ **Hinweis** *Die Ausstattung eines ausländischen Trust ist gemäß § 7 Abs. 1 Nr. 8 Satz 2 ErbStG steuerpflichtig.*

Welche Freibeträge oder Steuerklasse gilt, wenn Vermögen im Stiftungsgeschäft auf eine Stiftung übertragen wird?

Der Besteuerung wird das Verwandtschaftsverhältnis des Erblassers oder Schenkers zum entferntest Berechtigten zugrundegelegt (§ 15 Abs. 2 Satz 1 ErbStG). Ist dies z. B. ein Kind, beträgt der Freibetrag 400.000 €. Liegen mehrere Begünstigte vor, wird gleichwohl nur ein Freibetrag gewährt. Ferner kommt die Steuerklasse I zur Anwendung.

Nicht erheblich ist, ob der Begünstigte zum Zeitpunkt des Stiftungsgeschäftes schon geboren ist, jemals geboren wird oder tatsächlich finanzielle Vorteile aus der Stiftung erlangt.[51]

▶ **Hinweis** *Für Zustiftungen gilt § 7 Abs. 1 Nr. 1 ErbStG. Hier kann nur ein Freibetrag von 20.000 € abgezogen und die Steuerklasse III angewendet werden.*

▶ **Hinweis**

In § 15 Abs. 2 S. 3 ErbStG geht es um die laufende Besteuerung (Erbersatzbesteuerung) der Stiftung

In § 15 Abs. 2 S. 1 ErbStG regelt der Gesetzgeber die Steuerklasse bei Übertragung/Ausstattung von Vermögen in die Stiftung. Die Steuerklasse richtet sich hierbei nach dem Berechtigten, der die ungünstigste Steuerklasse zum Erblasser/Schenker hat

In § 15 Abs. 2 S. 2 ErbStG ist die Auflösung der Stiftung gemeint. In diesem Fall gilt für die Steuerklassenfindung der Stifter (und nicht die Stiftung) als Schenker

Wie wird die Zuwendung von Vermögen aus der Stiftung an den Begünstigten besteuert?

Es liegt keine Schenkungs- oder Erbschaftsteuerpflicht vor. Weder § 3 ErbStG noch § 7 ErbStG haben diesen Fall als steuerpflichtigen Erwerb aufgenommen.

▶ **Hinweis** *Die Zuwendungen an den Begünstigten unterliegen jedoch gemäß § 20 Abs. 1 Nr. 9 EStG der Einkommensteuerpflicht. Die Stiftung hat regelmäßig eine Kapitalertragsteuer einzubehalten.*

---

[51] BFH, Urteil vom 28. Februar 2024 – II R 25/21.

Wie wird die Auflösung der Stiftung und die Rückführung von Vermögen besteuert?

Die Auflösung der Stiftung unterliegt gemäß § 7 Nr. 9 ErbStG der Steuerpflicht. Als Schenker gilt in diesem Fall gemäß § 15 Abs. 2 S. 2 ErbStG der Stifter.

> **Merke**
>
> | | |
> |---|---|
> | *§ 15 Abs. 2 S. 1 ErbStG* | *regelt die Zuwendung in die Stiftung hinein* |
> | *§ 15 Abs. 2 S. 2 ErbStG* | *regelt die Auflösung der Stiftung* |
> | *§ 15 Abs. 2 S. 3 ErbStG* | *regelt die laufende Besteuerung* |
>
>

1.2.4 Besteuerungszeitpunkt/Entstehen der Steuer

I. Steuerpflicht
   c. Entstehen der Steuer (§ 9 ErbStG)
   d. Bewertungsstichtag (§ 11 ErbStG)

Wann entsteht die Steuer bei Erwerben von Todes wegen?

Die Antwort findet sich in § 9 Abs. 1 Nr. 1 ErbStG.

Im Falle eines Erbfalles ist dies der Zeitpunkt des Todes des Erblassers (§ 9 Abs. 1 Nr. 1 ErbStG). Soll der Erwerb erst bei Eintritt einer aufschiebenden Bedingung eintreten (z. B. Bestehen einer Prüfung), so entsteht die Steuer erst mit Eintritt der Bedingung. Erfolgt der Erwerb unter einer Betagung, so entsteht die Steuer erst mit dem Eintritt des Ereignisses (§ 9 Abs. 1 Nr. 1 a ErbStG).

Bei Pflichtteilsansprüchen entsteht die Steuer erst mit Geltendmachung des Anspruchs (§ 9 Abs. 1 Nr. 1b ErbStG).

Bei Auflagen entsteht die Steuer erst mit Vollziehung der Auflage (vgl. § 9 Abs. 1 Nr. 1d ErbStG).

▶ **Hinweis** *Bei einer Betagung besteht der Anspruch, jedoch ist die Fälligkeit noch nicht eingetreten; z. B. Fälligkeit beim 10. Firmenjubiläum. Bei einer aufschiebenden Bedingung entsteht der Anspruch hingegen erst mit Eintritt der Bedingung.*

Wann entsteht die Steuer bei Schenkungen?

Die Antwort findet sich in § 9 Abs. 1 Nr. 2 ErbStG. Entscheidend ist der Zeitpunkt der Ausführung der Zuwendung. Mit dieser Formulierung macht der Gesetzgeber klar, dass das bloße Schenkungsversprechen noch nicht die Schenkungsteuer entstehen lässt. Der Beschenkte muss also erhalten, was ihm nach dem Willen des Schenkers gebührt. Der zivilrechtliche Eigentumsübergang muss zu diesem Zeitpunkt jedoch noch nicht zwingend erfolgen.

Bei beweglichen Sachen ist die Schenkung ausgeführt mit der Übergabe bzw. Verschaffung der Verfügungsmacht an der Sache.

Bei Grundstücksschenkungen entsteht die Steuer, wenn die Auflassung (notarielle Einigung über den Eigentumswechsel) erklärt wurde, der Schenker den Antrag auf

Änderung im Grundbuch nach § 13 GBO gestellt hat und der Beschenkte die Änderung nach § 19 GBO bewilligt hat. Die Eintragung im Grundbuch, die letztlich den Vollzug des Eigentümerwechsels bewirkt, ist insoweit unerheblich.[52]

Anna verspricht ihrem Sohn Ben am 1. Dezember 2024 die Schenkung ihrer Eigentumswohnung. Am 15. Dezember 2024 wird der Kaufvertrag und die Auflassung notariell beurkundet. Die Eintragungsbewilligung erfolgt am 20. Dezember 2024 und die Eintragung im Grundbuch am 15. Januar 2025. Wann entsteht die Schenkungsteuer?

Gemäß § 9 Abs. 1 Nr. 2 ErbStG entsteht die Schenkungsteuer im Zeitpunkt der Ausführung der Schenkung. Dies ist der Zeitpunkt, in welchem die Auflassung sowie die Eintragungsbewilligung vorliegen. Somit entsteht am 20. Dezember 2024 die Steuer.

▶ **Hinweis** *Hängt die Schenkung von einer behördlichen Genehmigung ab, so ist von einer Ausführung der Schenkung auszugehen, wenn die Beteiligten alles getan haben, um die Genehmigung herbeizuführen.*

Hängt die Genehmigung von einer privatrechtlichen Genehmigung ab, ist von einer Ausführung der Schenkung erst im Zeitpunkt der Genehmigung auszugehen.

Rentner Stefan und seine Tochter Johanna leben in München. Da es in Österreich keine Schenkung- und Erbschaftsteuer gibt, ziehen beide im Oktober 2024 nach Salzburg. Stefan möchte Johanna im November 2024 seine wertvolle Münzsammlung schenken. Wie sollte die Zuwendung gestaltet werden?

Da Stefan und Johanna unverändert im November 2024 der unbeschränkten Steuerpflicht unterliegen, sollte die Schenkung noch nicht sofort vollzogen werden. Mit Ablauf von 5 Jahren nach dem Wegzug aus Deutschland (§ 2 Abs. 1 Nr. 1b ErbStG) endet die unbeschränkte Steuerpflicht (Oktober 2029). Stefan und Johanna haben es in der Hand, durch eine aufschiebend bedingte unentgeltliche Vermögensübertragung den Zeitpunkt der Ausführung der Zuwendung nach Beendigung der unbeschränkten Steuerpflicht zu verlegen. Stefan könnte z. B. die Schenkung unter der aufschiebenden Bedingung durchführen, dass er im Dezember 2029 noch lebt.

Der vermögende Peter erbt Aktien. Zum Zeitpunkt des Todes des Erblassers hatten die Aktien einen steuerlichen Wert von 1 Mio. €. Wenige Tage nach dem Tode bricht die Börse ein. Die Aktien sind nun lediglich 50 TE wert. Der Steuerberater Klug erklärt Peter zutreffend, dass für die Bewertung das Stichtagsprinzip nach § 11 ErbStG gilt, sodass für die Erbschaftsteuerberechnung der Kursverfall ohne Berücksichtigung bleibt. Peter ist sauer, weil die Erbschaftsteuer wesentlich höher ist als der aktuelle Wert der Aktie. Was könnte Klug ggf. raten?

Ggf. könnte Peter einen Antrag auf (teilweisen) Erlass der Erbschaftsteuer stellen (§ 163 AO bzw. § 227 AO). Ob dieser Antrag erfolgreich ist, hängt von den näheren Umständen ab. Die Erfolgsaussichten sind jedoch wohl eher gering. Da Peter laut Sachverhalt vermögend ist, wird man von einer persönlichen Unbilligkeit nicht ausgehen können. Hin-

---

[52] Vgl. auch R E 9.1 Abs. 1 ErbStR 2019.

reichende Anhaltspunkte für eine sachliche Unbilligkeit bestehen nicht. Mit der Bestimmung des Stichtagsprinzips ergibt sich zwingend ein „Fallbeileffekt". Dies hat der Gesetzgeber bewusst in Kauf genommen. Der nachträgliche Wertverlust allein genügt nicht, um eine sachliche Unbilligkeit zu begründen.

Nach § 29 Abs. 1 Nr. 4 ErbStG erlischt jedoch die an sich bei einer vorherigen unentgeltlichen Vermögensübergang von Todes wegen oder unter Lebenden bereits entstandene Erbschaft- oder Schenkungsteuer im Nachhinein, wenn die Zuwendung innerhalb von 24 Monaten nach dem Entstehen der Steuer einer inländischen Gebietskörperschaft oder einer inländischen gemeinnützigen Stiftung unentgeltlich weitergegeben wird. Als letzten Ausweg könnte daher Peter die Aktien an eine gemeinnützige Stiftung weiterübertragen.

▶ **Hinweis** *§ 163 AO ermöglicht einen Steuererlass vor Steuerfestsetzung. § 227 AO hingegen gewährt einen Steuererlass nach Steuerfestsetzung. Voraussetzung für den Steuererlass ist jeweils eine Unbilligkeit, die auf persönlichen oder sachlichen Gründen beruhen kann.*

Wann könnte man von einer sachlichen Unbilligkeit im Sinne der §§ 163 und 227 AO ausgehen, die ein Abweichen von der Stichtagsbetrachtung des § 9 ErbStG ermöglicht?

Die Annahme einer sachlichen Unbilligkeit wird regelmäßig an der Erkenntnis scheitern, dass der Gesetzgeber die mit der stichtagsbezogenen Wertermittlung verbundenen Auswirkungen bewusst in Kauf genommen hat.

So rechtfertigen bloße Kursverluste eines geerbten Wertpapiervermögens keine Billigkeitsmaßnahme, wenn der Steuerpflichtige über dieses verfügen konnte.[53]

Hat der Beschenkte/Erbe jedoch in der Zeit des Wertverfalles keine Zugriffsmöglichkeit auf das geschenkte oder geerbte Vermögen, so treten besondere Umstände hinzu, die zu einer sachlichen Unbilligkeit führen können.

Auch wenn danach dem Gesichtspunkt des Vermögenszugriffs bei der Beurteilung der Billigkeitsfrage ein besonderes Gewicht beizumessen ist, bedeutet dies nicht, dass jeder mit einer fehlenden oder eingeschränkten Verfügungsmacht zusammenhängende Wertverlust die Annahme einer sachlichen Unbilligkeit rechtfertigt. Maßgebend sind vielmehr die Gesamtumstände des Einzelfalles, wobei den Gründen für einen fehlenden Vermögenszugriff und den verbleibenden Dispositionsmöglichkeiten des Erwerbers besondere Bedeutung zukommt.

Eine sachliche Unbilligkeit liegt hingegen regelmäßig vor, wenn der Steuerpflichtige für eine erworbene Leibrente gemäß § 23 ErbStG die jährliche Besteuerung des Jahreswerts wählt und die Renten später wegen Überschuldung und Zahlungsunfähigkeit ausfallen, weil der Berechtigte den erworbenen Rentenanspruch nicht durch einen Verkauf verwerten kann.[54]

I. Bereicherung

---

[53] FG Köln, Urteil vom 23.10.1997, 9 K 3954/89 EFG 1998, 1603.
[54] BFH, Urteil vom 22. Oktober 2014 – II R 4/14, BStBl. II 2015, 237.

1.2.5 Vermögensanfall

II. Bereicherung
    a. Steuerwert des Vermögensanfalles gemäß § 12 ErbStG (hier erfolgt eine etwaige notwendige Bewertung nach § 12 ErbStG i. V. m. §§... BewG)

Beachte: Aus Gründen der besseren Darstellung erfolgt wird die Bewertung als solche in den Abschn. 2.2 bis 2.4 behandelt.

1.2.5.1 Von Todes wegen
Was gilt, wenn ein (Mit-)Erbe neben der Erbeinsetzung noch auf der Grundlage eines Vertrages zugunsten Dritter und eines Vorausvermächtnisses weitere Vermögensgegenstände bei Tode des Erblassers erhält?

In diesem Fall ergibt sich eine sachliche Steuerpflicht aus drei unterschiedlichen Gründen gemäß § 3 Abs. 1 Nr. 1 Alt. 1 ErbStG, § 3 Abs. 1 Nr. 1 Alt. 2 ErbStG sowie § 3 Abs. 1 Nr. 4 ErbStG. Da für all diese Erwerbe der Tod des Erblassers ursächlich ist, kommt es zu einem einheitlichen Vermögensanfall als Gesamterwerb, in welchem sämtliche positive und negative Vermögenswerte zusammengefasst und saldiert werden können.

Kein einheitlicher Vermögensanfall würde jedoch vorliegen, wenn der Erwerber von unterschiedlichen Erblassern Vermögenswerte erhält.

▶   **Hinweis** *Infolge eines Vorausvermächtnisses erhält der Erbe (vorab) einen (schuldrechtlichen) Anspruch gegen die Erbengemeinschaft, welchen der Erbe sich nicht auf seine Erbquote anrechnen lassen muss.*

1.2.5.2 Schenkungen
Wie ist der Vermögensanfall bei einer gemischten Schenkung zu bestimmen?

Infolge einer gemischten Schenkung erhält der Schenker vom Beschenkten eine Gegenleistung, die jedoch im Wert niedriger ist und nur ein Teilentgelt für den erhaltenen Vermögenswert darstellt. In diesem Fall ist der zugewendete Gegenstand mit dem steuerlichen Wert zu bestimmen. Hiervon ist der steuerliche Wert der Gegenleistung abzuziehen. Häufiger Anwendungsfall hierfür sind die Zuwendungen unter einer Nutzungs- oder Duldungsauflage (z. B. Zuwendungen eines Grundstückes unter Zurückbehaltung eines Wohnrechtes oder Nießbrauches).

1.2.6 Gegenstandsbezogene Steuerbefreiungen

II. Bereicherung
    b. abzüglich gegenstandsbezogener Steuerbefreiungen nach § 13, § 13a, § 13d ErbStG

1.2.6.1 Hausrat und andere bewegliche körperlichen Gegenstände
Erklären Sie die Freibetragsregelung des § 13 Abs. 1 Nr. 1 ErbStG!

Die Steuerbefreiung nach § 13 Abs 1 Nr. 1 ErbStG ist eine **Freibetragsregelung**. Sie erlaubt es, Personen der Steuerklasse I jeweils infolge eines Freibetrages für Hausrat (41.000 €) und andere bewegliche körperliche Gegenstände (12.000 €) im Gesamtwert von 53.000 € steuerfrei zu übertragen (Buchst. a und b). Personen der Steuerklasse II und III werden noch mit einem einheitlichen Freibetrag bis zum Wert von 12.000 € begünstigt (Buchst. c). Die Freibeträge beziehen sich auf den einzelnen Erwerb. Sie stehen daher jedem einzelnen Erwerber, dem ein entsprechender Wert an Hausrat und anderen beweglichen körperlichen Gegenständen zufällt, in voller Höhe zu.[55] Die Freistellung der genannten Gegenstände ist aus diesem Grund umso höher, auf je mehr Personen die Gegenstände übergehen.

je Person der Steuerklasse I	je Person der Steuerklasse II und III
Freibetrag von 41.000 € für Hausrat sowie zusätzlicher Freibetrag von 12.000 € für andere bewegliche körperlichen Gegenstände	Einheitlicher Freibetrag von 12.000 € für Hausrat und andere bewegliche körperliche Gegenstände

Wird z. B. ein Erblasser von seiner Frau und vier Kindern beerbt, dann können für den Hausrat und andere bewegliche Gegenstände von den Hinterbliebenen vorab insgesamt 265.000 € steuerfrei geltend gemacht werden. Hätte der Erblasser zwei seiner Kinder vor dem Erbfall gegen Erbverzicht abgefunden, dann könnten die verbleibenden drei Erben nur Hausrat und andere bewegliche Gegenstände im Wert von 159.000 € steuerfrei übernehmen.

▶ **Hinweis** *In einer Klausur wird häufig ein PKW oder (elektrisches) Fahrrad als bewegliche Sache von der Steuerbefreiung umfasst.*
Zahlungsmittel, Wertpapiere, Münzen und Edelmetalle sind von der Steuerbefreiung nicht umfasst.

Kann auch ein Vermächtnisnehmer, der einen Anspruch auf Übertragung von Hausrat oder beweglichen körperlichen Gegenständen gegen den Erben hat, den Freibetrag nach § 13 Abs. 1 Nr. 1 ErbStG in Anspruch nehmen?

Die Steuerfreiheit für Hausrat und andere bewegliche Gegenstände steht nicht nur dem Erben, sondern auch dem Vermächtnisnehmer zu.[56] Das ist nicht selbstverständlich, weil der Vermächtnisnehmer mit dem Erbfall nicht den Vermächtnisgegenstand selbst, sondern nur einen Anspruch auf Übertragung des Vermächtnisgegenstandes erwirbt. Der

---
[55] Moench/Weinmann § 13 Rz 2.
[56] Finanzgericht München, Urteil vom 5. Februar 1987 – X 165/81; BeckOK ErbStG/Gibhardt § 13 Rn. 38. Nicht begünstigt sind Hausrat und bewegliche Wirtschaftsgüter, die erst mit Mitteln des Nachlasses beschafft werden müssen; BFH, Urteil vom 23. Januar 1991 – II B 46/90, BStBl. II 1991, 310.

1.2 Prüfungsreihenfolge der Schenkung und Erbschaftsteuer

Bundesfinanzhof hat in anderen Zusammenhängen großes Gewicht darauflegt, dass Vergünstigungen, die das Gesetz für den Erwerb des Eigentums vorsieht, nicht auch für den Erwerb des Anspruchs auf Eigentumsübertragung gelten.[57]

▶ **Hinweis** *Steht nur einem der Erben der Hausrat als Vermächtnis zu (§ 1932 BGB) oder ist der Hausrat einem Außenstehenden als Vermächtnis zugedacht, dann kommt im wirtschaftlichen Ergebnis nur dem Vermächtnisnehmer die Befreiungsregelung zugute. Zwar kann der Erbe den Freibetrag nach § 13 Abs. 1 Nr. 1 ErbStG geltend machen. Umgekehrt kann er jedoch seine Vermächtnisverbindlichkeit aus dem Erbfall nicht zum Abzug für seine Erbschaftsteuer nutzen (§ 10 Abs. 6 S. 1 ErbStG).*[58]

Nachbar Ben erhält als Vermächtnisnehmer einen Pkw. Der steuerliche Wert liegt bei 35.000 €. Welche Steuer hat Ben zu zahlen?

Es liegt ein erbschaftsteuerpflichtiger Erwerb gemäß § 1 Abs. 1 Nr. 1 i. V. m. § 3 Abs. 1 Nr. 1 Alt 2 ErbStG vor.

Als Person der Steuerklasse III kann Ben gemäß § 13 Abs. 1 Nr. 1c ErbStG einen Freibetrag von 12.000 € geltend machen. Ferner hat er einen Freibetrag nach § 16 Abs. 1 Nr. 7 ErbStG von 20.000 €.

Der steuerpflichtige Erwerb beträgt somit 3000 €. Unter Berücksichtigung des Steuersatzes von 30 % (vgl. § 19 ErbStG) beträgt die Erbschaftsteuer 900 €.

1.2.6.2 Kulturgüter
Welche Steuerbefreiungen sieht das Gesetz für Kulturgüter vor?

Bei den sog. Kulturgütern sieht das Gesetz in § 13 Abs. 1 Nr. 2a ErbStG eine 60 %ige Steuerbefreiung für bewegliche Wirtschaftsgüter und eine 85 %ige Steuerbefreiung für unbewegliche Wirtschaftsgüter vor. Unter den weiteren Voraussetzungen des § 13 Abs. 1 Nr. 2b ErbStG kommt für sämtliche Wirtschaftsgüter des § 13 Abs. 1 Nr. 2a ErbStG sogar eine 100 %ige Steuerbefreiung in Betracht.

▶ **Hinweis**

Kulturgut im öffentlichen Interesse	*85 % Steuerbefreiung für Grundbesitz,*
Jährliche Kosten übersteigen die Einnahmen	*im Übrigen 60 % Steuerbefreiung*
Kulturgut öffentlich nutzbar	

Voraussetzungen des § 13 Abs. 1 Nr. 2a ErbStG erfüllt	*100 % Steuerbefreiung für alle Kulturgüter*
Kulturgut ist der Denkmalpflege unterstellt	
20 Jahre im Familienbesitz oder Eintragung im Kulturgüterverzeichnis	

---

[57] BFH, Beschluss vom 22. Mai 2002 – II R 61/99, BStBl II 02, 598.
[58] FG München, Urteil vom 5. Februar 1987 – X 165/81, EFG 87, 410.

1.2.6.3 Immobilien

1.2.6.3.1 Allgemein zugängliche Immobilien für Zwecke der Volkswohlfahrt
Welche Steuerbefreiung gibt es für Grundbesitz, der für Zwecke der Volkswohlfahrt der Allgemeinheit zugänglich gemacht wird?

Grundbesitz ist steuerfrei übertragbar, wenn dieser für Zwecke der Volkswohlfahrt ohne gesetzliche Verpflichtung der Allgemeinheit zugänglich gemacht wird, dies im öffentlichen Interesse liegt und die Kosten die jährlichen Einnahmen regelmäßig überschreiten (§ 13 Abs. 1 Nr. 3 ErbStG). Hierunter fallen regelmäßig Parkanlagen, Museen, Spiel- und Sportstätten. Der Erholungswald fällt hierunter regelmäßig nicht, da eine gesetzliche Verpflichtung zur Verfügungstellung der Allgemeinheit besteht (§ 13 BWaldG). Die Steuerbefreiung entfällt rückwirkend, wenn der begünstigte Gegenstand innerhalb von 10 Jahren nach dem Erwerb veräußert wird oder die Voraussetzungen für die Steuerbefreiung innerhalb dieses Zeitraums entfallen.

▶ **Hinweis**

Grundbesitz	*100 % Steuerbefreiung für Grundbesitz*
Ohne gesetzliche Verpflichtung	
Für Zwecke der Volkswohlfahrt allgemein zugänglich gemacht	
Erhaltung im öffentlichen Interesse	
Jährliche Kosten übersteigen in der Regel die Einnahmen	
Einhaltung der 10 Jahresfrist gemäß § 13 Abs. 1 Nr. 3 S. 2 ErbStG	

1.2.6.3.2 Eigengenutzte Immobilien
Welche Steuerbefreiungen sieht das Gesetz für eigengenutzte Immobilien vor?

Die Steuerbegünstigung für zu eigenen Wohnzwecken genutzte Immobilien ist in den Vorschriften § 13 Abs. 1 Nr. 4a-c ErbStG geregelt. Folgende Konstellationen sind hier auseinanderzuhalten:

Übertragung eines Ehegatten an den anderen Ehegatten	Übertragung der Eltern an Kinder oder an Kinder verstorbener Kinder
Zu Lebzeiten: Begünstigung nach § 13 Abs. 1 Nr. 4a ErbStG	Zu Lebzeiten: keine Begünstigung
Von Todes wegen: Begünstigung nach § 13 Abs. 1 Nr. 4b ErbStG	Von Todes wegen: Begünstigung nach § 13 Abs. 1 Nr. 4c ErbStG

In den todesbedingten Erwerben (§ 13 Abs. 1 Nr. 4b und Nr. 4c ErbStG) muss der Erwerber unverzüglich zu eigenen Wohnzwecken in das Objekt einziehen. Nach dem Einzug des Erwerbers muss die Immobilie 10 Jahre weiter zu eigenen Wohnzwecken genutzt und

1.2 Prüfungsreihenfolge der Schenkung und Erbschaftsteuer

behalten werden (vgl. Nr. 4b S. 5 und Nr. 4c S. 5 ErbStG), andernfalls droht eine Nachversteuerung. Bei Erwerb von Todes wegen auf Kinder ist die Steuerfreiheit auf 200 qm begrenzt.

Eine zu Lebzeiten erfolgte Schenkung zwischen Ehegatten (§ 13 Abs. 1 Nr. 4a ErbStG) ist nur steuerbegünstigt, wenn die übertragende Immobilie im Übertragungszeitpunkt der Mittelpunkt des familiären Lebens der Eheleute ist.[59] Eine Nachversteuerung oder Begrenzung gibt es hier nicht.

▶ **Merke** *Erwerb unter Lebenden zwischen Eheleuten: Keine Gefahr der Nachversteuerung*
Erwerb von Todes wegen zwischen Eheleuten: 10-jährige Nachverwendungs- und Behaltensfrist.
Erwerb von Todes wegen auf Kinder oder Kinder vorverstorbener Kinder: 10-jährige Nachverwendungs- und Behaltensfrist sowie Beschränkung auf 200 qm.

▶ **Hinweis** *Erlangt ein Miterbe ein Familienheim aufgrund einer Teilungsanordnung oder einer freien (zeitnahen) Erbauseinandersetzung, so gilt die Begünstigung nicht für die übertragenden Miterben, sondern nur für den übernehmenden Miterben (sog. Begünstigungstransfer). Den übernehmenden Miterben allein trifft die Pflicht zur Einhaltung der Befreiungsvoraussetzungen (Haltefrist). Der übernehmende Miterbe hat etwaige steuerlichen Folgen wegen Verstoß zu tragen.*[60]

Im März 2021 kauft Carla vom Bauträger Paul mit notariellem Kaufvertrag eine noch zu errichtende Wohnung für 2 Mio. €. Im Januar 2022 wird zugunsten von Carla eine Auflassungsvormerkung im Grundbuch eingetragen. Im Dezember 2022 zieht Carla mit ihrem Ehemann Max und den beiden Töchtern Livia und Chiara in die Wohnung.

Im Juli 2023 verfügt Carla in ihrem Testament, dass Max als Vorausvermächtnis die Wohnung erhalten soll. Im September 2023 verstirbt Carla. Im Januar 2024 wird Max als Eigentümer der Wohnung eingetragen.[61]

Fraglich ist, ob eine Steuerfreiheit nach § 13 Abs. 1 Nr. 4b ErbStG für die Wohnung vorliegt. Nach dem Wortlaut des Gesetzes gilt die Steuerfreiheit für „Eigentum und Miteigentum" des Erblassers. Im Zeitpunkt ihres Todes hatte Carla jedoch noch kein Eigentum. Hierfür wäre die Eintragung im Grundbuch noch nötig gewesen. Sie hatte lediglich durch die Auflassungsvormerkung eine gesicherte Rechtsposition auf den Erwerb von Eigentum. Der Bundesfinanzhof stützt sich auf den eindeutigen Wortlaut des Gesetzes und beurteilt die Sachlage im Zeitpunkt des Todes der Erblasserin (Stichtagsbetrachtung nach § 11 i. V. m. § 9 Abs. 1 Nr. 1 ErbStG). Demzufolge lehnt der Bundesfinanzhof die Steuerbefreiung ab.

---

[59] BeckOK ErbStG/Gibhardt § 13 Rn. 154.
[60] Vgl. R E 13.4 Abs. 5 Satz 4 ff. ErbStR 2019.
[61] Fall nachgebildet BFH, Urteil vom 29. November 2017 – II R 14/16, BStBl II 2018, 362.

Was hätte Carla noch zu Lebzeiten tun können, um die Steuerfreiheit des § 13 Abs. 1 Nr. 4b ErbStG dennoch zu erreichen?

Carla hätte im Wege einer mittelbaren Schenkung erreichen können, dass die Steuerfreiheit nach § 13 Abs. 1 Nr. 4a ErbStG eintritt. Zu diesem Zwecke hätte Carla noch zu Lebzeiten ihren Eigentumsverschaffungsanspruch auf Max ohne Ausgleich übertragen sollen. Im Falle einer Schenkung wird auf den Zeitpunkt der Ausführung der Schenkung (Zeitpunkt der Auflassung) abgestellt (§ 9 Abs. 1 Nr. 2 ErbStG). Die Übertragung wäre somit steuerfrei möglich gewesen.

▶ Hinweis *Auch der Erwerb von Gesamthandseigentum an einem Grundstück im Rahmen einer Gesellschaft bürgerlichen Rechts ist von der Steuerbefreiung umfasst.*[62]

Maria erbt das gemeinsam genutzte Wohnhaus von ihrem Ehemann Marc. Nach dem Tode ihres Mannes bewohnt Maria das Wohnhaus allein. 7 Jahre nach dem Tod ihres Mannes möchte Maria aus dem Haus ausziehen. Folgende Gründe für ihren Auszug kommen in Betracht:

- **Sie möchte zu ihrem neuen Lebenspartner ziehen.**
- **Maria ist hilfsbedürftig und möchte in eine Seniorenresidenz umziehen.**
- **Maria kann sich die hohen Unterhaltskosten des Hauses nicht mehr leisten.**

Sie möchte wissen, ob der Auszug steuerliche Konsequenzen hat.

Die Steuerbefreiung fällt **mit Wirkung für die Vergangenheit** weg, wenn Maria die Eigennutzung vor dem Ablauf von 10 Jahren aufgibt. Eine Ausnahme von dem Erfordernis der Selbstnutzung gilt allerdings dann, wenn Maria aus zwingenden Gründen an einer Selbstnutzung zu eigenen Wohnzwecken gehindert ist.

Ein neuer Lebenspartner stellt einen solchen zwingenden Grund nicht dar, sodass in diesen Fällen die Steuerbefreiung rückwirkend wegfallen würde.

Zwingender Grund wäre jedoch, wenn der Erwerber hilfsbedürftig wird, in einer Seniorenresidenz oder in einem Pflegeheim untergebracht werden muss und die bisher innegehabte Wohnung daher nicht mehr weiter bewohnen kann.

Zwingende Gründe können sich aber auch aus finanziellen Gesichtspunkten ergeben. Hat der Erwerber ein Haus übernommen, dessen Unterhaltung seine Kräfte übersteigt, muss er sich von der Wohnung trennen. Nach dem Wortlaut von jeweils Satz 5 in § 13 Abs. 1 Nr. 4b und Nr. 4c ErbStG sollte ihm die Steuerbefreiung des Erwerbs dennoch verbleiben.

▶ Hinweis *Liegt ein zwingender Grund vor, der die Selbstnutzung zu eigenen Wohnzwecken verhindert, darf die Immobilie auch innerhalb der Behaltensfrist verkauft werden (§ 13 Abs. 1 Nr. 4b S. 5 und Nr. 4c S. 5 ErbStG).*

---

[62] FG München, Urteil vom 21. Juni 2023 – 4 K 1639/21; Revision anhängig beim BFH (II R 18/23).

1.2 Prüfungsreihenfolge der Schenkung und Erbschaftsteuer

Nach dem Tode ihres Ehemannes Stefan erbt Julia das gemeinsam bewohnte Einfamilienhaus. Julia wohnt auch nach dem Tode ihres Ehegatten weiterhin im Einfamilienhaus. Nach 2 Jahren schenkt Julia das Haus an ihre Tochter Johanna und behält sich den Nießbrauch daran zurück und wohnt weiterhin in dem Haus.

Nach Auffassung des Bundesfinanzhofes[63] fällt die zunächst steuerfreie Vererbung des Hauses gemäß § 13 Abs. 1 Nr. 4b S. 5 ErbStG nachträglich weg. Das Gericht sieht in der Formulierung „Selbstnutzung zu eigenen Wohnzwecken" den Willen des Gesetzgebers, dass sowohl die Nutzung als auch die Eigentümerstellung des überlebenden Ehegatten oder Lebenspartners während des 10-Jahreszeitraums bestehen bleiben müssen. Zudem argumentiert das Gericht, dass es dem Förderungsziel der Vorschrift widerspricht, wenn eine Immobilie zunächst steuerfrei geerbt und kurze Zeit danach weiterveräußert wird.

Wann endet die Behaltensfrist des § 13 Abs. 1 Nr. 4b S. 5 und Nr. 4c S. 5 ErbStG?

Wenn die Selbstnutzung binnen 10 Jahren nach dem Erbfall endet, können die Steuerbefreiungen zugunsten von überlebenden Ehegatten oder Kinder nach § 13 Abs. 1 Nr. 4b und Nr. 4c ErbStG nachträglich mit Wirkung für die Vergangenheit wegfallen. Bei Zuwendungen unter Lebenden zwischen Ehegatten im Sinne des § 13 Abs. 1 Nr. 4a ErbStG ist ein solcher nachträglicher Wegfall nicht möglich.

Fristbeginn für die Berechnung der 10-Jahresfrist ist der Zeitpunkt des Erwerbs. Dies gilt auch bei einer erst später erfolgenden Erbauseinandersetzung.[64]

Anette hat ein steuerbegünstigtes Wohnheim nach § 13 Abs. 1 Nr. 4b ErbStG geerbt. 5 Jahre nach dem Erbfall zieht sie aus, ohne dass es einen zwingenden Grund gibt. Anette meint, dass dies unschädlich ist, weil der Erbschaftsteuerbescheid bereits bestandskräftig ist.

Die Aufgabe der Selbstnutzung stellt ein rückwirkendes Ereignis dar (§ 175 Abs. 1 Nr. 2 AO). Der Erbschaftsteuerbescheid wird daher trotz Bestandskraft geändert werden.[65]

Die beiden Kinder Anna und Ben erben von ihrer verwitweten Mutter Susanne das Familienwohnhaus (Wohnfläche 300 qm). Beide Kinder möchten nach dem Tod ihrer Mutter in dem Wohnhaus wohnen. Sie meinen daher, dass das Wohnhaus insgesamt nicht der Besteuerung unterliegt.

Gemäß § 13 Abs. 1 Nr. 4c ErbStG kann eine Steuerbefreiung in Betracht kommen. Eine Besonderheit besteht hier durch eine Begrenzung der Steuerfreiheit auf eine Wohnfläche von 200 qm. Soweit die Wohnfläche 200 qm übersteigt, greift die Vergünstigung nicht ein. Diese Einschränkung bedeutet nicht, dass die Vergünstigung für ein Einfamilienhaus mit einer Wohnfläche von 300 qm von vornherein ausscheidet. Somit ist das Familienhaus nur zu zwei Drittel steuerbefreit.

---

[63] BFH, Urteil vom 11. Juli 2019 – II R 38/16, DStR 2019, 2520.
[64] Meincke/Hannes/Holtz ErbStG § 13 Rn. 41.
[65] Vgl. R E 13.4 Abs. 6 S. 5 ErbStR 2019.

Wenn mehrere Kinder das Familienheim erwerben, können sie dieses gemeinsam bewohnen. Auch bei mehreren Miterben/Vermächtnisnehmern bleibt es bei der Begünstigung nur von 200 qm Wohnfläche. Die Wohnflächenbegrenzung ist objektbezogen und nicht personenbezogen zu verstehen.[66]

Ben erbt im Mai 2024 das Wohnhaus (180 qm) seiner verwitweten Mutter. In ihrem Testament hat die Mutter verfügt, dass Ben in dem Haus mit seiner Familie leben soll. Er selbst lebt in einer Mietwohnung. Nach dem Tode seiner Mutter möchte er erstmal auf Weltreise gehen. Anschließend will er die Mietwohnung kündigen und nach vorheriger Renovierung in das Wohnhaus mit seiner Familie einziehen. Was sollte Ben bedenken?

Gemäß § 13 Abs. 1 Nr. 4c ErbStG kann Ben das Wohnhaus steuerfrei erwerben. Dies gilt jedoch nur dann, wenn das Wohnhaus bei Ben **unverzüglich zu eigenen Wohnzwecken bestimmt ist.**

Es genügt in diesem Zusammenhang nicht, dass die Erblasserin eine Bestimmung über die Nutzung des Heims durch den Erwerber getroffen hat. Denn das Gesetz denkt an den Erwerber als denjenigen, der die Bestimmung trifft. Die Bestimmung soll nämlich unverzüglich erfolgen. „Unverzüglich" kann nur unverzüglich nach dem Erbfall bedeuten. Zu diesem Zeitpunkt kann der Erblasser nicht mehr bestimmen. Also muss das Gesetz den Erben als den Bestimmenden im Auge haben. Der Erwerber muss bestimmen, d. h., er muss sich entschließen und den Entschluss auch in die Tat umsetzen, das Familienheim zu bewohnen. Dabei kann er zögern. Er kann zunächst die Ausschlagungsfrist (§ 1946 BGB) abwarten. Es bleibt ihm aber auch noch die Zeit, die er braucht, um seinen eigenen Hausstand aufzulösen und in das Familienheim umzuziehen. Wenn er allerdings mehr als ein halbes Jahr nach dem Erbfall noch keine Anstalten zum Umzug trifft, wird er eine besondere Begründung vorbringen müssen, um in den Genuss der Vergünstigung zu gelangen. Denn ohne eine solche Begründung wird das Finanzamt an ein schuldhaftes Zögern denken[67] und die Begünstigung versagen.

▶ **Hinweis** *Erbt ein Miterbe im Rahmen der Teilung des Nachlasses das Alleineigentum an dem Familienheim, erhöht sich sein begünstigtes Vermögen unabhängig davon, ob die Vereinbarung zeitnah bzw. innerhalb von 6 Monaten nach dem Erbfall erfolgt. Entsprechendes gilt bei vermieteten Wohnimmobilien (§ 13d ErbStG).*[68]

▶ **Hinweis** *Die Steuerbefreiung bezieht sich nur auf die wirtschaftliche Einheit, auf welcher das Familienheim steht. Die Feststellung der wirtschaftlichen Einheiten treffen die Belegenheitsfinanzämter. An deren Feststellungen ist das Veranlagungsfinanzamt dann gebunden.*[69]

---

[66] Meincke/Hannes/Holtz ErbStG § 13 Rn. 39.
[67] Meincke/Hannes/Holtz ErbStG § 13 Rn. 40.
[68] BFH, Urteil vom 23. Juni 2015 – II R 39/13.
[69] BFH, Urteil vom 23. Februar 2021 – II R 29/19.

1.2.6.3.3 Vermietete Wohnimmobilien

Im Nachlass befindet sich eine Wohnung in Österreich, die an die Familie Walser vermietet ist. Kurze Zeit nach dem Erbfall kündigt der Erbe das Mietverhältnis, weil er selbst einziehen möchte. Liegt eine Begünstigung nach § 13d ErbStG vor?

Es liegt ein bebautes Grundstück vor, welches zu Wohnzwecken vermieten wird, in der EU belegen ist und nicht begünstigtes Betriebsvermögen im Sinne des § 13a ErbStG darstellt (§ 13d Abs. 3 ErbStG).

Die nachfolgende Kündigung des Mietverhältnisses ist unbeachtlich. Maßgeblich sind nur die Verhältnisse zum Besteuerungszeitpunkt; danach muss eine Wohnung weder behalten noch weitervermietet werden.[70] Es bestehen auch keine Haltefristen.

Somit kann der Erbe einen Wertabschlag von 10 % nach § 13 d ErbStG geltend machen.

Folgende Voraussetzungen müssen für die Begünstigung einer vermieteten Wohnimmobilie nach § 13d ErbStG erfüllt sein:

Bebautes Grundstück oder Grundstücksteil	Bewertung mit 90 % des steuerlichen Wertes
Wird zu Wohnzwecken vermietet (§ 13d Abs. 3 Nr. 1 ErbStG)	
In Inland oder EU/EWR oder in Drittstaat mit Amtshilfeabkommen belegen (§ 13d Abs. 3 Nr. 2 ErbStG)	
Kein begünstigtes Betriebsvermögen (§ 13d Abs. 3 Nr. 3 ErbStG)	
Keine Verpflichtung des Erblassers oder Schenkers zur Weiterübertragung (§ 13d Abs. 2 ErbStG)	

Gilt § 13d ErbStG, wenn wegen eines Mieterwechsels die Wohnung im Zeitpunkt des Erbfalles leer steht?

Nach dem Wortlaut des Gesetzes kommt es für die Steuerbegünstigung nicht darauf an, dass die Wohnungen im Erbfall „vermietet sind", sondern „vermietet werden".[71] Demnach kommt es nicht auf den Leerstand an, sondern darauf, ob im Zeitpunkt des Erbfalls eine konkrete Vermietungsabsicht bestand.[72]

Steht eine Wohnung oder ein bebautes Grundstück im Erbfall leer, um es zukünftig einer ganz anderen Nutzung zuzuführen, gibt es keine Begünstigung. Der Steuerpflichtige wird bei Leerstand seine **fortdauernde Vermietungsabsicht,** etwa durch Nachweis zumindest des zeitnah nach dem Stichtag abgeschlossenen neuen Mietverhältnisses, belegen müssen.

Eine „Konfusion", bei der der bisherige Mieter, z. B. ein naher Angehöriger, die ihm zuvor vermietete Wohnung von Todes wegen durch Vermächtnis erhält, wird unschädlich sein, weil das Mietverhältnis dann zumindest bis zum Tod bestanden hat und überdies das Vermächtnis vom Erben erst noch schuldrechtlich erfüllt werden muss.

---

[70] Vgl. R E 13d Abs. 2 ErbStR 2019.
[71] Loose, ErbR 2015, 304, 305.
[72] So noch in R E 13c Abs. 3 S. 4 ErbStR 2011; in den ErbStR 2019 fehlt hierzu ein Hinweis.

> **Hinweis** *Steuerbefreiungen für Grundbesitz im Erbschaftsteuerrecht:*

Familienheim	*§ 13 Nr. 4a bis 4c ErbStG*
Vermietete Wohnimmobilie	*§ 13d ErbStG*
Grundbesitz im öffentlichen Interesse	*§ 13 Nr. 2 ErbStG*
Grundbesitz für Zwecke der Volkswohlfahrt	*§ 13 Nr. 3 ErbStG*

1.2.6.4 Rückfall von Vermögen an Eltern oder Großeltern

Tilman schenkt seinem Sohn Ben ein Waldgrundstück. Einige Jahre später stirbt Ben. Tilman wird von Ben beerbt und erhält das Waldgrundstück zurück. Wie ist der Erbfall zu beurteilen?

Der Erbfall ist gemäß § 13 Abs. 1 Nr. 10 ErbStG steuerfrei. Fällt ein Vermögensgegenstand, den ein Eltern- oder Großelternteil an den Erblasser zu Lebzeiten geschenkt hatte, im Rahmen eines Erbfalles wieder zurück, so ist das zurückgefallene Vermögen von der Erbschaftsteuer befreit.

Was gilt, wenn Ben noch zu Lebzeiten das Waldgrundstück verkauft hat und aus dem Kauferlös Aktien gekauft hat?

Eine Steuerbefreiung nach § 13 Abs. 1 Nr. 10 ErbStG liegt nicht vor. Es besteht keine sachliche Identität zwischen geschenktem und dem zurückgefallenen, geerbten Vermögensgegenstand. Etwas anderes würde nur gelten, wenn der zurückgefallene Vermögensgegenstand art- und funktionsgleich mit dem geschenkten Vermögenswert ist.[73]

Tatbestandsvoraussetzungen:

Elternteil/Großelternteil hat Vermögensgegenstand geschenkt
Rückfall Vermögensgegenstand durch Erbfall
Persönliche Identität zwischen Schenker und Erben
Sachliche Identität zwischen geschenkten und geerbten Vermögensgegenstand (Art- und Funktionsgleichheit)

1.2.6.5 Gelegenheitsgeschenke

Der vermögende Fritz schenkt seinen Sohn Chris zu Weihnachten ein Tablet (Wert 800 €). Den Freibetrag gemäß § 16 Abs. 1 Nr. 2 ErbStG hat er bereits zuvor ausgeschöpft. Entsteht eine Erbschaftsteuer?

Es könnte ein übliches Gelegenheitsgeschenk im Sinne des § 13 Abs. 1 Nr. 14 ErbStG vorliegen. Aus dem Begriff „Gelegenheitsgeschenk" ergibt sich, dass Anlass der Zuwendung, die Art des Geschenkes und der Wert des Geschenkes eine Rolle spielen, was als übliches Gelegenheitsgeschenk anzusehen ist. Aufgrund der sog. relativen Betrachtungsweise ist auch die Vermögenssituation des Zuwendenden relevant. Wenngleich dies vor dem Prinzip der Gleichheit der Besteuerung zu Bedenken führt, ergibt sich diese Sichtweise

---

[73] BFH, Urteil vom 22. Juni 1994 – II R 1/92, BStBl. II 1994, 656.

aus dem Normzweck.[74] Dennoch wird nach allgemeiner Auffassung auch bei großem Wohlstand davon ausgegangen, dass es eine absolute Wertobergrenze gibt, die unabhängig von Anlass- und Vermögensverhältnissen ist.[75]

Eine Zusammenrechnung mehrerer Gegenstände bei verschiedenen Gelegenheiten scheidet aus.

Grundsätzlich wird man sagen können, dass das Tablet des Vaters noch als übliches Geschenk anzusehen ist. Sollte dies jedoch anderes gesehen werden, so käme zudem § 13 Abs. 1 Nr. 1b ErbStG in Betracht, welcher einen Freibetrag von 12.000 € gewährt.

▶ **Hinweis** *Die praktische Bedeutung des § 13 Nr. 14 ErbStG ist gering, da meist die Freibetragsregelung des § 13 Abs. 1 Nr. 1 ErbStG einschlägig ist.*

1.2.6.6 Unterhalts- und Pflegeleistungen
Was sind (steuerfreie) Zuwendungen zum Zwecke des angemessenen Unterhalts oder zur Ausbildung des Bedachten gemäß § 13 Abs. 1 Nr. 12 ErbStG?

Wie der eindeutige Wortlaut schon erkennen lässt, gilt diese Steuerbefreiung nur bei Zuwendungen *unter Lebenden* und für *laufende Zuwendungen*. Einmalzahlungen sind bei Unterhaltszahlungen als Ausnahme jedoch zugelassen, wenn die bedachte Person wegen Alter oder Krankheit keine Mittel zur Bestreitung eines eigenen Lebensunterhaltes mehr erwirtschaften kann.[76]

Unterhaltszahlungen im Sinne des § 13 Abs. 1 Nr. 12 ErbStG können nur vorliegen, wenn eine gesetzliche Unterhaltspflicht nicht besteht (z. B. eine nichteheliche Lebensgemeinschaft). Bei einer gesetzlichen Unterhaltspflicht liegen bereits keine freigebigen Zuwendungen vor. Ferner muss der Bedachte unterhaltsbedürftig sein; d. h., der Bedachte darf nicht aufgrund seines Einkommens oder seines Vermögens in der Lage sein, sich selbst angemessen zu unterhalten.

Zuwendungen zur Ausbildung sind steuerfrei. Das ErbStG definiert den Begriff „Ausbildung" nicht selbst. Deshalb wird weitgehend auf das Verständnis im Einkommensteuerrecht zurückgegriffen (§ 10 Abs. 1 Nr. 7 EStG). Neben Gebühren für Unterricht und Lehrmittel sind auch Zuwendungen wegen eines auswärtigen Ausbildungsaufenthaltes steuerfrei. Teilweise wird auch hinsichtlich der Zuwendungen zur Ausbildung gefordert, dass der Bedachte bedürftig sein muss.[77] Eine Angemessenheitsprüfung besteht jedoch bei Zuwendungen zur Ausbildung unstreitig nicht.

---

[74] Troll/Gebel/Jülicher/Gottschalk ErbStG § 13 Rn. 165.
[75] RFH vom 7. Juni 1929, RStBl. 1929, 497 – vgl. § 13/R 1; vom 10. Oktober 1930, RStBl. 1930, 765; FG Hamburg vom 31. Oktober 1966 – II 150/65, EFG 1967, 131 – vgl. § 13/R 19; Kien-Hümbert, in Moench/Weinmann, § 13 Rz 85; a. A. Viskorf, in Viskorf u. a., § 13 Rz 147 und in NWB F. 10 (2001), 1243, 1248.
[76] Vgl. Troll/Gebel/Jülicher/Gottschalk ErbStG § 13 Rn. 137.
[77] RFH vom 29. März 1922, RFHE 9, 197 f.; Meincke/Hannes/Holtz, ErbStG § 13 Rn. 62.

Voraussetzungen:

Keine Leistung aufgrund einer gesetzlichen Unterhaltspflicht
Schenkung unter Lebenden
Laufende Zuwendung
Zuwendungszweck: Zuwendung zum angemessenen Unterhalt oder Zuwendung zur Ausbildung
Unterhaltsbedürftigkeit bzw. Bedürftigkeit des Empfängers

Welchen Anwendungsbereich haben § 13 Abs. 1 Nr. 9 ErbStG und § 13 Abs. 1 Nr. 9a ErbStG? Worin unterscheidet sich der Anwendungsbereich beider Vorschriften?

In § 13 Abs. 1 Nr. 9 ErbStG und Nr. 9a ErbStG werden Zuwendungen für Pflege und Unterhalt steuerlich begünstigt. Es geht hier nur um die Fälle, in welchen die Zuwendung kein geschuldetes Entgelt für eine solche Leistung darstellt. Ist ein Entgelt geschuldet, würde bereits keine Schenkung oder Erbschaft vorliegen.

In § 13 Abs. 1 Nr. 9 ErbStG geht es um Zuwendungen, die für (Unterhalt oder Pflege-) Leistungen in der Vergangenheit erfolgt sind. In § 13 Abs. 1 Nr. 9a ErbStG geht es um ein laufendes Entgelt für Pflegeleistungen.

Welche Voraussetzungen müssen für eine Begünstigung nach § 13 Abs. 1 Nr. 9 ErbStG erfüllt sein?

Neben einem Erbfall gilt die Begünstigung auch bei Erwerben unter Lebenden (§ 1 Abs. 2 ErbStG).

Der Zuwendende muss die Pflege oder Unterhalt unentgeltlich oder gegen unzureichendes Entgelt im persönlichen oder privaten Bereich geleistet haben, die in der Vergangenheit erbracht wurden.

Zudem muss die Zuwendung ein angemessenes Entgelt für die unentgeltlich bzw. teilunentgeltlich gewährte Pflege oder gewährten Unterhalt sein.

Wie hoch fällt die Begünstigung nach § 13 Abs. 1 Nr. 9 ErbStG aus?

Bei einer tatsächlichen Pflege/Unterhaltsgewährung von mehr als 20.000 € ist dieser Betrag vom Erwerb abzuziehen. Bei geringerer Pflege/Unterhaltsgewährung ist der der tatsächlichen Leistung angemessene (niedrigere) Betrag vom Erwerb abzuziehen.

Kann ein Erbe den Freibetrag nach § 13 Abs. 1 Nr. 9 ErbStG in Anspruch nehmen, wenn der Begünstigte gegenüber dem Zuwenden unterhaltspflichtig ist?

Der Freibetrag kann auch in Anspruch genommen werden, wenn eine gesetzliche Unterhaltsverpflichtung besteht.[78] Die Finanzverwaltung hat sich der Sichtweise der Rechtsprechung nun in den neuen Richtlinien angeschlossen.[79]

---

[78] BFH, Urteil vom 10. Mai 2017 – II R 37/15, BStBl II 17, 1069.
[79] Vgl. R E 13.5 Abs. 1 EStR 2019.

1.2 Prüfungsreihenfolge der Schenkung und Erbschaftsteuer

1.2.6.7 Verzicht
Ist der notarielle Verzicht auf einen Pflicht- oder Erbteil steuerpflichtig? Was gilt, wenn nach dem Erbfall der Pflichtteilsberechtigte mit dem Erben vereinbart, dass der Pflichtteilsberechtigte seinen Pflichtteil nicht geltend macht?

Der Verzicht zu Lebzeiten stellt keine freigebige Zuwendung dar (§ 517 BGB). Nach dem Tode ist der Verzicht nach § 13 Abs. 1 Nr. 11 ErbStG steuerfrei. Es entsteht somit keine Erbschaftsteuer. Die Steuerbefreiung würde jedoch nicht gelten, wenn ein Pflichtteilsberechtigter bereits seinen Pflichtteil geltend gemacht hat und erst dann verzichtet. Dann würde der Verzicht eine steuerpflichtige Zuwendung nach § 7 Abs. 1 Nr. 1 ErbStG darstellen.

Verzicht vor Erbfall	Steuerfrei, weil keine Schenkung
Verzicht/Erlass nach Erbfall, aber vor Geltendmachung des Pflichtteils	*Steuerfrei nach § 13 Abs. 1 Nr. 11 ErbStG*
Verzicht/Erlass nach Erbfall, aber nach Geltendmachung des Pflichtteils	*Steuerpflichtige Zuwendung nach § 7 Abs. 1 Nr. 1 ErbStG*

1.2.6.8 Zuwendung an begünstigte Einrichtungen
Nelly möchte in ihrem Testament die katholische Kirche und den gemeinnützigen Verein „Tierfreunde" begünstigen. Sie möchte wissen, ob hier Erbschaftsteuer entstehen kann.

Zuwendungen an gemeinnützige Einrichtungen sind nach § 13 Abs. 1 Nr. 17 ErbStG und Zuwendungen an Kirchen bzw. Religionsgemeinschaften des öffentlichen Rechts nach § 13 Abs. 1 Nr. 16a ErbStG steuerfrei.

Cally möchte den SPD-Abgeordneten Stefan und die CDU in seinem Testament begünstigen. Er möchte wissen, ob die Zuwendungen erbschaftsteuerpflichtig sind.

Zuwendungen an politische Parteien sind gemäß § 13 Abs. 1 Nr. 18 ErbStG steuerfrei. Nicht umfasst sind jedoch Zuwendungen an einzelne Personen bzw. Abgeordnete.

1.2.6.9 Betriebsvermögen

1.2.6.9.1 Begünstigungsfähiges Betriebsvermögen
Welche Arten von begünstigungsfähigem Betriebsvermögen gibt es?

Es gibt gemäß § 13b Abs. 1 ErbStG verschiedene Arten von begünstigungsfähigem Vermögen:

Ein land- und forstwirtschaftlicher Betrieb samt bewirtschafteter Grundstücke, das Betriebsvermögen eines Einzelunternehmers und einer mitunternehmerischen Personengesellschaft sowie Anteile an einer Kapitalgesellschaft, wenn der Erblasser oder Schenker zu mehr als 25 % beteiligt ist.

Land- und forstwirtschaftlicher Betrieb (Nr. 1)
Betriebsvermögen des Einzelunternehmers (Nr. 2 Alt. 1)
Anteil an einer mitunternehmerischen Personengesellschaft mit Betriebsvermögen (Nr. 2 Alt. 2)
Mehr als 25 %iger Anteil an einer Kapitalgesellschaft (Nr. 3)

Die Begünstigung kommt nur zum Tragen, wenn das Vermögen im Inland oder der EU/EWR belegen ist bzw. die Anteile einer Kapitalgesellschaft gehören, die ihren Sitz oder ihre Geschäftsleitung im Inland oder der EU hat.

▶ **Hinweis** *Optierende Personengesellschaften nach § 1a KStG fallen unter § 13b Abs. 1 Nr. 2 ErbStG. Die Begünstigung ist damit unabhängig von einer Mindestbeteiligung. Optierende Personengesellschaften können jedoch kein Sonderbetriebsvermögen haben.*

Ben ist mit 10 % an der Eckert GmbH beteiligt. Nach dem Tode seines Großvaters Peter erbt Ben nochmals 20 % der Gesellschaftsanteile an der Eckert GmbH. Erbt Ben begünstigtes Betriebsvermögen?

Obwohl die Steuerbefreiung allein den Erwerber und seinen Erwerb betrifft, genügt es nicht, dass das Vermögen erst mit dem Erwerb begünstigungsfähiges Vermögen wird. Vielmehr verlangt die Rechtsprechung, dass es **schon in den Händen des Erblassers oder Schenkers** als begünstigungsfähiges Vermögen qualifiziert ist und ohne Unterbrechung als begünstigungsfähiges Vermögen beim Erwerber ankommt.[80] Es liegt daher kein begünstigtes Betriebsvermögen vor.

▶ **Hinweis** *Konsequenz dieser Rechtsprechung ist, dass bei einer mittelbaren Schenkung von begünstigungsfähigem Vermögen eine Verschonung nicht in Betracht kommt. Eine Verschonung ist auch dann nicht möglich, wenn der Erbe verpflichtet ist, einem Dritten nicht im Nachlass befindliches begünstigungsfähiges Betriebsvermögen zu verschaffen (Verschaffungsvermächtnis).*[81]

Sind auch gewerblich geprägte oder gewerblich infizierte Personengesellschaften steuerbegünstigt?

Begünstigungsfähig ist nicht nur das Betriebsvermögen einer originär gewerblichen Personengesellschaft, sondern auch die von einer gewerblich geprägten oder gewerblich infizierten Personengesellschaft gehaltenen Wirtschaftsgüter.[82]

Ben ist Gesellschafter der X-KG und Y-GmbH. Gegenüber beiden Gesellschaften hat er eine Forderung in Höhe von 100 TE. Ben verstirbt. Wie sind die Forderungen steuerlich zu behandeln?

Soweit die Forderung gegenüber der Kapitalgesellschaft (Y-GmbH) besteht, ergibt sich keine Besonderheit. Eine Steuerbegünstigung für die Forderung kommt nicht in Betracht.

---

[80] BFH, Urteil vom 14. Februar 2007 – II R 69/05, BStBl II 07, 443; ZEV 07, 292 mit ablehnender Anmerkung von Meincke.
[81] Vgl. § 2170 BGB.
[82] Meincke/Hannes/Holtz ErbStG § 13b Rn. 8.

1.2 Prüfungsreihenfolge der Schenkung und Erbschaftsteuer

Anders ist die Rechtslage, wenn die Forderung gegenüber der Personengesellschaft (X-KG) besteht.

Zu dem bei Erwerb eines Mitunternehmeranteils begünstigungsfähigen Vermögen gehört auch **Sonderbetriebsvermögen.** Dies ergibt sich bereits aus dem ausdrücklichen Verweis auf § 97 Abs. 1 BewG. Aber auch nach ständiger Rechtsprechung des Bundesfinanzhofes gehört Sonderbetriebsvermögen zum Mitunternehmeranteil. Erfasst und grundsätzlich begünstigt ist demnach Sonderbetriebsvermögen I, Sonderbetriebsvermögen II und auch negatives Sonderbetriebsvermögen, jedoch immer nur als Teil des Mitunternehmeranteils, nicht also bei isolierter Übertragung. Wie beim Übergang von Betriebsvermögen ist nach herrschender Auffassung weiterhin Voraussetzung, dass das Sonderbetriebsvermögen beim Übergeber und beim Erwerber die Betriebsvermögensqualität erfüllt.[83]

Im Ergebnis bedeutet dies einen Rechtsformvorteil der Personengesellschaft gegenüber der Kapitalgesellschaft. Allerdings ist zu bedenken, dass auch Sonderbetriebsvermögen als Verwaltungsvermögen qualifiziert werden kann. Handelt es sich z. B. um eine Darlehensforderung, so ist zu prüfen, ob eine Mitübertragung der Forderung zu einem Überschreiten der Finanzmittelgrenze und damit zur Entstehung von Verwaltungsvermögen führt.

Julia überträgt im Wege der vorweggenommenen Erbfolge ihren Anteil an der Rath-OHG unentgeltlich an ihre Tochter Johanna. Wenige Tage danach überträgt Julia auch ihr Grundstück an Johanna, welches an die Rath-OHG vermietet ist. Liegt hier insgesamt die Übertragung von begünstigtem Betriebsvermögen vor?

Um die Begünstigung nach § 13b Abs. 1 Nr. 2 ErbStG zu erhalten, muss Julia auch ihr Sonderbetriebsvermögen an Johanna übertragen. Problematisch ist hier jedoch, dass die Übertragung des Mitunternehmeranteils und des Sonderbetriebsvermögens nicht zeitgleich erfolgen. Die nicht zeitgleiche Übertragung von Sonderbetriebsvermögen ist nicht von der Begünstigung nach § 13b Abs. 1 Nr. 2 ErbStG umfasst.[84] Anders ist dies nur, wenn das Sonderbetriebsvermögen selbst begünstigt ist. Johanna kann damit nur für den isolierten Mitunternehmeranteil eine Begünstigung in Anspruch nehmen.

▶ **Hinweis** *In ertragsteuerlicher Hinsicht ist die zeitgleiche Übertragung von Mitunternehmeranteil und Sonderbetriebsvermögen nicht erforderlich.*

Es wird von der Finanzverwaltung allerdings vertreten, dass auch die Gegenstände bei der Übertragung eines Einzelunternehmens zeitgleich übertragen werden müssen, um die vollständige Begünstigung nach § 13b Abs. 1 Nr. 2 ErbStG zu erhalten (vgl. Bayerisches Landesamt für Steuern vom 7. März 2024, S. 3230.1.1–4/1 St34, FMNR202400405).

---

[83] Meincke/Hannes/Holtz ErbStG § 13b Rn. 11.
[84] BFH, Urteil vom 17. Juni 2020 – II R 38/17.

Die Brüder Alex und Chris sind an der Familien-GmbH mit jeweils 15 % beteiligt. Beide möchten möglichst, dass im Falle ihres Todes die Erbschaftsteuerbelastung der Erben gering ausfällt. Was wäre den Brüdern zu raten?

Beteiligungen an Kapitalgesellschaften stellen begünstigtes Vermögen im Sinne des § 13b Abs. 1 Nr. 3 S. 1 ErbStG dar, wenn die Kapitalgesellschaft ihren Sitz oder ihre Geschäftsleitung im Inland oder der EU hat und der Erblasser mehr als 25 % am Nennkapital der Kapitalgesellschaft beteiligt ist. Weder Alex noch Chris verfügen über diese Beteiligungsquote.

Schließen Alex und Chris jedoch eine Poolvereinbarung, so kann erreicht werden, dass die Anteile des jeweils anderen für die Frage, ob begünstigtes Betriebsvermögen vorliegt, hinzugerechnet werden. Überschreitet die Summe der „gepoolten" Anteile 25 % des Nennbetrages der Kapitalgesellschaft, so sind die jeweiligen Anteile der Gesellschafter gemäß § 13b Abs. 1 Nr. 3 S. 2 ErbStG steuerlich begünstigt. Die Poolvereinbarung muss jedoch zwei Regelungsbereiche enthalten: Zum einen eine **Verfügungsbeschränkung** und zum anderen eine **Stimmbindung.**

Die Verfügungsbeschränkung ist in zwei Varianten möglich. Nach der ersten Variante müssen sich die Poolmitglieder untereinander verpflichten, über ihre Anteile nur einheitlich zu verfügen. Bei der zweiten Variante dürfen die Anteile nur auf andere derselben Verpflichtung unterliegende Anteilseigner übertragen werden.

Mit dem Erfordernis der Stimmbindung wird verlangt, dass sich die Poolmitglieder untereinander verpflichten, das Stimmrecht gegenüber nicht gebundenen Gesellschaftern einheitlich auszuüben.

Die Vereinbarungen müssen nicht in einem einheitlichen separaten Vertragswerk getroffen werden, sondern können ganz oder teilweise auch in die Satzung aufgenommen werden.[85]

▶ **Merke** *Poolvereinbarung = Verfügungsbeschränkung + Stimmrechtsbindung*

▶ **Hinweis** *Die Poolvereinbarung ist in der Praxis ein wichtiges Gestaltungsmittel zur Erlangung der Steuerbegünstigung. Eine Poolvereinbarung kann jedoch nach Ansicht der Finanzverwaltung zu einem Untergang von Verlustvorträgen nach § 8c KStG führen (vergleichbarer Sachverhalt nach § 8c Abs. 1 S. 2 KStG[86]).*

Welcher Form bedarf eine Poolvereinbarung im Sinne des § 13b Abs. 1 Nr. 3 S. 2 ErbStG?

Die Poolvereinbarung bedarf keiner besonderen Form. Um den Nachweis des rechtzeitigen Abschlusses sicherzustellen, empfiehlt sich jedoch zumindest eine schriftliche Vereinbarung. Im Schrifttum wird aufgrund der zu vereinbarenden Verfügungsbeschränkungen zum Teil die Notwendigkeit einer notariellen Beurkundung nach § 15 Abs. 4 GmbHG gesehen.[87] Jedoch muss in der Poolvereinbarung grundsätzlich keine Pflicht zur

---

[85] Meincke/Hannes/Holtz ErbStG § 13b Rn. 27–28.
[86] BMF, Schreiben vom 28. Februar 2017, DStR 2017, 2670.
[87] Tiedtke/Wälzholz § 13b Rz 52; Fischer/Wachter § 13b Rz 210 ff.

1.2 Prüfungsreihenfolge der Schenkung und Erbschaftsteuer

Verfügung über die Anteile vereinbart werden. Vielmehr sind lediglich verfügungsbeschränkte Regelungen aufzunehmen. Die Finanzverwaltung lässt für die steuerliche Wirkung Schriftlichkeit genügen.[88] Das Problem erübrigt sich, wenn die Verfügungsbeschränkungen in die ohnehin beurkundungspflichtige Satzung aufgenommen werden und sich der Poolvertrag auf die Stimmbindungsvereinbarung beschränkt.[89]

▶ *Hinweis Die Poolvereinbarung muss innerhalb der sog. Behaltensfristen für begünstigtes Betriebsvermögen fortbestehen (§ 13a Abs. 6 S. 1 Nr. 5 ErbStG). Die Poolvereinbarung kann z. B. wegfallen, weil an einem Gesellschaftsanteil ein Nießbrauch bestellt wird, der Gesellschaftsanteil verpfändet wird, ein Poolgesellschafter seinen Anteil überträgt oder die Beteiligung der Poolgesellschafter auf 25 % und weniger sinkt.*[90]

1.2.6.9.2 Begünstigungsmöglichkeiten für Betriebsvermögen bis 26 Mio. €
Wie wird Betriebsvermögen bis 26 Mio. € steuerlich begünstigt?

Bei **Erwerben bis 26 Mio. €** kommt die Regel- oder Optionsverschonung in Betracht: Nach der Regelverschonung sind 85 % des Betriebsvermögens steuerfrei (§ 13a Abs. 1 ErbStG), wenn binnen 5 Jahren 400 % einer festgelegten Ausgangslohnsumme eingehalten wird (§ 13a Abs. 3 ErbStG). Zusätzlich wird noch ein gleitender Abzugsbetrag nach § 13a Abs. 2 ErbStG in Höhe von max. 150.000 € gewährt.

Nach der Optionsverschonung sind sogar 100 % des Betriebsvermögens steuerfrei (§ 13a Abs. 10 ErbStG), wenn binnen 7 Jahren 700 % einer festgelegten Ausgangslohnsumme (700 %) eingehalten wird. Der gleitende Abzugsbetrag nach § 13a Abs. 2 ErbStG kommt hier nicht zur Anwendung.

▶ *Hinweis Die Ausgangslohnsumme entspricht der durchschnittlichen Lohnsumme der letzten 5 vor dem Zeitpunkt der Entstehung der Steuer abgeschlossenen Wirtschaftsjahre. Die Ausgangslohnsumme ist ein Jahreswert. Zu ihrer Ermittlung sind die jährlichen Lohnsummen der 5 vor dem Erbfall oder der Schenkung abgeschlossenen Wirtschaftsjahre festzustellen. Der Durchschnitt dieser 5 Jahressummen ergibt die Ausgangslohnsumme.*

Beträgt also zum Beispiel die Ausgangslohnsumme als durchschnittliche Jahreslohnsumme in den fünf Jahren vor dem Steuerentstehungszeitpunkt 125.000 €, so beträgt die in den 5 Jahren nach dem Steuerentstehungszeitpunkt insgesamt zu erbringende Mindestlohnsumme 400 %; somit also 500.000 €.

Bei nicht mehr als 5 Arbeitnehmer entfällt ein Lohnsummenvergleich (§ 13a Abs. 3 S. 2 Nr. 2 ErbStG).

---

[88] Vgl. R E 13b.6 Abs. 6 ErbStR 2019.
[89] Meincke/Hannes/Holtz ErbStG § 13b Rn. 27.
[90] Vgl. R E 13a.17 Abs. 1 und 2 ErbStR 2019.

Wann kommt der Regel-Verschonungsabschlag von 85 % zur Anwendung?

Ein besonderer Antrag ist nicht erforderlich. Folgende Voraussetzungen müssen jedoch vorliegen:

Begünstigtes Vermögen im Sinne des § 13b Abs. 2 ErbStG
Das Vermögen zzgl. etwaiger Vorerwerbe aus den letzten 10 Jahren übersteigt nicht 26 Mio. € (§ 13a Abs. S. 1 ErbStG)
Jährliche Lohnsummen der nächsten 5 Jahre nach dem Erwerb unterschreiten nicht 400 % der Ausgangslohnsumme (vgl. § 13a Abs. 3 ErbStG)
Keine Wahl zur Optionsverschonung (§ 13a Abs. 10 ErbStG)
Kein rückwirkender Wegfall innerhalb Behaltensfrist von 5 Jahren gemäß § 13a Abs. 6 ErbStG

▶ **Hinweis** *Die Lohnsummenregelung gilt nicht bei Betrieben bis 5 Arbeitnehmer. Bei Betrieben von mehr als 5 bis 10 sowie mehr als 10 bis 15 Arbeitnehmer gelten andere Mindestlohnsummen (250 % bzw. 300 %). Auch bei der Optionsverschonung sind bei diesen Arbeitnehmerzahlen veränderte Mindestlohnsummen (500 bzw. 565 %) anwendbar.*

Wann kommt der Abzugsbetrag nach § 13a Abs. 2 ErbStG zur Anwendung?

Folgende Voraussetzungen müssen erfüllt sein:

Nur neben der Regelverschonung anwendbar
Nicht bei Erwerben über 26 Mio. €
Keine Inanspruchnahme des Abzugsbetrages in den vorangegangenen 10 Jahren (§ 13a Abs. 2 S. 3 ErbStG)
Kein rückwirkender Wegfall gemäß § 13a Abs. 6 ErbStG

▶ **Hinweis** *Ein Antrag ist nicht erforderlich. Die Lohnsummenregelung ist hier nicht zu beachten.*

Wann kommt eine Optionsverschonung nach § 13a Abs. 10 ErbStG zur Anwendung?

Folgende Voraussetzungen müssen erfüllt sein:

Begünstigtes Vermögen im Sinne des § 13b Abs. 2 ErbStG
Das Vermögen zzgl. etwaiger Vorerwerbe aus den letzten 10 Jahren übersteigt nicht 26 Mio. € (§ 13a Abs. S. 1 ErbStG)
Jährliche Lohnsummen der nächsten 7 Jahre nach dem Erwerb unterschreiten nicht 500 % der Ausgangslohnsumme (vgl. § 13a Abs. 3, Abs. 10 Nr. 2 und 3 ErbStG)
Unwiderrufliche Wahl zur Optionsverschonung (§ 13a Abs. 10 ErbStG)
Kein rückwirkender Wegfall innerhalb Behaltensfrist von 7 Jahren gemäß § 13a Abs. 6 sowie Abs. 10 Nr. 6 ErbStG
Max. 20 % Verwaltungsvermögen gemäß § 13a Abs. 10 S. 2 ErbStG

▶ **Hinweis** *Der Antrag auf Anwendung der Optionsverschonung kann bei einheitlichem Erwerb mehrerer wirtschaftlicher Einheiten für jede Einheit gesondert und unabhängig voneinander ausgeübt werden.*

▶ **Hinweis** *Wird eine Optionsverschonung beantragt und liegen deren Voraussetzungen (später) nicht vor, so ist ein Rückfall auf die Regelverschonung nicht möglich (z. B. das Verwaltungsvermögensquote von 20 % wird überschritten). Begründet wird dies damit, dass der Antrag auf Optionsverschonung unwiderruflich ist. Im Ergebnis liegt dann überhaupt kein begünstigungsfähiges Vermögen mehr vor (sog. Optionsfalle).*

Für die Praxis empfiehlt sich, den Antrag möglichst spät zu stellen, um besser beurteilen zu können, ob die Voraussetzungen für eine Optionsverschonung (z. B. Mindestlohnsummen) eingehalten werden können.

1.2.6.9.3 Verwaltungsvermögen

Betriebliches Verwaltungsvermögen ist von der Begünstigung als Betriebsvermögen ausgenommen. Welches Vermögen ist als Verwaltungsvermögen einzustufen?

Das sonstige Verwaltungsvermögen (§ 13b Abs. 4 Nr. 1 bis 4 ErbStG) umfasst zur Nutzung überlassene Grundstücke (Nr. 1), Minderheitsbeteiligungen (Nr. 2), Kunstgegenstände (Nr. 3) und Wertpapiere sowie vergleichbare Forderungen (Nr. 4).

Das Verwaltungsvermögen aus Finanzmittel (§ 13b Abs. 4 Nr. 5 ErbStG) wird nach einer besonderen Berechnung bestimmt und festgesetzt (hierzu später). Innerhalb dieser Berechnung wird auch ein Freibetrag gewährt.

Da dies bei dem sonstigen Verwaltungsvermögen nicht der Fall ist, wird zwischen dem sonstigen Verwaltungsvermögen und Verwaltungsvermögen aus Finanzmittel unterschieden. Beide gehören jedoch zum Verwaltungsvermögen.

Verwaltungsvermögen	
Aus Finanzmittel nach § 13 Abs. 4 Nr. 5 ErbStG	Sonstiges Verwaltungsvermögen nach § 13b Abs. 4 Nr. 1 bis 4 ErbStG

Der Gesetzgeber sieht einige Ausnahmen vor, in welchen zur Nutzung überlassene Grundstücke kein Verwaltungsvermögen, sondern begünstigtes Betriebsvermögen darstellen. Welche Fälle sind das?

Die Ausnahmefälle sind in der Vorschrift § 13b Abs. 4 ErbStG geregelt:

Betriebsaufspaltung: Grundstücke, die im Rahmen einer Betriebsaufspaltung überlassen werden. Die Betriebsaufspaltung muss auf den Erwerber übergehen (Buchst. b Alt. 1)

Sonderbetriebsvermögen: Grundstücke im Sonderbetriebsvermögen, wenn die Rechtsstellung auf Erwerber übergeht (Buchst. a Alt. 2)

Betriebsverpachtung: Grundstück, die im Rahmen einer Betriebsverpachtung überlassen werden. Erwerber muss Pächter oder Dritter sein, der Betrieb noch nicht führen kann, und die Verpachtung ist auf max. 10 Jahre befristet (Buchst. b)

Konzerninterne Vermietung: Grundstücke, die innerhalb eines Konzerns überlassen werden (Buchst. c)

Vermietung durch Wohnungsbauunternehmen: Grundstücke, die zum Betriebsvermögen gehören, der Hauptzweck des Unternehmens die Vermietung von Wohnungen ist und die Erfüllung des Zwecks einen wirtschaftlichen Geschäftsbetrieb erfordert (Buchst. d)

Vermietung zum Absatz eigener Erzeugnisse: Grundstücke werden überlassen, um im Rahmen von Lieferungsverträgen den Absatz von eigenen Produkten oder Erzeugnissen zu dienen (Buchst. e)

Überlassung zur land- und forstwirtschaftlichen Nutzung (Buchst. f)

Originär gewerbliche Vermietung: Überlassung von Grundstücken, wenn dies neben weiteren gewerblichen Leistungen einheitlich erfolgt und die Tätigkeit als originär gewerblich einzustufen ist[91]

▶ **Hinweis** *Auch wenn im Ertragsteuerrecht Betriebsvermögen vorliegt, kann im Erbschaft- und Schenkungsteuerrecht blosses Verwaltungsvermögen vorliegen. Das Verständnis von Betriebsvermögen in beiden Steuerbereichen ist nicht identisch.*

▶ **Hinweis** *Die Finanzverwaltung hat bei Wohnungsunternehmen mit einem Bestand von mehr als 300 eigenen Wohnungen einen wirtschaftlichen Geschäftsbetrieb im Sinne des § 13b Abs. 4 Buchst. d ErbStG angenommen (quantitative Betrachtungsweise). Die Rechtsprechung lehnt diesen Ansatz ab und stellt auf die ertragsteuerlichen Abgrenzungskriterien zur Einstufung als private Vermögensverwaltung oder gewerbliche Tätigkeit ab (quantitatve Betrachtungsweise).[92] Die Finanzverwaltung hat hierauf mit einem Nichanwendungserlass reagiert.[93]*

Angie schenkt ihrer Tochter Lisa einen Anteil an einer gewerblichen KG. Die gewerbliche KG verfügt über Grundstücke. Auf den Grundstücken werden im Zeitpunkt der Schenkung Ferienwohnungen errichtet, die später vermietet werden sollen. Die Fertigstellung des Gebäudes und die Vermietung soll ein Jahr später erfolgen. Lisa möchte wissen, ob die Grundstücke Verwaltungsvermögen darstellen.

---

[91] Dieser Ausnahmetatbestand ist selbst im Gesetz nicht geregelt, wird von der Finanzverwaltung (vgl. R E 13b.13 EStR 2019) aber anerkannt. Der Bundesfinanzhof hat jüngst im Rahmen eines Parkhausbetriebs Dritten zur Nutzung überlassene Parkplätze als nicht begünstigtes Verwaltungsvermögen gewertet (BFH, Urteil vom 28. Februar 2024 – II R 27/21). Die Finanzverwaltung wendet die Argumentation des Gerichts über diesen Sachverhalt hinaus auf vergleichbare Sachverhalte nicht an (wie z. B. Hotels, Pensionen oder Campingplätze). Die Finanzverwaltung sieht hier weiterhin begünstigtes Verwaltungsvermögen (Erlass vom 19. November 2024).
[92] BFH, Urteil vom 24. Oktober 2017 – II R 44/15, BStBl II 18, 358.
[93] Oberste Finanzbehörden der Länder vom 23. April 2018, BStBl I 18/692.

Zum Verwaltungsvermögen gehören gemäß § 13b Abs. 4 Nr. 1 S. 1 ErbStG Dritten zur Nutzung überlassene Grundstücke. Im Zeitpunkt der Schenkung lag jedoch keine Nutzung Dritter vor. Die Nutzung durch Dritte sollte erst später folgen. Auf die später beabsichtigte Nutzungsüberlassung kommt es nicht an. Es sind allein die Verhältnisse am Übertragungsstichtag maßgeblich. Demnach liegt kein Verwaltungsvermögen vor.[94]

▶ *Hinweis Betriebsimmobilien im Zustand der Bebauung oder während Renovierungsarbeiten sind damit nicht Verwaltungsvermögen. Auf eine Vermietungsabsicht für die Zukunft kommt es nicht an. Hierdurch ergeben sich steuerliche Gestaltungsspielräume.*
Zu beachten ist, dass es im Gegensatz hierzu im Rahmen des § 13d ErbStG darauf ankommt, ob im Zeitpunkt der Übertragung eines nicht genutzten Grundstücks eine Vermietungsabsicht besteht.

Was sind Wertpapiere und vergleichbare Forderungen im Sinne des § 13b Abs. 4 Nr. 4 ErbStG?

Der Begriff führt zu Verunsicherung, da eine Definition dieser Begrifflichkeit im Gesetz nicht vorgesehen ist. Nach Auffassung der Finanzverwaltung werden unter Wertpapiere die auf dem Markt gehandelten Wertpapiere im Sinne des § 2 Abs. 1 WpHG verstanden.[95] Vergleichbare Forderungen sind solche, über die keine Urkunden ausgegeben wurden, jedoch nach § 2 Abs. 1 WpHG als Wertpapiere gelten (z. B. Pfandbriefe, Geldmarktfonds).

▶ *Hinweis Geleistete Anzahlungen sind dann keine „anderen Forderungen" im Sinne des § 13b Abs. 4 S. 2 Nr. 5 ErbStG, wenn sie nicht für den Erwerb von Verwaltungsvermögen geleistet wurden.*[96]

Was sind Finanzmittel im Sinne des § 13 Abs. 1 Nr. 5 ErbStG?

Zu den Finanzmitteln gehören vor allem Zahlungsmittel, Geschäfts- und Sparguthaben, und Geldforderungen. Zu den Geldforderungen gehören insbesondere Forderungen aus Lieferung und Leistung, Forderungen gegenüber verbundenen Unternehmen, Forderungen im Sonderbetriebsvermögen eines Gesellschafters einer Personengesellschaft sowie Forderungen aus einer stillen (typischen) Beteiligung. Auch Kryptowährungen sind Finanzmittel.[97] Schulden werden abgezogen. Junge Finanzmittel sind stets in voller Höhe (ohne Gewährung eines Freibetrages) Verwaltungsvermögen.

---

[94] Finanzgericht Münster, Urteil vom 14. November 2024 – 3 K 906/23; Revison beim BFH (2 R 37/24) anhängig.
[95] Vgl. R E 13b.22 Abs. 1 S. 2 und 3 ErbStR 2019.
[96] BFH, Urteil vom 1. Februar 2023 – II R 36/20.
[97] Vgl. Landesamt für Steuern Bayern vom 14. Januar 2019 – S 3812b.1.1 – 16/12 St 34, ZEV 2019, Seite 112.

Wie wird der Betrag des Verwaltungsvermögen aus Finanzmittel ermittelt?

Der Betrag des Verwaltungsvermögens aus Finanzmittel berechnet sich wie folgt:

Festgestellter Betrag der Finanzmittel
Abzgl. festgestellter Betrag der jungen Finanzmittel
= Saldo
Abzgl. festgestellter Wert der Schulden
= Netto-Finanzmittel
Abzgl. Freibetrag (15 % vom Betriebsvermögen)
= verbleibender Wert der Finanzmittel ohne junge Finanzmittel
Zzgl. junge Finanzmittel
= Verwaltungsvermögen (einschließlich junger Finanzmittel)

▶ **Hinweis** *Die Bemessungsgrundlage für den 15 %igen Freibetrag ist bei einem Einzelunternehmen das gesondert festgestellte Betriebsvermögen, bei einem Mitunternehmeranteil oder Anteil an einer Kapitalgesellschaft der gesondert festgestellte Wert des Anteils am Betriebsvermögen.*

Ein Teil des Verwaltungsvermögens wird pauschal dem begünstigten Betriebsvermögen zugerechnet (sog. unschädliche Verwaltungsvermögen im Sinne des § 13b Abs. 7 ErbStG). Der Gesetzgeber erkennt damit an, dass jeder Betrieb auch einen gewissen Umfang an Verwaltungsvermögen vorhalten muss. Wie genau wird dieses unschädliche Verwaltungsvermögen berechnet?

Das unschädliche Verwaltungsvermögen wird wie folgt berechnet:

Wert des Betriebsvermögens
./. Nettowert des Verwaltungsvermögens
./. festgestellter Wert des jungen Verwaltungsvermögens
./. festgestellter Wert der jungen Finanzmittel
= Bemessungsgrundlage für das unschädliche Verwaltungsvermögen
× 10 %
= unschädliches Verwaltungsvermögen

Was ist der Nettowert des Verwaltungsvermögen?

Der Nettowert des Verwaltungsvermögens wird wie folgt berechnet:

Nettowert des Verwaltungsvermögen:
Wert des Verwaltungsvermögens
Abzgl. Schulden aus Altersvorsorgeverpflichtungen
Abzgl. verbleibender anteiliger Schulden

▶ **Hinweis** *Die anteiligen Schulden ergeben sich nach dem Verhältnis des gemeinen Werts des Verwaltungsvermögens zum Betriebsvermögen. Eine Saldierung für junge Finanzmittel und junges Verwaltungsvermögen findet nicht statt (§ 13b Abs. 8 S. 1 ErbStG). Als Nettowert des Verwaltungsvermögens ist mindestens der gemeine Wert des jungen Verwaltungsvermögens anzusetzen (§ 13b Abs. 8 S. 3 ErbStG).*

1.2 Prüfungsreihenfolge der Schenkung und Erbschaftsteuer

Was sind junge Finanzmittel?

Bei jungen Finanzmitteln handelt es sich um den positiven Saldo der eingelegten und entnommenen Finanzmittel, welche dem Betrieb im Zeitpunkt der Entstehung der Steuer weniger als 2 Jahre zuzurechnen waren (vgl. § 13b Abs. 4 Nr. 5 S. 2 HS 1 ErbStG).

Was ist junges Verwaltungsvermögen?

Junges Verwaltungsvermögen ist Verwaltungsvermögen, das dem Betrieb im Zeitpunkt der Entstehung der Steuer weniger als 2 Jahre zuzurechnen war (vgl. § 13b Abs. 7 S. 2 ErbStG).

▶ *Hinweis Junges Verwaltungsvermögen und junge Finanzmittel entstehen nicht nur durch Einlage oder Aktivtausch. Auch Umstrukturierungen (z. B. Einbringung eines Einzelunternehmens in eine Personen- oder Kapitalgesellschaft oder Verschmelzung) können dazu führen.*

Johanna und Louise erben jeweils 50 % der Anteile ihres Vaters Stefan an der Baustoffhandel Stefan GmbH. Im Rahmen des vereinfachten Ertragswertverfahrens wurde der Betrieb mit 2,75 Mio. € ermittelt. Hiervon entfällt auf das Verwaltungsvermögen ein Betrag von 800.000 €. Johanna und Louise möchten wissen, welcher Betrag des Betriebsvermögens zu versteuern ist. Sie entscheiden sich hierbei für die Regelbegünstigung. Der Gesellschaftsvertrag enthält keine besonderen Einschränkungen über die Gewinnverwendung. Wie hoch ist der steuerbare Erwerb?

Zum begünstigten Betriebsvermögen gehört grundsätzlich nicht das Verwaltungsvermögen. Allerdings wird pauschal 10 % des begünstigten Vermögens als sog. unschädliches Vermögen eingestuft. Dieses unschädliche Verwaltungsvermögen ist in die Begünstigung des Betriebsvermögens einzubeziehen (§ 13b Abs. 7 ErbStG). Folglich ist dieser Betrag bei der Besteuerung von nicht begünstigten Verwaltungsvermögen abzuziehen.

Die Berechnung des steuerpflichtigen Teils des Betriebsvermögens und des Verwaltungsvermögens ergibt sich wie folgt:

Betriebsvermögen	2.750.000
./. davon Verwaltungsvermögen	800.000
= begünstigtes Vermögen	1.950.000
+ 10 % unschädliches Verwaltungsvermögen (§ 13b Abs. 7 ErbStG)	195.000
= begünstigtes Vermögen (nach Zuschlag)	2.145.000
./. Vorwegabschlag bis 30 % für Familienunternehmen (§ 13a Abs. 9 ErbStG)	0
= verbleibendes begünstigtes Vermögen	2.145.000
./. Verschonungsabschlag (85 %)	1.823.250
= nicht begünstigtes Betriebsvermögen	321.750
./. Abzugsbetrag (§ 13a Abs. 2 ErbStG) (max. Euro 150 TE)	64.125
((321.750 − 150.000) × 50 %)	
= steuerpflichtiges Betriebsvermögen	257.625
+ Verwaltungsvermögen (800.000 − 195.000 €)	605.000
= steuerbarer Erwerb	862.625

Welche Bedeutung haben junges Verwaltungsvermögen und junge Finanzmittel?
Junge Finanzmittel sind stets in voller Höhe Verwaltungsvermögen (§ 13b Abs. 4 Nr. 5 S. 2 HS 2 ErbStG). Der Freibetrag im Rahmen des Finanzmitteltests gilt für sie nicht.

Junges Verwaltungsvermögen ist niemals unschädliches Verwaltungsvermögen (kein „10 % iger Kulanzpuffer") im Sinne des § 13b Abs. 7 S. 1 ErbStG.

Junge Finanzmittel und junges Verwaltungsvermögen sind beide nicht in die Schuldenverrechnung mit dem Verwaltungsvermögen einzubeziehen (§ 13b Abs. 8 ErbStG).

▶ **Merke** *Junge Finanzmittel unterliegen nicht dem Freibetrag im Rahmen des Finanzmitteltests. Für junges Verwaltungsvermögen scheidet der 10 % ige Kulanzpuffer aus.*

▶ **Merke** *Junges Verwaltungsvermögen oder junge Finanzmittel sind wiederum zu unterscheiden von jungem Betriebsvermögen nach § 200 Abs. 2 BewG. Im Rahmen der Bewertung eines Unternehmens nach dem vereinfachten Ertragswertverfahren werden Wirtschaftsgüter (abzüglich Schulden), die 2 Jahre vor dem Bewertungsstichtag erworben wurden (junges Betriebsvermögen), dem ermittelten Ertragswert hinzugerechnet.*

Im Betrieb der Evelyn befinden sich seit 5 Jahren Wertpapiere. Sie möchte diese Wertpapiere in neue Wertpapiere umschichten. Liegt nach Umschichtung junges Verwaltungsvermögen vor?
Junges Verwaltungsvermögen nach § 13b Abs. 7 S. 2 ErbStG kann nicht nur durch Einlagen enstehen. Auch in Fällen der blossen Vermögensumschichtung kann neues Verwaltungsvermögen entstehen. Der Bundesfinanzhof stellt auf eine gegenständliche Betrachtungsweise ab. Unerheblich ist, ob die Bilanzposition als solche unverändert bleibt. Die getauschten Wertpapiere stellen folglich junges Verwaltungsvermögen dar.[98]

Eine KG ist alleinige Gesellschafterin einer GmbH. Die GmbH verfügt seit vielen Jahren über Vermögensgegenstände, die als Verwaltungsvermögen zu qualifizieren sind. Die GmbH wird auf die KG (aufwärts-)verschmolzen, sodass das Verwaltungsvermögen der GmbH nun Verwaltungsvermögen der KG wird. Liegt nun bezüglich des übergehenden Vermögens junges Verwaltungsvermögen der KG vor?
Der Bundesfinanzhof sieht das auf die KG verschmolzene Vermögen als junges Verwaltungsvermögen an. Unerheblich ist, dass die KG die Beteiligung bereits in ihrem Betriebsvermögen gehalten hat. Das Gericht verweist auf das Trennungsprinzip im Bereich der Erbschaft- und Schenkungsteuer. Auch das Umwandlungssteuerrecht nimmt einen Vermögensübergang annimmt. Folglich liegt junges Verwaltungsvermögen vor.[99]

---

[98] BFH, Urteil vom 22. Januar 2020 – II R 41/18 – BStBl II 20, 577.
[99] BFH, Urteil vom 22. Januar 2020 – II R 41/18 – BStBl II 20, 577.

Wie werden Schulden im Rahmen der Bestimmung des Verwaltungsvermögens berücksichtigt?

Hier sind dreierlei Schulden zu unterscheiden:

Schulden aus Altervorsorgeverpflichtungen, soweit sie dem Zugriff von Gläubigern entzogen sind, gehören nicht zum Verwaltungsvermögen (§ 13b Abs. 3 ErbStG).

Der Schuldenabzug im Rahmen des Finanzmitteltests (§ 13b Abs. 4 Nr. 5 ErbStG) erfolgt durch einen Freibetrag. Altervorsorgeverpflichtungen nach § 13b Abs. 3 ErbStG bleiben hier unberücksichtigt.

Zuletzt erfolgt der allgemeine Schuldenabzug vom Verwaltungsvermögen, soweit diese Schulden nicht bereits als Altervorsorgeverpflichtung oder im Rahmen des Finanzmitteltests abgezogen wurden (§ 13b Abs. 6 ErbStG).

Was ist eine sog. Verbundvermögensaufstellung durchzuführen?

Eine Verbundvermögensaufstellung dient der Ermittlung von Verwaltungsvermögen. Sie wird aufgestellt, wenn sich in einem Betriebsvermögen eines Einzelunternehmen, dem Betriebsvermögen einer Personengesellschaft oder bei gehaltenen Beteiligungen im Sinne des § 13b Abs. 1 Nr. 3 ErbStG eine Beteiligung an einer Personengesellschaft oder eine Beteiligung im Sinne des § 13b Abs. 1 Nr. 3 ErbStG befindet. Wird lediglich ein Anteil im Sinne des § 13b Abs. 4 Nr. 2 ErbStG gehalten, findet eine Verbundvermögensaufstellung nicht statt.

▶ *Hinweis Eine Verbundvermögensaufstellung ist insbesondere beim mehrstufigen Konzern (vertikaler Konzern) erforderlich. Bei Anteilen an Kapitalgesellschaften von 25 % und weniger scheidet eine Verbundvermögensaufstellung aus (§ 13b Abs. 9 S. 5 ErbStG), während bei Anteilen an Personengesellschaften jegliche Beteiligung unabhängig von der Beteiligungshöhe einbezogen wird. Beteiligungen an Kapitalgesellschaften von 25 % und weniger sind stets Verwaltungsvermögen. Beim horizontalen Konzern ist keine Verbundvermögensaufstellung vorgesehen.*

Wie wird die Verbundvermögensaufstellung duchgeführt?

Vorab werden alle Forderungen und Verbindlichkeiten, die innerhalb der einbezogenen Gesellschaften bestehen, eliminiert (§ 13b Abs. 9 S. 3 ErbStG). Sodann werden auf jeder Ebene der Gesellschaften jeweils fünf Bereiche ermittelt: Das Verwaltungsvermögen, das junge Verwaltungsvermögen, die Finanzmittel, das junge Finanzmittel und die Schulden (§ 13b Abs. 9 S. 2 ErbStG). Die Finanzverwaltung geht hier nach dem sog. Stufenverfahren vor. Die Ermittlung erfolgt zunächst auf der Ebene der Gesellschaft, die am weitesten entfernt in der Beteiligungskette ist. Dann geht man jeweils eine Stufe höher, bis man schließlich „oben" angekommen ist.

Der Verbundvermögensaufstellung liegt eine Transparenzbetrachtung zugrunde. Es sind bei der Ermittlung des begünstigten Vermögens nicht die gemeinen Werte der Gesellschaftsbeteiligungen anzusetzen, sondern stattdessen anteilig (in Höhe der Beteiligung an der Gesellschaft) die gemeinen Werte der zum Gesamthandsvermögen der Gesellschaft gehörenden Vermögensgegenstände.

▶ **Hinweis** *Für die Ermittlung des Wertes von Betriebsvermögens wird gemäß § 200 Abs. 3 BewG bei Anteilen an einer Gesellschaft eine gesonderte Wertermittlung des Unternehmens, an welchem die Beteiligung besteht, durchgeführt. Der anteilige Wert wird dem Gesellschafter dann zugerechnet. Die Verbundvermögensaufstellung hingegen dient auschließlich der Ermittlung des Verwaltungsvermögens und hierzu relevanter Parameter. Beide Bereiche sind voneinander zu unterscheiden.*

▶ **Hinweis** *Die Konzernbilanz bildet keinesfalls eine Grundlage für eine Verbundvermögensaufstellung. Die Ermittlung des Verwaltungsvermögens bei verbundenen Unternehmen ist daher sehr aufwendig.*

1.2.6.9.4 Übermäßiges Verwaltungsvermögen (sog. 90 %-Test)
Was ist das sog. übermäßige Verwaltungsvermögen?

Liegt sog. übermäßiges Verwaltungsvermögen vor, scheidet insgesamt eine Begünstigung für das Betriebsvermögen aus. Übermäßiges Verwaltungsvermögen liegt vor, wenn das Verwaltungsvermögen bei mind. 90 % des gemeinen Werts des begünstigungsfähigen Betriebsvermögens liegt. Die Bestimmung des Verwaltungsvermögens für den sog. 90 %-Test unterliegt eigenen Regeln. Viele Abzugsposten bei der eigentlichen Berechnung des Verwaltungsvermögens werden für den 90 % Test nicht zugelassen. Folglich ist das für den 90 % Test zugrunde zu legende Verwaltungsvermögen meist deutlich höher als das eigentliche Verwaltungsvermögen. Die Berechnungsgröße als Verwaltungsvermögen für den 90 %-Test berechnet sich wie folgt:

Verwaltungsvermögen
+ Hinzurechnung von Schulden aus Altersversicherungspflichten (soweit nicht durch Treuhandverhältnis abgesichert) (§ 13b Abs. 3 ErbStG)
+ Keine Berücksichtigung von Schulden bei Finanzmitteltest (§ 13b Abs. 4 Nr. 5 ErbStG)
+ Hinzurechnung des Kürzungsfreibetrages bei Finanzmitteltest (§ 13b Abs. 4 Nr. 5 ErbStG)
+ keine Verrechnung mit allgemeinen Schulden (§ 13b Abs. 6 ErbStG)
+ keine Kürzung des Kulanzbetrages von 10 % (§ 13b Abs. 7 ErbStG)
= Berechnungsgröße Verwaltungsvermögen für 90 %-Test

Durch die Hinzurechnungen läuft der Steuerpflichtige Gefahr, die Steuerbegünstigung von Betriebsvermögen in vollen Umfang zu verlieren. Dies ist auch der Fall bei nur geringem Überschreiten der Grenze (Fallbeileffekt).

▶ **Hinweis** *Aus Sicht des Steuerpflichtigen ist das Vorliegen von übermäßigen Verwaltungsvermögen der Worst Case, weil er damit jegliche Begünstigung seines Betriebsvermögens verliert. Tückisch ist, dass sich der Steuerpflichtige vermeintlich sicher fühlt, weil er sein eigentliches Verwaltungsvermögen weit weg von den 90 %-Grenze glaubt, obgleich infolge der Hinzurechnungen die Grenze dann doch bereits überschritten sein kann. Hat der Steuerpflichtige die Optionsverschonung gewählt, so darf das Verwaltungsvermögen nicht mehr als 20 % vom begünstigungsfähigem Vermögen betragen (§ 13a Abs. 10 S. 2 ErbStG).*

1.2 Prüfungsreihenfolge der Schenkung und Erbschaftsteuer

Besonders bei Betriebsvermögen mit hohem Schuldenbestand liegen das eigentliche Verwaltungsvermögen und das beim 90 % Test maßgebliche Verwaltungsvermögen häufig weit auseinander. Bei Betrieben mit hohen Schulden oder Rückstellungen ist daher besonders Acht zu geben.[100]

1.2.6.9.5 Reinvestitionsregelung

Lisa ist Inhaberin eines Betriebes. Über Jahre hinweg sammelt der Betrieb Kapital an, um neue Maschinen anschaffen zu können. Kurz vor Anschaffung verstirbt Lisa. Nelly ist Alleinerbin von Lisa. Wegen dem angesammelten Kapital ist das Verwaltungsvermögen des Betriebes hoch. Was kann Nelly tun?

Mit Einführung des § 13b Abs. 5 ErbStG (sog. Reinvestitionsregelung) wollte der Gesetzgeber Härtefälle im Zusammenhang mit der Stichtagsbesteuerung abmildern. Der Zeitpunkt der Steuerentstehung ist nicht nur maßgeblich für die Wertermittlung. Vielmehr erfolgt auch die Ermittlung des in der begünstigungsfähigen Einheit enthaltenen begünstigten Vermögens streng stichtagsbezogen.

Die Idee des § 13b Abs. 5 S. 1 ErbStG liegt nun darin, die als Verwaltungsvermögen qualifizierenden angesparten Kapitalanlagen wie die zum begünstigten Vermögen zählende Maschine zu behandeln, wenn es tatsächlich innerhalb von 2 Jahren nach dem Erwerb durch die Erben zur Anschaffung der Maschine kommt. Es wird also so getan, als sei die Maschine, deren Anschaffung zwar vom Erblasser geplant, aber aufgrund dessen vorzeitigen Todes erst von seinen Erben vorgenommen werden konnte, bereits im Zeitpunkt des Erbfalls anstelle der hierfür angesparten und später verwendeten Mittel vorhanden gewesen.

Das Verwaltungsvermögen kann aufgrund der Reinvestitionsregelung nur dann als begünstigtes Vermögen umqualifiziert werden, wenn folgende Voraussetzungen erfüllt sind:

- Erbfall
- Binnen einer Frist von 2 Jahren nach dem Erbfall
- Wird Verwaltungsvermögen in begünstigtes Vermögen investiert
- Erblasser muss für Investition einen vorgefassten Plan haben
- Keine anderweitige Ersatzbeschaffung von Verwaltungsvermögen

▶ **Hinweis** *In der Beratungspraxis wird häufig empfohlen, einen Investitionsplan als Notfallinstrument zur Vermeidung von Verwaltungsvermögen „in der Schublade" zu haben. Als Ausnahmefall vom Sichtagsprinzip ermöglicht der Notfallplan, dass zum Übertragungszeitpunkt vorhandenes Verwaltungsvermögen in „Kein-Verwaltungsvermögen" umqualifiziert wird.*

---

[100] Vgl. hierzu auch BFH, Urteil vom 13. September 2023 – II R 49/21; hier hat der Bundesfinanzhof im Wege einer teleologischen Auslegung für den 90 % Test bei einem Handelsunternehmen zugelassen, dass die betrieblichen Schulden von den Finanzmitteln in Abzug gebracht werden.

Ein weiterer Ausnahmefall vom Stichtagsprinzip besteht, wenn aufgrund wiederkehrender saisonaler Schwankungen Einnahmen fehlen und von dem Verwaltungsvermögen Löhne und Gehälter gezahlt werden. Auch hier muss ein Plan des Erblassers vorliegen und die Zahlung muss binnen 2 Jahren nach dem Erbfall erfolgen (§ 13b Abs. 5 S. 3, S. 4 ErbStG).

1.2.6.9.6 Vorwegabschlag

Wann kommt der sog. Vorwegabschlag für Familienunternehmen in Betracht (§ 13a Abs. 9 ErbStG)?

Der Vorwegabschlag stellt für Familienunternehmen unter engen Voraussetzungen eine weitere Begünstigung von Betriebsvermögen dar.

Der Wertabschlag greift bei allen vom Gesetz zur Verfügung gestellten Verschonungsarten. Es müssen jedoch folgende Voraussetzungen erfüllt sein:

(1) Gesellschaftsvertrag/Satzung einer Personen- oder Kapitalgesellschaft sieht folgende Bestimmungen vor:
   (a) Max. Entnahme/Ausschüttung von 37,5 % des (steuerlichen) Gewinnanteils abzüglich der hierauf entfallenden anteiligen Ertragsteuern.
   (b) Verfügungen über Gesellschaftsbeteiligungen sind nur auf Mitgesellschafter, auf Angehörige im Sinne des § 15 AO und auf Familienstiftungen zulässig.
   (c) Abfindung bei Ausscheiden unterhalb des gemeinen Werts des Anteils.
(2) Bestimmungen entsprechen den tatsächlichen Verhältnissen („Bestimmungen werden auch tatsächlich gelebt").
(3) Bestimmungen müssen bereits 2 Jahre vor dem Erbfall/Schenkung bestehen und bis 20 Jahre danach fortbestehen.

▶ **Hinweis** *Besonders die lange Nachhaltefrist von 20 Jahren ist schwer einzuhalten und birgt die Gefahr einer Nachversteuerung.*

Wie hoch ist der Vorwegabschlag nach § 13a Abs. 9 ErbStG?

Für die Bestimmung der Höhe des Vorwegabschlages ist auf die Abfindungsregelung bei Ausscheiden eines Gesellschafters in der Satzung bzw. in dem Gesellschaftsvertrag abzustellen. Liegt dort die Abfindungshöhe unterhalb des gemeinen Werts des Anteils, so berechnet sich die Höhe des Abschlages nach der prozentualen Minderung der Abfindung gegenüber dem gemeinen Wert. Der Vorwegabschlag ist der Höhe nach auf max. 30 % beschränkt (§ 13a Abs. 9 S. 3 ErbStG).

Im Gesellschaftsvertrag der Familien KG ist vorgesehen, dass beim Ausscheiden eines Gesellschafters lediglich 80 % des gemeinen Werts des Anteils ausbezahlt werden. Gesellschafter Marc mit einem Gesellschaftsanteil von 20 % verstirbt. Der gemeine Wert des Anteils beträgt 1 Mio. €. Die Voraussetzungen für einen Vorwegabschlag nach § 13 Abs. 9 ErbStG sind erfüllt. Wie hoch ist der Vorwegabschlag?

Der Vorwegabschlag beträgt 200 TE. Dies entspricht der prozentualen Minderung der Abfindung gegenüber dem gemeinen Wert.

1.2 Prüfungsreihenfolge der Schenkung und Erbschaftsteuer

Wird lediglich 50 % des gemeinen Werts des Anteils bei Ausscheiden bezahlt, so beträgt der Vorwegabschlag 300 TE. Ein höherer Betrag kommt nicht in Betracht, da der Vorwegabschlag der Höhe nach auf 30 % begrenzt ist.

Muss der Gesellschaftsvertrag zur Erhaltung des Vorwegabschlages auch die Entnahmen von Sonderbetriebseinnahmen beschränken?

Zwar sind auch Sonderbetriebseinnahmen Gewinnbestandteile, die entnommen oder thesauriert werden können, jedoch steht solchen Sonderbetriebseinnahmen regelmäßig eine Gegenleistung des jeweiligen Gesellschafters gegenüber (z. B. Darlehen, Vermietung, Geschäftsführertätigkeit). Es handelt sich gerade nicht um aus der gemeinsamen Zweckverfolgung erzielte Gewinne, die nach der Idee des Gesetzes in der gesamthänderisch gebundenen Vermögenssphäre bleiben sollen, um den Wertabschlag zu erhalten. Ihre Entnahme sollte daher der Inanspruchnahme des Wertabschlags nicht entgegenstehen. So sieht dies offenbar auch die Finanzverwaltung, die sowohl bei der Ermittlung des Gewinnanteils als auch der davon abzuziehenden Steuern die Ergebnisse aus Sonderbilanzen unberücksichtigt lässt; auch Ergebnisse aus Ergänzungsbilanzen sollen trotz der gesetzlichen Inbezugnahme des steuerlichen Gewinnanteils außen vor bleiben.[101]

Ist die Bestellung eines Nießbrauches an einem Gesellschaftsanteil zugunsten eines außenstehenden Dritten für die Gewährung des Vorwegabschlages schädlich?

Unter den Begriff der Verfügung im Sinne von § 13a Abs. 9 S. 1 Nr. 2 ErbStG wird man neben schlichten Anteilsübertragungen auch die Begründung einer Unterbeteiligung, die treuhänderische Übertragung sowie eine Nießbrauchbestellung und eine Verpfändung fassen können. Die Finanzverwaltung versteht unter **Verfügung** allerdings nur die „Übertragung des Eigentums an einem Anteil", sodass zumindest die Zulassung der Bestellung eines Nießbrauchs oder die Gewährung einer Unterbeteiligung zugunsten einer an sich nicht nachfolgeberechtigten Person dem Wertabschlag nicht entgegenstehen dürfte.[102]

Wie wirken sich Umstrukturierungen auf den Vorwegabschlag aus?

In der Praxis problematisch wird das Erfordernis der Verfügungsbeschränkung vor allem dadurch, dass „die Bestimmungen den tatsächlichen Verhältnissen entsprechen" müssen und dies noch für eine Zeit von 20 Jahren nach der Steuerentstehung gilt. Denn nach wortlautentsprechender Anwendung sind damit sogar einstimmig beschlossene Durchbrechungen der gesellschaftsvertraglichen Regelungen schädlich. Im Kern führt dies zu einer 20-jährigen Umstrukturierungssperre. Denn jegliche Umstrukturierungsmaßnahmen, die eine Verfügung über die Beteiligung voraussetzen, vernichten den Wertabschlag.[103]

---

[101] Vgl. R E 13a.20 Abs. 2 Nr. 1 S. 2 und 4 ErbStR 2019.
[102] Vgl. R E 13a.20 Abs. 2 S. 2 Nr. 2 mit Verweis auf R E 13b.6 Abs. 4 ErbStR 2019.
[103] Meincke/Hannes/Holtz ErbStG § 13a Rn. 110.

1.2.6.9.7 Begünstigungsmöglichkeiten für Betriebsvermögen über 26 Mio. €
Wie wird Betriebsvermögen über 26 Mio. € steuerlich begünstigt?

Bei Erwerben über 26 Mio. € kommt das Abschmelzungsmodell oder die Verschonungsbedarfsprüfung in Betracht:

Im Abschmelzungsmodell kann der Steuerpflichtige erneut zwischen Regelverschonung (85 %) und Optionsverschonung (100 %) wählen (vgl. § 13c ErbStG). Jedoch nimmt die Steuerfreiheit für jede 750 TE, die das Betriebsvermögen von 26 Mio. € überschreitet, um 1 % ab. Ab 90 Mio. € entfällt die Steuerfreiheit gänzlich.

Optional kann auf Antrag die sog. Verschonungsbedarfsprüfung durchgeführt werden (vgl. § 28a ErbStG). In diesem Fall ist das geerbte Vermögen insoweit steuerfrei, als der Nachweis erbracht werden kann, dass der Steuerpflichtige die Steuer nicht aus verfügbaren Vermögen (vgl. § 28a Abs. 2 ErbStG) zahlen kann.

Max erbt von seinem Vater Chris einen Betrieb (kein Familienunternehmen im Sinne des § 13a Abs. 9 ErbStG), welches einen steuerlichen Wert von 80 Mio. € hat. Es soll die Regelverschonung gewählt werden. In welcher Höhe liegt steuerpflichtiges Betriebsvermögen vor?

Grundsätzlich beträgt die Verschonung 85 %. Jedoch ist je 750 TE, welcher den Betrag des Betriebsvermögens von 80 Mio. € den Betrag von 26 Mio. € übersteigt, ein Abschlag um je 1 % vorzunehmen: (80 − 26) = 54 Mio.: 750 TE = 72 %. Somit beträgt der abgeschmolzene Abschlag lediglich 13 % von 80 Mio. €.

Das steuerpflichtige Vermögen beträgt somit 69.600.000 € (80 TE × 87 %).

Max erbt von seinem Vater ein Familienunternehmen im Sinne des § 13a Abs. 9 ErbStG, welches einen steuerlichen Wert von 80 Mio. € hat. Es soll die Regelverschonung gewählt werden. In welcher Höhe liegt steuerpflichtiges Betriebsvermögen vor?

Die Berechnung des steuerpflichtigen Betriebsvermögens ist wie folgt durchzuführen:

Begünstigtes Vermögen	80 Mio
Abzgl. Vorwegabschlag (30 % von 80 Mio.)	24 Mio
Zwischenwert	56 Mio
Abzgl. Verschonungsabschlag 13 %	7.280.000
Steuerpflichtiges Betriebsvermögen	48.720.000

Unter welchen Voraussetzungen kommt die Verschonungsbedarfsprüfung nach § 28a ErbStG zur Anwendung?

Folgende Voraussetzungen werden im Rahmen der Verschonungsbedarfsprüfung überprüft:

Wert des Vermögens überschreitet die 26-Mio. €-Grenze
Erwerber hat keine Verpflichtung zur Weitergabe des Betriebsvermögens
Erwerber weist nach, dass er persönlich nicht in der Lage ist, die Steuer aus dem verfügbaren Einkommen im Sinne des § 28a Abs. 2 ErbStG zu bezahlen
(Nicht befristeter) Antrag auf Erlass im Umfang des Verschonungsbedarf (Antrag kann nur ein Erwerber stellen, nicht z. B. der Schenker)

1.2 Prüfungsreihenfolge der Schenkung und Erbschaftsteuer

Welche Rechtsfolge leitet sich aus § 28a ErbStG ab?
Wird die Verschonungsbedarfsprüfung bestanden, ergeben sich folgende Rechtsfolgen:

Erlass der Steuer, soweit nicht Steuer aus verfügbaren Einkommen gezahlt werden kann (vgl. § 28a Abs. 1 ErbStG)
Stundung bis 6 Monate in Härtefällen (vgl. § 28a Abs. 3 ErbStG)

Was ist unter dem verfügbaren Einkommen im Sinne des § 28a Abs. 2 ErbStG zu verstehen?

50 % des übergegangenen Vermögens, das nicht zum begünstigen Vermögen im Sinne des § 13b Abs. 2 ErbStG zählt, und

50 % des dem Erwerber im Zeitpunkt des Vermögensüberganges bereits gehörenden Vermögens, das nicht begünstigtes Vermögen im Sinne des § 13b Abs. 2 ErbStG darstellt.

▶ *Hinweis Begünstigtes Betriebsvermögen ist niemals verfügbares Einkommen im Sinne des § 28a Abs. 2 ErbStG. Hieraus ergibt sich für Steuerpflichtige ein erhebliches Gestaltungspotenzial. So kann vor einer Schenkung der zukünftig Beschenkte mit seinem Barvermögen begünstigtes Betriebsvermögen (z. B. 30 %iges Aktienpaket) käuflich erwerben. Folgt nachfolgend eine Schenkung, hat der Beschenkte dann kein verfügbares Einkommen mehr, um die Schenkungsteuer zu bezahlen (so im Prinzip hatte Frieda Springer Aktien an Mathias Döpfner weitgehend ohne Schenkungsteuer übertragen).*

Max erbt von seinem Vater einen 50 %igen Anteil an einer X-GmbH mit begünstigtem Vermögen im gemeinen Wert von 150 Mio. €. Max hatte vor dem Erbfall ein Vermögen in Höhe von 36 Mio. €. Welche steuerlichen Begünstigungen kommen für Max in Betracht?

Ein Antrag nach § 13c ErbStG läuft für Max ins Leere. Das begünstigte Vermögen liegt über 90 Mio. €, sodass eine Begünstigung durch § 13c ErbStG nicht mehr möglich ist.

Für Max würde sich somit eine Erbschaftsteuer von 45 Mio. € (30 % von 150 Mio. €) ergeben.

Eine Verschonungsbedarfsprüfung ermöglich ihm jedoch einen signifikanten Teilerlass der Steuer. Sein verfügbares Einkommen nach § 28a Abs. 2 ErbStG ist lediglich 18 Mio. € (50 % von 36 Mio. €). Aus der Erbschaft selbst hat er kein nicht begünstigtes Vermögen erworben. Die Steuerlast mindert sich folglich durch einen Antrag auf Verschonungsbedarfsprüfung von 45 Mio. € auf 18 Mio. €.

Max muss im Rahmen der Verschonungsbedarfsprüfung sein gesamtes Privatvermögen und sein gesamtes nicht begünstigtes Vermögen angeben und bewerten. Hierfür trägt Max die Beweislast.

▶ *Merke Für Betriebsvermögen bis 26 Mio. Euro kommt eine Regel- oder Optionsverschonung in Betracht. Für Betriebsvermögen von mehr als 26 Mio. bis 90 Mio. Euro ist das Abschmelzungsmodell oder die Verschonungsbedarfsprüfung maßgeblich. Bei mehr als 90 Mio Euro Betriebsvermögen kann nur die Verschonungsbedarfsprüfung zur Anwendung kommen.*

II. Bereicherung
c. = Vermögensanfall nach Steuerwerten

1.2.7 Nachlassschulden/Abzugsposten

II. Bereicherung
d. Abzgl. (Nachlass-)Verbindlichkeiten (insbesondere § 10 Abs. 5 und 6 ErbStG)

1.2.7.1 Erwerb von Todes wegen

1.2.7.1.1 Nachlassverbindlichkeiten
Welche Nachlassverbindlichkeiten können von der Erbschaftsteuer abgezogen werden?

Die für den Erben abzugsfähigen Nachlassverbindlichkeiten ergeben sich aus § 10 Abs. 5 ErbStG. Hiernach sind die Erblasserschulden nach § 10 Abs. 5 Nr. 1 ErbStG, die Erbanfallschulden nach § 10 Abs. 5 Nr. 2 ErbStG und sonstigen Nachlassverbindlichkeiten nach § 10 Abs. 5 Nr. 3 ErbStG zum Abzug zugelassen.

Vom Abzug ausgeschlossen sind jedoch Verbindlichkeiten, die in § 10 Abs. 6 bis 9 ErbStG genannt sind, sowie Verbindlichkeiten, die bereits bei der Bewertung von Betriebsvermögen erfasst wurden.

Carla lebt mit ihrem Ehemann Miguel im gesetzlichen Güterstand. Während der Ehe hat Miguel beträchtliches Vermögen verdient. Carla verstirbt und setzt ihren Liebhaber Nico als Alleinerben ein. Gegenüber Nico macht Miguel seinen Pflichtteil geltend. Miguel möchte den vererblichen Zugewinnanspruch seiner Ehefrau (vgl. § 1378 Abs. 3 S. 1 BGB) bei der Berechnung seiner Erbschaftsteuerbelastung abziehen. Zu Recht?

Unzweifelhaft sind Verbindlichkeiten, die schon zu Lebzeiten des Erblassers entstanden sind, abzugsfähig. Hier ist die Verbindlichkeit zu Lebzeiten jedoch noch nicht entstanden. Es handelt sich um eine Schuld, die erst mit dem Erbfall entsteht, in ihrer Grundlage aber noch vom Erblasser herrührt. Solche Verbindlichkeiten werden vom Bundesfinanzhof[104] als Erblasserschuld im Sinne des § 10 Abs. 5 Nr. 1 ErbStG angesehen. Die Ausgleichsverpflichtung rührt aus einem Dauerschuldverhältnis her, in dem der Erblasser zu seinen Lebzeiten stand und von dem man sagen kann, dass es sich im Zeitpunkt seines Todes zur Ausgleichsforderung verdichtet hat. Miguel kann folglich die Verbindlichkeit infolge des Zugewinnausgleiches steuermindernd abziehen.

▶ **Hinweis** *Entsprechendes gilt auch für auf den Erben übergehende Unterhaltspflichten (z. B. gegenüber dem geschiedenen Ehegatten).*

---

[104] BFH, Urteil vom 10. März 1993 – II R 27/89, BStBl II 93, 368.

1.2 Prüfungsreihenfolge der Schenkung und Erbschaftsteuer

Fritz hat noch vor seinem Tod Heizöl für sein Haus bestellt, das eine veränderte Qualität aufwies. Infolge dieser veränderten Ölqualität ist Heizöl aus dem Tank der Heizanlage ausgetreten. Seine Erbin Franziska beauftragt die Firma Sauber mit der Reinigung des Tanks. Franziska möchte diese Kosten von ihrer Erbschaftsteuer abziehen. Zu Recht?

Fraglich ist hier, ob es sich um Verbindlichkeiten handelt, die nach § 10 Abs. 5 Nr. 1 ErbStG von dem Erblasser „herrühren".

Es handelt sich um eine Schuld, die erst nach dem Erbfall entstanden ist, für die aber schon zu Lebzeiten des Erblassers der Grund gelegt war.

Aufwendungen zur Beseitigung von Schäden an geerbten Gegenständen wie Grundstücken oder Gebäuden, deren Ursache vom Erblasser gesetzt wurde, die aber erst nach dessen Tod in Erscheinung treten, sind nicht abziehbare Nachlassverbindlichkeiten. Der Bundesfinanzhof hat bereits in ständiger Rechtsprechung entschieden, dass Aufwendungen zur Beseitigung von Mängeln und Schäden an geerbten Grundstücken (wie auch aufgestauter Reparaturbedarf) keine vom Erblasser herrührende Schulden darstellen. Diese Grundsätze gelten auch dann, wenn der Erblasser selbst die Ursache für die Kosten gesetzt hat, die aber erst nach dem Tode in Erscheinung getreten sind.[105] Etwas anderes würde nur gelten, wenn die Verpflichtung bereits zu Lebzeiten von Fritz bestand.

Der Erblasser Max hat zu Lebzeiten eine Bürgschaft übernommen. Der Erbe möchte wissen, ob er diese Verpflichtung als Nachlassverbindlichkeit steuermindernd abziehen kann.

Mit dem Tod von Max geht die Bürgschaftsverpflichtung auf den Erben über. Nach Auffassung der Finanzverwaltung führt die Übernahme einer Bürgschaft für sich allein aber noch nicht zum Ansatz einer Verbindlichkeit nach § 10 Abs. 5 Nr. 1 ErbStG.[106] Begründet wird diese Ansicht mit der fehlenden wirtschaftlichen Belastung des Erben. Zeichnet sich jedoch die wirtschaftliche Belastung im Zeitpunkt des Todes des Erblassers ab, so bleibt ein Abzug möglich.

▶ **Hinweis** *Sofern sich nachträglich ergibt, dass der Erbe aus der Bürgschaft in Anspruch genommen wird, liegt ein rückwirkendes Ereignis im Sinne des § 175 Abs. 1 Nr. 2 AO vor.*

Franziska tilgt die von ihrer Tochter Angie geerbte Darlehensverbindlichkeit. Angie möchte die Verbindlichkeit dennoch bei in der Erbschaftsteuererklärung als Abzugsposten erfassen. Zu Recht?

Auch wenn Angie durch die Darlehensverbindlichkeit nicht wirtschaftlich belastet ist, kann die Verbindlichkeit gemäß § 10 Abs. 5 Nr. 1 ErbStG abgezogen werden. Nach dem Stichtagsprinzip des § 11 ErbStG kommt es auf die Verhältnisse am Todestag an.[107]

---

[105] BFH, Urteil vom 26. Juli 2017 – II R 33/15, BStBl II 18, 203.
[106] Vgl. R E 10.7. ErbStR 2019.
[107] Troll/Gebel/Jülicher/Gottschalk ErbStG § 10 Rn. 131.

Carla ist Alleinerbin. Im Testament ihres Vaters Alex wurde zudem bestimmt, dass ihr Bruder Marc enterbt wird. Zudem erhält der Nachbar Stefan einen Geldbetrag aus dem Nachlass und das Grab seines verstorbenen Freundes Giuseppe soll 10 Jahre lang gepflegt werden. Marc möchte von Carla die Auszahlung seines Pflichtteils haben. Welche Abzugsposten kann Carla geltend machen?

Carla ist zugunsten von Stefan mit einem Vermächtnis beschwert (§§ 1939 i. V. m. §§ 2147 ff. BGB) Stefan kann die Übereignung des Geldbetrages von Carla verlangen. Das Vermächtnis kann nach § 10 Abs. 5 Nr. 2 Alt. 1 ErbStG abgezogen werden. Die Grabpflege stellt eine Auflage dar (§ 1940 i. V. m. §§ 2192 ff. BGB). Carla ist beschwert mit der Grabpflege, auf welche jedoch kein Anspruch besteht. Auch diese Auflage kann gemäß § 10 Abs. 5 Nr. 2 Alt. 2 ErbStG abgezogen werden. Mit der Geltendmachung des Pflichtteils kann Carla diese Verpflichtung wertmindernd nach § 10 Abs. 5 Nr. 2 Alt. 3 ErbStG abziehen.

▶ **Hinweis** *Vermächtnisse, geltend gemachte Pflichtteilsansprüche und Auflagen sind einerseits wertmindernd bei der Erbschaftsteuer des Erben anzusetzen. Korrespondierend hierzu entstehen für den Vermächtnisnehmer, den Pflichtteilsberechtigten und den durch die Auflage Begünstigte jeweils ein gesonderter erbschaftsteuerlich relevanter Tatbestand.*

Sind die Kosten für die Erbschaftsteuererklärung bei der Erbschaftsteuer abzugsfähig?

Es kommt hier darauf an, ob diese Kosten im unmittelbaren Zusammenhang mit der Regelung des Nachlasses stehen (§ 10 Abs. 5 Nr. 3 S. 1 ErbStG).

Höchstrichterlich ist dies noch nicht geklärt.[108] Die Finanzverwaltung vertritt in dieser Streitfrage bisher aber einen großzügigen Standpunkt. Sie lässt den nach wie vor umstrittenen Abzug dieser Kosten unabhängig davon zu, ob der Auftrag zur Erstellung der Erbschaftsteuererklärung von einem Erben oder von einem Testamentsvollstrecker erteilt worden ist.[109]

Der Erbe übernimmt die Grabpflege des verstorbenen Peter. Er möchte wissen, ob er die Kosten bei der Erbschaftsteuer abziehen kann und welchen Wert er hierfür anzusetzen hat.

Abzugsfähig sind nur die Kosten der „üblichen" Grabpflege (§ 10 Abs. 5 Nr. 3 S. 1 ErbStG), d. h. die Aufwendungen, die bei der Inanspruchnahme von Fremdleistungen (z. B. bei der Beauftragung einer ortsansässigen Friedhofsgärtnerei) nach den üblichen Mittelpreisen des Liegeortes (§ 15 Abs. 2 BewG) zu erwarten sind.[110] Da diese Kosten fortlaufend anfallen und

---

[108] Vgl. aber BFH, Urteil vom 11. Januar 1961 – II 155/59 U, BStBl. III 1961, 102.

[109] So noch in H E 10.7 ErbStH 2011 i. d. F. der gleich lautenden Ländererlasse vom 5. Juni 2014, BStBl. I 2014, 893.

[110] Oberfinanzdirektion Koblenz vom 1. Januar 2002, S 3810 A S 53 5, NWB 2002, 1173.

wiederkehrende Leistungen erfordern, sieht die gesetzliche Regelung vor, dass die üblichen Aufwendungen mit ihrem „Kapitalwert für eine unbestimmte Dauer" – d. h. mit dem 9,3-fachen der jährlichen Kosten (§ 13 Abs. 2 BewG) – abgezogen werden können.

1.2.7.1.2 Kostenpauschbetrag
Können auch Kosten im Zusammenhang mit einem Erbfall ohne Nachweis geltend gemacht werden?

Für die sog. sonstigen Nachlassverbindlichkeiten nach § 10 Abs. 5 Nr. 3 ErbStG kann ohne Nachweis ein pauschaler Kostenabzug von 15.000 €[111] geltend gemacht werden. Zu diesen Aufwendungen gehören die Kosten für die Bestattung, die Kosten für ein angemessenes Grabmal, die Kosten für die übliche Grabpflege sowie die Nachlassabwicklungskosten (= Kosten, die dem Erwerber unmittelbar im Zusammenhang mit der Abwicklung, Regelung oder Verteilung des Nachlasses entstehen). Der Kostenpauschbetrag kann für jeden Erbfall nur einmal geltend gemacht werden. Will der Steuerpflichtige höhere Aufwendungen geltend machen, so ist dies möglich, jedoch muss er dann entsprechende Belege vorlegen.

Nach dem Wortlaut des § 10 Abs. 5 S. 1 Nr. 3 (letzte Alternative) sind auch die Kosten für die Erlangung des Erwerbs von dem Kostenpauschbetrag umfasst. Jedoch erlaubt die Finanzverwaltung den Abzug der Erwerbskosten neben dem Pauschbetrag.[112] Die Erwerbskosten müssen jedoch in einem unmittelbaren Zusammenhang mit dem Erwerb sein.

▶ **Hinweis** *Der Pauschbetrag kann ungekürzt auch dann geltend gemacht werden, wenn ein Teil des Nachlasses nicht der deutschen Steuer unterliegt oder bestimmte Kosten im Sinne des § 10 Abs. 5 Nr. 3 ErbStG nachweislich nicht entstanden sind.*

Was sind Erwerbskosten, die neben dem Pauschbetrag abgezogen werden können?

Zu den Erwerbskosten gehören nur Kosten, die in unmittelbaren Zusammenhang mit dem Erwerb stehen. Hierzu gehören insbesondere Erbenermittlungskosten, Prozesskosten, um den Erwerb an sich zu ziehen, oder Beratungskosten zur Erlangung und Sicherung des Nachlasses.

Die Kostenpauschale im Sinne des § 10 Abs. 5 Nr. 3 S. 2 ErbStG gilt nur einmal für jeden Nachlass. Wie ist die Pauschale aufzuteilen, wenn mehrere Erwerber (Miterben) oder Begünstigte (Vermächtnisnehmer) vorliegen?

Nicht gesetzlich geregelt ist, ob und wie der Pauschbetrag bei mehreren Erwerbern **aufzuteilen** ist. Bei **mehreren Erben** erscheint es sachgerecht, den Pauschbetrag vorab vom Nachlasswert abzuziehen, sodass im Ergebnis jedem Erben ein seiner Erbquote entsprechender Anteil zugebilligt wird. Sind **weitere Erwerber** (Vermächtnisnehmer, Pflichtteilsberechtigte, Auflagenbegünstigte) zu berücksichtigen, so ist zu unterscheiden, ob sich

---

[111] Für Erbschaftsteuer, die nach dem 31. Dezember 2024 entsteht, ist der Pauschbetrag von 10.300 € auf 15.000 € heraufgesetzt worden.
[112] Vgl. R E 10.9. Abs. 5 ErbStR 2019.

deren Aufwendungen nur auf die Erlangung des eigenen Erwerbs beziehen und nicht den Nachlass belasten oder ob sie sich auch an anderen Kosten (z. B. den Grabpflegekosten) beteiligt haben. Während im erstgenannten Fall die Kosten selbstständig neben dem Pauschbetrag abgezogen werden können, müssen bei einer Beteiligung an den typischen Sterbefallkosten auch die weiteren Erwerber in die Aufteilung des Pauschbetrages einbezogen werden. Nach Auffassung der Finanzverwaltung sind die einzelnen Erwerber in diesen Fällen „in geeigneter Weise", z. B. entsprechend einem gemeinsamen Antrag, an dem Pauschbetrag zu beteiligen.[113] Sachgerecht wird meist eine Aufteilung nach dem Verhältnis der Erwerbswerte sein, zumal wenn die anteiligen Kosten, die auch in diesem Fall nicht nachgewiesen werden müssen, nicht bekannt sind.

Chris wird von seinen drei Töchtern Nelly, Lisa und Carla zu gleichen Teilen beerbt. Zugunsten seines Neffen Marc ist ein Vermächtnis ausgesetzt. Freibeträge nach § 16 ErbStG kommen nicht mehr in Betracht. Der Wert des Nachlasses (nach Abzug der Erblasserschulden) beträgt 1.100.000 €. Der Wert des Vermächtnisanspruchs beträgt 200.000 €. Wie ist die Kostenpauschale aufzuteilen?

Nach dem Verhältnis der Erwerbswerte entfallen auf die drei Erben Nelly, Lisa und Carla je 3/11 und auf den Vermächtnisnehmer Marc 2/11 des Pauschbetrages von 15.000 €.

Der Erbe Giuseppe hat für einen Erbschein 5000 € bezahlt. Zudem hat er die Bestattungskosten von 2000 € bezahlt. Ferner renoviert Giuseppe die geerbte Wohnung für 10.000 €. Kann er diese Kosten in seiner Erbschaftsteuererklärung ansetzen?

Die Renovierungskosten sind sog. Nachlassverwaltungskosten, die nicht abzugsfähig sind (§ 10 Abs. 5 Nr. 3 S. 3 ErbStG). Bestattungskosten sind berücksichtigungsfähig (§ 10 Abs. 5 Nr. 3 S. 1 Alt. 1 ErbStG). Kosten eines Erbscheines sind als Kosten zur Erlangung der Erbschaft abziehbar (§ 10 Abs. 5 Nr. 3 S. 1 letzte Alt. ErbStG). Da diese Kosten insgesamt jedoch die Kostenpauschale in Höhe von 15.000 € (§ 10 Abs. 5 Nr. 3 S. 2 ErbStG) nicht übersteigen, bleibt es bei der Geltendmachung der bloßen Kostenpauschale.

1.2.7.1.3 Steuerschulden
Kann der Erbe die privaten Einkommensteuerschulden des Erblassers als Nachlassverbindlichkeit von seiner Erbschaftsteuerlast mindernd geltend machen?

Entscheidend ist, ob im Zeitpunkt des Entstehens der Erbschaftsteuer die private Steuerschuld bereits entstanden ist.[114] Die Einkommensteuer entsteht mit Ablauf des jeweiligen Veranlagungszeitraumes (§ 36 EStG i. V. m. § 25 EStG). Ist die Steuer entstanden, kann der Erbe die Einkommensteuerschuld als Nachlassverbindlichkeit nach § 10 Abs. 5 Nr. 1 ErbStG abziehen.

Marianne verstirbt am 30. August 2025. Der Veranlagungszeitraum ist das Kalenderjahr. Die Steuererklärung 2024 hat Marianne noch nicht erstellt. Für die

---

[113] Vgl. R E 10.9 Abs. 3 S. 4 ErbStR 2019.
[114] Vgl. R E 10.8 Abs. 1 und 3 ErbStR 2019.

1.2 Prüfungsreihenfolge der Schenkung und Erbschaftsteuer

Einkommensteuerschuld 2025 hat es Marianne versäumt, zwei fällige Vorauszahlungen für die Einkommensteuer 2025 zu bezahlen. Was kann Mariannes Erbe in der Erbschaftsteuererklärung geltend machen?

Die Einkommensteuerschuld 2024 ist entstanden und somit als Nachlassverbindlichkeit zu berücksichtigen. Dies gilt auch dann, wenn die Steuererklärung 2024 noch nicht erstellt ist bzw. ein Steuerbescheid nicht vorliegt. Die (anteilige) Einkommensteuerschuld 2025 ist hingegen keine abziehbare Nachlassverbindlichkeit. Soweit allerdings Vorauszahlungen zum Todeszeitpunkt festgesetzt wurden, sind diese abziehbar.[115]

▶ *Hinweis Kommt es durch ein rückwirkendes Ereignis nach dem Erbfall zu einer Steuerschuld, so ist diese Steuerschuld als Nachlassschuld zu berücksichtigen. Liegt ein Ausschüttungsbeschluss einer Kapitalgesellschaft vor dem Tode vor, erfolgt die Ausschüttung aber nach dem Tode, soll die Kapitalertragsteuerverpflichtung aber nicht als Nachlassschuld berücksichtigt werden.[116]*

1.2.7.1.4 Abzugsbeschränkungen

Stefan verstirbt und hinterlässt Grundbesitz im Sinne des § 13 Abs. 1 Nr. 2b ErbStG, für dessen Anschaffung er zu Lebzeiten ein (noch nicht zurückgezahltes) Darlehen aufgenommen hat. Ist die Darlehensverbindlichkeit bei der Berechnung der Erbschaftsteuer der Erben abziehbar?

Das Grundstück selbst ist gemäß § 13 Abs. 1 Nr. 2b ErbStG in vollem Umfang steuerfrei. Folge hieraus ist, dass gemäß § 10 Abs. 6 S. 1 ErbStG auch die Darlehensverbindlichkeit nicht steuermindernd abgezogen werden kann.

Stefan hinterlässt Grundbesitz im Sinne des § 13 Abs. 1 Nr. 2a ErbStG mit einem Steuerwert von 200 TE und einer wirtschaftlich zusammenhängenden Darlehensverbindlichkeit von 100 TE. Ist die Schuld steuerlich berücksichtigungsfähig?

Das Grundstück selbst ist zu 85 % gemäß § 13 Abs. 1 Nr. 2a ErbStG steuerfrei. Folglich kann die Darlehensverbindlichkeit auch nur anteilig (15 % von 100 TE = 15 TE) abgezogen werden (§ 10 Abs. 6 S. 3 ErbStG).

▶ *Hinweis Im Erbschaftsteuerrecht sind nach § 10 Abs. 6 ErbStG mit steuerfrei erworbenen Vermögenswerten im wirtschaftlichen Zusammenhang stehende Schulden und Lasten entsprechend den Grundsätzen des objektiven Nettoprinzips nicht abzugsfähig. Eine Übervorteilung des Steuerpflichtigen soll dadurch ausgeschlossen werden. § 10 Abs. 6 ErbStG entspricht dem Wesen nach § 3c EStG im Ertragssteuerrecht. § 10 Abs. 6 ErbStG wird ergänzt um die neuen § 10 Abs. 6a und Abs. 6b ErbStG. Im Einzelnen wird Folgendes bestimmt:*

---

[115] Vgl. R E 10.8. Abs. 4 ErbStR 2019.
[116] Finanzgericht Münster, Urteil vom 2. November 2023 – 3 K 2755/22 Erb; auch BeckOK ErbStG/ Königer § 10 Rn. 150.

Nicht steuerbare oder steuerbefreite Vermögensgegenstände (Abs. 6 S. 1)	Im wirtschaftlichen Zusammenhang stehende Schulden und Lasten nicht abziehbar
Beschränkte Steuerpflicht (Abs. 6 S. 2, S. 3)	Schulden und Lasten nur im Zusammenhang mit steuerpflichtigen Vermögen abziehbar; Schulden und Lasten ohne wirtschaftlichen Zusammenhang nur anteilig abziehbar
Teilweise steuerbefreite Vermögensgegenstände (Abs. 6a S. 1)	Im wirtschaftlichen Zusammenhang stehende Schulden und Lasten im entsprechenden Verhältnis nicht abziehbar
Steuerbefreites Betriebsvermögen, Betrieb der Land- und Forstwirtschaft und Anteile an Kapitalgesellschaften (§ 13a, § 13c ErbStG) (Abs. 6a S. 2)	In wirtschaftlichen Zusammenhang stehende Schulden und Lasten im entsprechenden Verhältnis nicht abziehbar
Bereits berücksichtigte Wertminderung einer grundstücksbezogenen Belastung bei der Wertermittlung (Abs. 6b)	Kein (erneuter) Abzug als Belastung

▶ **Hinweis** *Die bisherige Nichtabzugsfähigkeit von Pflichtteilsansprüchen bei beschränkter Steuerpflicht ist durch anteilige Abzugsfähigkeit in § 10 Abs. 6 S. 3 ErbStG ersetzt worden.*

▶ **Hinweis** *Bei der Bewertung von Grundvermögen nach dem Bewertungsgesetz bleiben Nutzungsrechte (z. B. ein Nießbrauch) unberücksichtigt. Erfolgt jedoch die Bewertung aufgrund eines Sachverständigengutachtens (§ 198 BewG) nach den Grundsätzen des Baugesetzbuches und der Immobilienwertermittlungsverordnung wird der Grundstückswert unter Einrechnung des auf dem Objekt lastenden Nutzungsrechtes errechnet. In diesem Fall kann nicht nochmals der Nießbrauch wertmindernd vom steuerpflichtigen Erwerb abgezogen werden (§ 10 Abs. 6b ErbStG).*

1.2.7.1.5 Schenkungen
Wie errechnet sich die Bemessungsgrundlage für die Schenkungsteuer?

Anders als bei Erwerben von Todes wegen (vgl. § 10 Abs. 1 S. 2 ErbStG) ist bei Schenkungen im Sinne des § 7 ErbStG nicht im Gesetz dargestellt, wie die Bemessungsgrundlage für die Schenkungsteuer genau zu bestimmen ist. Der steuerliche Bereicherungsbegriff für den Fall der Schenkung muss im Wesentlichen nach den Grundsätzen ermittelt werden, die § 10 Abs. 1 S. 2 ErbStG für den Erwerb von Todes wegen nennt. Denn auch im Fall der Schenkung ist der Wert des durch die Schenkung vermittelten Vermögensanfalls von anderen Vermögenszugängen abzugrenzen, nach Ausscheiden der vollständig befreiten Vermögenserwerbe unter Berücksichtigung des § 12 ErbStG zu bewerten und das Bewertungsergebnis anschließend um steuerbefreite Geldbeträge zu korrigieren. Auch

1.2 Prüfungsreihenfolge der Schenkung und Erbschaftsteuer

bei der Schenkung sind Erwerbslasten als Abzugsposten berücksichtigungsfähig. Die Erwerbsschmälerungen sind, auch wenn es um die Besteuerung von Schenkungen geht, nach § 12 ErbStG zu bewerten.[117]

1.2.7.1.6 Erwerbsnebenkosten
Welcher Aufwand ist bei einer Schenkung abziehbar?

Auch im Rahmen von Schenkungen fällt typischerweise Erwerbsaufwand im Sinne des § 10 Abs. 5 Nr. 3 ErbStG an. Zu denken ist hier zum einen an Kosten **im Vorfeld der Schenkungen** wie beispielsweise Beratungskosten beim Rechtsanwalt, Wirtschaftsprüfer, Steuerberater oder Notar. Zum anderen entstehen **im Zuge der Schenkung** regelmäßig allgemeine Erwerbsnebenkosten, z. B. Beurkundungskosten beim Notar, Registerkosten beim Grundbuch oder Handelsregister, Deklarationskosten zur Erstellung der Steuererklärungen oder auch Gutachterkosten. Ebenso können durch den Übertragungsvorgang Steuern ausgelöst werden, insbesondere Ertragsteuern oder Grunderwerbsteuer. Aber auch der Schenkung **nachgelagerte Kosten** können entstehen, beispielsweise Beratungskosten im Zusammenhang mit Rechtsbehelfs- und Finanzgerichtsverfahren oder Streitigkeiten mit dem Schenker oder weiteren Beschenkten.

Mutter Evelyn schenkt ihrem Freund Max ein leerstehendes Haus, in welches er anschließend selbst einzieht. Die Notarkosten betragen 5000 € und die Kosten der Eintragung im Grundbuch belaufen sich auf 2000 €. Zudem hat ein Anwalt ihn bei der Eigentumsübertragung beraten, wofür 3000 € in Rechnung gestellt wurden. Sämtliche Kosten übernimmt Max. Max möchte wissen, ob er diese Kosten bei der von ihm zu zahlenden Schenkungsteuer wertmindernd berücksichtigen kann.

Erwerbsnebenkosten (z. B. Aufwendungen für Gericht, Notar oder Handelsregister), die vom Bedachten zu tragen sind, können als Folgekosten der Schenkung keine Gegenleistung darstellen. Dies gilt auch für Rechts- und Beratungskosten, die der Sicherung einer erlangten Schenkung dienen. Es liegt somit keine gemischte Schenkung vor. Die Kosten sind somit voll abzugsfähig und nicht durch § 10 Abs. 6 ErbStG beschränkt.

Variante: Was gilt, wenn Max einen Teilbetrag von 100 TE an Evelyn zahlt, der aber deutlich unter dem Wert des Grundstücks liegt?

Es liegt eine gemischte Schenkung vor. Insoweit könnte gemäß § 10 Abs. 6 ErbStG der Teil der Kosten, der auf den entgeltlichen Teil entfällt, vom Abzug ausgenommen sein.

Die Finanzverwaltung lässt jedoch aus Vereinfachungsgründen auch bei gemischten Schenkungen den vollen Abzug der Erwerbsnebenkosten zu, wenn diese im Zusammenhang mit der Ausführung der Schenkung anfallen. Als solche Erwerbsnebenkosten gelten insbesondere Notar-, Grundbuch- und Registerkosten.

Steuerberatungs- und Rechtsanwaltskosten, die im Vorfeld der Schenkung angefallen sind, sind hiervon jedoch ausgenommen.[118] Für diese Kosten kommt nur hinsichtlich des Anteils ein Abzug in Betracht, der auf den entgeltlichen Teil entfällt.

---

[117] Meincke/Hannes/Holtz ErbStG § 10 Rn. 22.
[118] Vgl. R E 7.4 Abs. 4 Satz 1 und Satz 2 ErbStR 2019.

▶ **Hinweis** *Entsprechendes gilt bei der Schenkung unter einer Auflage.*

▶ **Merke** *Gemischte Schenkung oder Schenkung unter einer Auflage*

Schulden und Lasten	*Nur hinsichtlich des unentgeltlichen Teils abziehbar*
Erwerbskosten im Zusammenhang mit der Ausführung der Schenkung	*Vollständig abziehbar*

Kann der Pauschbetrag von 15.000 € auch bei Schenkungen genutzt werden?
Bei Schenkungen unter Lebenden findet der Pauschbetrag keine Anwendung.[119] Gleiches gilt für die Ersatzerbbesteuerung von Familienstiftungen und –vereine.[120]

Erblasserin Louise hat Chiara ein Grundstück mit der Auflage, 50.000 € für den Ausbau des Grundstücks zu verwenden, geschenkt. Kann Chiara die Auflage steuermindernd geltend machen?
Ein Abzug ist nicht möglich. Auflagen sind zwar nach § 10 Abs. 5 Nr. 2 ErbStG abzugsfähig. Die Auflage begünstigt jedoch die Erbin Chiara selbst und kann somit gemäß § 10 Abs. 9 ErbStG nicht abgezogen werden.

1.2.7.1.7 Übernommene Grundpfandrechte

Alex schenkt Nico im Jahr 2021 ein Grundstück, auf welchem eine Hypothek im Grundbuch eingetragen ist. Die Hypothek sichert ein Darlehen, welches Alex bei der Bank aufgenommen hat. Alex und Nico einigen sich im Schenkungsvertrag darauf, dass die Darlehensschuld weiterhin bei Alex verbleiben soll. Im Jahr 2024 kann Alex die Darlehensschuld nicht bedienen und die Bank macht ihren Anspruch auf Befriedigung aus dem Grundstück gegen Nico geltend. Nico möchte wissen, wie sich dies auf seine im Jahr 2021 gezahlte Schenkungsteuer auswirkt.
Da Alex die Darlehensverbindlichkeit im Jahr 2021 behält, wirkt sich diese Verbindlichkeit zunächst nicht steuermindernd aus. Macht die Bank aber ihren Anspruch auf Befriedigung aus dem Grundstück geltend, so ist die hierdurch entstehende Last gemäß § 6 Abs. 2 i. V. m. § 5 Abs. 2 BewG nachträglich zu berücksichtigen. Hierfür ist ein Antrag erforderlich. Nico hat den Antrag spätestens bis Ende 2025 zu stellen. Der tatsächlich übernommene Schuldbetrag ist wertmindernd auf den Steuerentstehungszeitpunkt abzuzinsen.

1.2.7.1.8 Schenkungsteuer

Welchen Einfluss hat die Schenkungsteuer auf die Höhe des steuerpflichtigen Erwerbs im Sinne des § 10 ErbStG?
Insoweit ist zunächst zu unterscheiden, ob der Schenker oder der Beschenkte die Schenkungsteuer bezahlt. Zahlt der Beschenkte die Schenkungsteuer, sind die Kosten bei

---
[119] FG Nürnberg, Urteil vom 11. März 1993 – IV (VI) 138/91, BeckRS 1993, 09061.
[120] So auch FPW/Konrad § 10 Rn. 232; andere Ansicht Gürsching/Stenger/Högl § 10 Rn. 46.

1.2 Prüfungsreihenfolge der Schenkung und Erbschaftsteuer

der Steuer nicht abziehbar (§ 10 Abs. 8 ErbStG). Übernimmt hingegen der Schenker die Schenkungsteuer, so erhält der Beschenkte eine weitere Zuwendung, die den Wert des steuerpflichtigen Erwerbs erhöht (§ 10 Abs. 2 ErbStG).

Peter schenkt seiner Freundin Franziska (Steuerklasse III) 2019 Wertpapiere im Wert von 205.736 € und überlegt, auch die Schenkungsteuer zu übernehmen. Er möchte wissen, welchen steuerlichen Unterschied es macht, wenn er die Schenkungsteuer übernimmt.

Zuwendung ohne Steuer	
Wert der Zuwendung	205.736
Abzgl. Freibetrag	20.000
Wert nach Freibetrag	185.736
Abgerundet	185.700
Steuer (30 %)	55.710

Zuwendung mit Steuer	
Wert der Zuwendung	261.446
Abzgl. Freibetrag	20.000
Wert nach Freibetrag	241.446
Abgerundet	241.400
Steuer (30 %)	72.420

Übernimmt Peter die Steuer, so steigt die Schenkungsteuer um 16.710 €.

1.2.7.1.9 Übernommene Pflegeleistungen

Fritz schenkt im Jahr 2011 seinem Sohn Chris ein Grundstück. Im Schenkungsvertrag ist aufgeführt, dass Chris seinen Vater Fritz im Bedarfsfall zu pflegen hat. Wie wirkt sich diese Verpflichtung bei der Schenkungsteuer aus? Was gilt, wenn Fritz im Jahr 2019 pflegebedürftig (im Sinne des § 15 SGB XI) wird und der ursprüngliche Schenkungsteuerbescheid bestandskräftig ist?

Pflegeleistungsverpflichtungen sind grundsätzlich als Gegenleistungen vom Wert der Schenkung abzuziehen.

Die Verpflichtung zur Pflege im bloßen Bedarfsfall stellt jedoch eine aufschiebend bedingte Last dar, die zunächst im Jahr 2011 nicht zu berücksichtigen ist. Erst mit Bedingungseintritt im Jahr 2019 wird die Verpflichtung zur Pflege nachträglich berücksichtigungsfähig (§ 6 Abs. 1 BewG). Die Pflegeleistung wird mit dem Wert im Zeitpunkt der Entstehung der Steuer (2011) angesetzt. Die Pflegeleistungen sind mit dem Kapitalwert anzusetzen und für die Dauer seit Entstehung der Steuer bis zum Eintritt des Pflegefalles abzuzinsen. Der Schenkungsteuerbescheid ist nach § 175 Abs. 1 Nr. 2 AO zu korrigieren.

II. Bereicherung
   e. = Bereicherung

1.2.8 Nicht gegenstandsbezogene, sachliche Steuerbefreiungen

II. Berechnung des steuerpflichtigen Erwerbs

1.2.8.1 Zugewinn
III. Berechnung des steuerpflichtigen Erwerbs
    a. Abzgl. Zugewinnausgleichsbetrag nach § 5 ErbStG

Was ist eine Zugewinngemeinschaft?
Befinden sich Ehegatten in einer Zugewinngemeinschaft, so besteht auch nach der Eheschließung eine Trennung ihrer bisherigen Vermögensbereiche. Dies gilt auch für während der Ehe erworbenes Vermögen. Im Unterschied zur Gütertrennung kommt es jedoch zu einem Ausgleichsanspruch, wenn die Ehe durch Scheidung oder Tod beendet wird oder die Zugewinngemeinschaft durch Vereinbarung aufgehoben wird. Derjenige Ehegatte, der während der Ehe weniger Vermögen erwirtschaftet hat, erhält von dem anderen Ehegatten einen Ausgleichsanspruch.

Für die Berechnung des Ausgleichsanspruches wird das Vermögen der Ehegatten bei Gründung (Anfangsvermögen) und Beendigung der Ehe (Endvermögen) verglichen. Übersteigt der Zugewinn des einen den Zugewinn des anderen Ehegatten, so ist die Hälfte des Überschusses dem anderen Ehegatten auszugleichen.

Wie wird die Zugewinnausgleichsforderung im Erbfall oder bei sonstiger Beendigung des Güterstandes steuerlich behandelt?
In § 5 Abs. 1 S. 1 ErbStG ist bestimmt, dass der tatsächliche Zugewinnausgleichsanspruch des Erben keinen steuerpflichtigen Erwerb darstellt. Hierbei ist wichtig, dass die häufig im Erbrecht durchgeführte pauschale Berechnung des Zugewinns mit einem Viertel des Nachlassvermögens (§ 1931 Abs. 3 i. V. m. § 1371 Abs. 1 ErbStG) nicht übernommen werden kann. Vielmehr muss für die Ermittlung des steuerfreien Betrages eine Zugewinnausgleichsberechnung mit den Anfangs- und Endvermögensbeständen der Ehegatten durchgeführt werden.

In § 5 Abs. 2 ErbStG ist bestimmt, dass auch im Falle der Beendigung des Zugewinns durch Scheidung oder Ehevertrag der tatsächliche Zugewinnausgleichsanspruch nicht der Steuer unterliegt. Eine pauschale Berechnung des Zugewinns mit einem Viertel des Nachlasswertes wäre in diesen Fällen auch zivilrechtlich nicht möglich.

§ 5 ErbStG gilt auch bei der sog. modifizierten Zugewinngemeinschaft.[121] Im Erbfall bleiben die Besonderheiten der Vereinbarung über den Zugewinn bei der Berechnung der Höhe des steuerfreien Abzugsbetrages gemäß § 5 Abs. 1 S. 2 ErbStG unberücksichtigt.

▶ **Hinweis** *Die Begleichung einer Zugewinnausgleichsforderung ist deshalb erbschaftsteuer- und schenkungsteuerfrei, weil mit der Zahlung eine sich aus dem Gesetz ergebende Verpflichtung erfüllt wird.*

---
[121] Meincke/Hannes/Holtz ErbStG § 5 Rn. 8.

1.2 Prüfungsreihenfolge der Schenkung und Erbschaftsteuer

Wann besteht bei Eheleuten eine Zugewinngemeinschaft?

Eine Zugewinngemeinschaft ist der vom Gesetz vorgegebene Güterstand (daher auch der Name gesetzliche Güterstand). Die Zugewinngemeinschaft besteht stets dann, wenn keine abweichende Regelung in einem notariell zu beurkundendem Ehevertrag getroffen wird (§ 1408 BGB). Aus der Information, dass die Eheleute keinen Ehevertrag geschlossen haben, ist zu erkennen, dass eine Zugewinngemeinschaft zwischen den Eheleuten besteht.

Wie wird der Zugewinn berechnet?

Bei beiden Ehegatten wird der Unterschiedsbetrag zwischen dem Vermögensstand jedes einzelnen Ehegatten bei Beendigung des Güterstandes (Endvermögen) und bei Begründung des Güterstandes (Anfangsvermögen) berechnet. Ergibt sich bei einem der beiden Ehegatten ein höherer Wertzuwachs, so hat der Ehegatte die Hälfte des höheren Wertzuwachses an den anderen Ehegatten auszugleichen.

$$\text{Zugewinn} = \frac{1}{2} \times \text{Zugewinn Ehegatte 1 (Differenz von End- und Anfangsvermögen)} - \text{Zugewinn Ehegatte 2 (Differenz von End- und Anfangsvermögen)}$$

Was versteht man unter indexiertem Anfangsvermögen? Wie wird es berechnet?

Die allein durch die Geldentwertung eintretende nominale Wertsteigerung des Anfangsvermögens stellt einen unechten Vermögenszuwachs dar, der nicht auszugleichen ist. Diese zivilrechtliche Sichtweise gilt auch steuerlich.[122] Zur Erreichung dieses Ergebnisses muss aus dem Anfangsvermögen die allgemeine Geldentwertung wieder rückgängig gemacht werden. Dies erfolgt, indem der Lebenshaltungskodex zur Zeit der Beendigung des Güterstandes durch die sog. Indexzahl zum Zeitpunkt des Beginns des Güterstandes dividiert wird.

$$\text{Indexierte Anfangsvermögen} = \text{Wert des Anfangsvermögens (Beginn Güterstand)} \times \text{Verbraucherpreisindex (Beendigung Güterstands)} : \text{Verbraucherpreisindex (Beginn Güterstand)}$$

Miguel ist mit Ehefrau Carla verheiratet. Ein Ehevertrag besteht nicht. Miguel stirbt. Carla hat zu Beginn der Ehe und zum Todeszeitpunkt ihres Mannes kein Vermögen. Miguel hat zu Beginn der Ehe ein indexiertes Anfangsvermögen von 10 TE und zum Zeitpunkt seines Todes ein Endvermögen von 100 TE. Wie hoch ist der Steuerfreibetrag nach § 5 ErbStG?

Ohne Ehevertrag leben die Ehegatten im Güterstand der Zugewinngemeinschaft. Da Carla weniger Zugewinn während der Ehe angesammelt hat, erhält sie mit dem Tode des Miguel einen Zugewinnausgleichsanspruch. Miguel hat einen Zugewinn von 90 TE in der Ehe erwirtschaftet. Carla hat keinen Zugewinn erzielt. Hieraus ergibt sich ein Zugewinnausgleichsanspruch von Carla in Höhe von 45 TE. Folglich erhält sie als Erbin einen Steuerfreibetrag von 45 TE.

---

[122] Vgl. R E 5.1 Abs. 2 S. 5 ErbStR 2019.

Was versteht man unter einer Güterstandsschaukel?

Eine Güterstandsschaukel liegt vor, wenn Ehegatten im Güterstand der Zugewinngemeinschaft leben und in den Güterstand der Gütertrennung wechseln, ehe sie anschließend wieder in den Güterstand der Zugewinngemeinschaft eintreten. Der Bundesfinanzhof hat entschieden, dass in diesen Fällen gemäß § 5 Abs. 2 ErbStG keine freigebige Zuwendung vorliegt, wenn eine Ausgleichsforderung besteht und es tatsächlich zu einem Ausgleich des Zugewinns kommt.[123]

Miguel und Carla sind seit 10 Jahren verheiratet. Die Ehegatten haben mit Eheschließung Gütertrennung vereinbart. Miguel hat im Gegensatz zu seiner Ehefrau während der Ehe einen erheblichen Vermögenszuwachs erzielt. Nun möchte Miguel seiner Ehefrau einen hohen Geldbetrag schenken. Wegen einer bereits vor 3 Jahren erfolgten Schenkung an seine Ehefrau kann er den Freibetrag nach § 16 ErbStG nicht mehr nutzen. Für die Steuerfreiheit der Schenkung wäre er bereit, in den Güterstand der Zugewinngemeinschaft zu wechseln. Miguel fragt sich, ob der Güterstand auch rückwirkend vereinbart werden kann.

Zivilrechtlich ist dies unproblematisch möglich. Steuerlich bleibt die rückwirkende Vereinbarung gemäß § 5 Abs. 1 S. 4 ErbStG unberücksichtigt, wenn der Zugewinn durch den Tod eines Ehegatten eintritt. Wird der Güterstand jedoch in anderer Weise beendet (Scheidung oder einvernehmliche Aufhebung), so ist für die Berechnung des Steuerfreibetrages nach § 5 Abs. 2 ErbStG eine rückwirkende Vereinbarung des Güterstandes auch steuerlich anzuerkennen. Anders als in § 5 Abs. 1 ErbStG fehlt eine dem § 5 Abs. 1 S. 4 ErbStG entsprechende Regelung in § 5 Abs. 2 ErbStG. Miguel und Carla können demnach auch mit steuerlicher Wirkung einvernehmlich die Zugewinngemeinschaft rückwirkend vereinbaren. In Höhe der Zugewinnausgleichsforderung kann eine steuerfreie unentgeltliche Übertragung von Miguel auf Carla erfolgen.

▶ **Hinweis** *Zu Lebzeiten kann zwischen Ehegatten der gesetzliche Güterstand der Zugewinngemeinschaft rückwirkend vereinbart werden. Hierdurch ergibt sich ein erhebliches Gestaltungspotenzial im Rahmen der vorweggenommenen Erbfolge.*

Miguel und Carla leben im gesetzlichen Güterstand. Der Nachlass des Miguel besteht aus einem Mietshaus (Verkehrswert 700 TE, Steuerwert 600 TE) und Bargeld 300 TE. Carla ist Alleinerbin. Carla verfügt zu Beginn und Ende der Ehe über kein Vermögen. Das indexierte Anfangsvermögen des Miguel beträgt 670 TE. Wie hoch ist der Freibetrag nach § 5 ErbStG?

Der Zugewinnausgleichsanspruch (1/2 von 1000 TE – 670 TE) beträgt 165 TE.

Da der Steuerwert des Vermögens im Verhältnis zu dem tatsächlichen Vermögen (900 TE zu 1000 TE) niedriger ist, vermindert sich der Steuerfreibetrag entsprechend (9/10). Der Freibetrag nach § 5 Abs. 1 S. 1 i. V. m. Abs. 1 S. 5 ErbStG beträgt somit 148,5 TE.

---

[123] BFH, Urteil vom 12. Juli 2005 – II R 29/02, BStBl. II 2005, S. 843.

1.2 Prüfungsreihenfolge der Schenkung und Erbschaftsteuer

▶ **Merke** *Mindestbetrag nach § 5 Abs. 1 S. 5 ErbStG:*
Ist der Steuerwert des geerbten Vermögens niedriger als der Wert des tatsächlichen Vermögens, erfolgt eine anteilige Kürzung des steuerfreien Zugewinnausgleichsbetrages.

Miguel ist am 1. Juli 2019 verstorben. Alleinerbin ist seine Frau Carla, mit der er seit 1980 im gesetzlichen Güterstand lebt. Miguel hinterlässt Bargeld 30 TE sowie ein unbebautes Grundstück (Verkehrswert 700 TE; Steuerwert 600 TE). Zudem ist ihm ein Wert von 100 TE als sonstiges Vermögen zuzurechnen. Bei Eheschließung hatte Miguel ein Vermögen von 200 TE. Carla hat bei Eheschließung kein Vermögen. Nun hat sie ein Vermögen von 100 TE.
Berechnen Sie den Steuerfreibetrag nach § 5 ErbStG!
Das Anfangsvermögen von Miguel betrug 200 TE. Dieses Vermögen ist in das indexierte Vermögen umzurechnen:[124] 412.453 € (200 TE × 109,3/53). Das Endvermögen von Miguel beträgt 830.000 € (700 + 30 + 100). Carla selbst hat kein Anfangsvermögen. Ihr Endvermögen beträgt 100 TE. Somit liegt der Zugewinn von Miguel bei 417.547 € und von Carla bei 100 TE. Die Differenz von 317.547 € ist zur Hälfte von Miguel auszugleichen, sodass sich ein Zugewinnausgleichsanspruch von 158.773,5 € ergibt. Gemäß § 5 Abs. 1 S. 5 ErbStG ist der Steuerfreibetrag zu kürzen: 158.773 × 730 TE/830 TE = 139.643 €. Der Freibetrag nach § 5 Abs. 1 ErbStG beträgt demnach 139.643 €.

▶ **Hinweis** *Der steuerfreie Zugewinn ist umso höher, je mehr das Endvermögen das Anfangsvermögen übersteigt. § 5 Abs. 1 S. 5 ErbStG legt den Steuerwert des Endvermögens als Obergrenze für die Berechnung des Endvermögens fest. Nach § 5 Abs. 1 S. 6 ErbStG werden Gegenstände, die von der Erbschaftsteuer befreit sind, in die Berechnung des Endvermögens nicht einbezogen.*

1.2.8.2 Freibeträge nach § 16 ErbStG

III. Berechnung des steuerpflichtigen Erwerbs
  b. Abzgl. Freibetrag nach § 16 ErbStG

In welchem Rahmen gewährt der Gesetzgeber persönliche Freibeträge für Erbschaften und Schenkungen?
Die Höhe der Steuer hängt neben der Höhe des steuerpflichtigen Erwerbs vom Verwandtschaftsgrad ab. Das Steuerrecht gewährt hierbei Freibeträge zwischen 500 TE und 20 TE.
Denis hat sich von seiner Ehefrau Louise getrennt. Das Scheidungsverfahren ist vor Gericht anhängig. Einen Tag vor dem rechtskräftigen Scheidungsurteil verstirbt Denis. Denis hat überraschend Louise zur Alleinerbin eingesetzt. Welchen Freibetrag erhält Louise?

---
[124] Vgl. H E 5.1 Abs. 2 ErbStH.

Louise erhält unverändert gemäß § 16 Abs. 1 Nr. 1 ErbStG den Freibetrag in Höhe von 500 TE. Im Zeitpunkt des Todes von Denis (§ 9 Abs. 1 Nr. 1 ErbStG) war Louise noch verheiratet. Weder das Getrenntleben noch das laufende Scheidungsverfahren sind hierbei bedeutsam. Wäre die Ehe jedoch ein Tag früher geschieden worden, hätte Louise nach der Steuerklasse II geerbt und dann gemäß § 16 Abs. 1 Nr. 5 ErbStG nur noch einen Freibetrag in Höhe von 20 TE erhalten.

▸ **Hinweis** *Das gesetzliche Ehegattenerbrecht hingegen endet, wenn die Voraussetzungen für eine Scheidung erfüllt sind und der Erblasser die Scheidung beantragt oder ihr zugestimmt hat (vgl. § 1933 BGB). Auf die rechtskräftige Scheidung kommt es hier nicht an.*

Welchen Freibetrag erhält ein Enkel und ein Urenkel?
Der Enkel erhält grundsätzlich einen Freibetrag von 200 TE. Ist jedoch sein Elternteil (Kind des Erblassers) vorverstorben, erhält der Enkel sogar einen Freibetrag von 400 TE. Umstritten ist die Freibetragsregelung bei den Urenkeln. In § 16 Abs. 1. Nr. 3 ErbStG sind explizit nur die „Kinder der Kinder" bzw. in § 16 Abs. 1 Nr. 2 ErbStG die „Kinder verstorbener Kinder" erwähnt. Der Urenkel ist nach dem Wortlaut nicht erfasst. Somit käme für Urenkel als übrige Person der Steuerklasse I nur ein Freibetrag von 100 TE zur Anwendung. Teilweise wird mit Verweis auf das Eintrittsprinzip die Meinung vertreten, dass auch Urenkel den Freibetrag nach § 16 Abs. 1 Nr. 3 ErbStG erhalten.[125] Die Frage ist bis heute höchstrichterlich nicht abschließend geklärt. Nach einem jüngst ergangenen Beschluss des Bundesfinanzhofes sollen jedenfalls Urenkel nur einen Freibetrag von 100 TE erhalten, wenn Eltern und Großeltern noch nicht verstorben sind.[126] Die Finanzverwaltung hat sich hierzu aktuell noch nicht geäußert.

Der Sohn erbt von seinem Vater einen Geldbetrag von 400 TE. Da der Sohn bereits ein Jahr vor dem Erbfall von seinem Vater einen Geldbetrag in gleicher Höhe erhalten hat, möchte er zugunsten des Enkels (Sohn des Vaters) ausschlagen. Er möchte wissen, ob dies zu einer Steuerpflicht des Enkel führt. Der Enkel hatte bisher noch keine Zuwendungen erhalten.

Mit Ausschlagung scheidet der Sohn als Erbe aus. Erbe ist dann der Enkel. Fraglich ist, ob der Enkel den Freibetrag von 400 TE für Kinder verstorbener Kinder erhält (§ 16 Abs. 1 Nr. 2 ErbStG). Dies wird von der Rechtsprechung abgelehnt.[127] Das Ausschlagen ist dem Vorversterben nicht gleichzusetzen. Der Enkel erhält jedoch als Kind des Kindes immerhin noch einen Freibetrag von 200 TE Euro (§ 16 Abs. 1 Nr. 3 ErbStG). Den übersteigenden Betrag hat der Enkel zu versteuern.

▸ **Merke** *Eine Ausschlagung bewirkt keine Statusverbesserung für Freibeträge.*

---

[125] Meincke/Hannes/Holtz ErbStG § 16 Rn. 11.
[126] BFH, Beschluss vom 27. Juli 2020 – II B 39/20, Pressemitteilung vom 22. Oktober 2020 Nr. 043/20.
[127] BFH, Urteil vom 31. Juli 2024 – II R 13/22.

Welchen Freibetrag erhält ein Kind von seinem „biologischem" Vater, wenn der rechtliche Vater eine andere Person ist?

Nach der Rechtsprechung des Bundesfinanzhofes ist der Freibetrag für Kinder nach § 16 Abs. 1 Nr. 2 ErbStG für den biologischen Vater, der nicht zugleich der rechtliche Vater ist, nicht einschlägig. Es bleibt lediglich der Freibetrag nach § 16 Abs. 1 Nr. 7 ErbStG in Höhe von 20 TE.[128] Begründet wird diese Ansicht damit, dass auch ein Kind nur gegenüber seinem rechtlichen Vater einen Anspruch auf Unterhalt und Pflichtteil hat. Somit erhält auch nur der rechtliche Vater den höheren Steuerfreibetrag nach § 16 Abs. 1 Nr. 2 ErbStG.

▶ **Hinweis** *Im Erbschaft- und Schenkungssteuerrecht sind Stiefkinder den Kindern gleichgestellt (§ 15 Abs. 1 ErbStG). Anders ist dies in der gesetzlichen Erbfolge, welche nur die Kinder als gesetzliche Erben vorsieht.*

Welche Steuerklasse bzw. welcher Freibetrag kommen zur Anwendung, wenn eine natürliche Person von einer Kapitalgesellschaft eine Schenkung erhält?

Schenkt eine Kapitalgesellschaft einer Person einen Vermögensgegenstand, so kommt grundsätzlich jeweils nur die Steuerklasse III oder ein Freibetrag von 20 TE in Betracht. Ist jedoch gemäß § 15 Abs. 4 ErbStG die Schenkung durch einen Gesellschafter der Kapitalgesellschaft **veranlasst worden,** so ist für die Besteuerung nicht auf das Verhältnis Kapitalgesellschaft und Begünstigten, sondern auf das Verhältnis des Gesellschafters zum Bedachten abzustellen.

Ben nimmt als Gesellschafter Einfluss auf seine Obst GmbH, dass seiner Frau Anna ein Geldbetrag von 600 TE zugeführt wird. Kurze Zeit danach verstirbt Anna und die gemeinsame Tochter Chiara wird Erbin. Welche Steuer ist zu bezahlen?

Ben hat in seiner Eigenschaft als Gesellschafter veranlasst, dass seine Frau Anna eine Schenkung von der Kapitalgesellschaft erhalten hat. Gemäß § 15 Abs. 4 ErbStG ist demzufolge auf das Verhältnis von Ben zu Anna abzustellen. Anna kann als Ehefrau daher den Freibetrag von 500 TE in Anspruch nehmen.

Der verbleibende steuerpflichtige Erwerb wird mit dem günstigen Tarif der Steuerklasse I besteuert. Stirbt Anna kurze Zeit später und vererbt sie das Grundstück auf ihre Tochter Chiara, kann sich diese auf die Steuerermäßigung nach § 27 ErbStG berufen.

▶ **Hinweis** *Meist liegt in diesen Fällen ertragsteuerlich eine sog. verdeckte Gewinnausschüttung vor.*

1.2.8.3 Versorgungsfreibetrag

III. Berechnung des steuerpflichtigen Erwerbs
 c. Abzgl. Versorgungsfreibetrag nach § 17 ErbStG

---

[128] BFH, Urteil vom 5. Dezember 2019 – II R 5/17, BStBl II 2020, 322.

Welcher Personenkreis erhält den Versorgungsbetrag nach § 17 ErbStG?

§ 17 ErbStG gewährt einen zu dem Freibetrag des § 16 ErbStG hinzutretenden „besonderen" Freibetrag, der dem überlebenden Ehegatten oder Lebenspartner bei seinem Erwerb von Todes wegen zugutekommt (Abs. 1). Der Freibetrag kommt jedoch auch bei dem Erwerb durch Kinder bis zur Vollendung des 27. Lebensjahres in Betracht (Abs. 2). Bei Schenkungen kommt der Versorgungsfreibetrag nicht zum Tragen. Trotz des irreführenden Wortlautes „Versorgungsfreibetrag" handelt es sich im Kern um einen ganz normalen Freibetrag, der bei jeglichem Vermögensanfall von Todes wegen anwendbar ist.

▶ **Merke** *Der Versorgungsfreibetrag kann nur bei Erwerben von Todes wegen zur Anwendung kommen.*
Begünstigte sind nur Ehegatten und Kinder bis zum max. vollendeten 27. Lebensjahr.

Wie hoch fällt der Versorgungsfreibetrag aus?

Überlebende Ehegatten oder Lebenspartner erhalten einen Freibetrag von 256 TE. Der Betrag wird jedoch um den Betrag gekürzt, welchen die überlebenden Ehegatten oder Lebenspartner als steuerfreien Versorgungsbezug anlässlich des Todes des Erblassers erhalten (vgl. § 17 Abs. 1 S. 2 ErbStG).

Für Kinder ist die Höhe des Versorgungsfreibetrages abhängig von dem Lebensalter der Kinder im Zeitpunkt des Todes des Erblassers. Der Freibetrag liegt zwischen 10.300 € und 52.000 €. Auch hier wird der Versorgungsfreibetrag insoweit gekürzt, als die Kinder durch den Tod des Erblassers steuerfreie Versorgungsbezüge erhalten (§ 17 Abs. 2 S. 2 ErbStG).

Weshalb wird der Versorgungsfreibetrag insoweit gekürzt, als der Erbe steuerfreie Versorgungsbezüge erhält?

Zum besseren Verständnis sollte sich zunächst vor Augen geführt werden, dass der Gesetzgeber gesetzliche Versorgungsrenten von der Erbschaftsteuer ausnimmt, während vertragliche Versorgungsrenten nach § 3 Abs. 1 Nr. 4 ErbStG steuerpflichtig sind. Aufgrund dieser Diskrepanz hat der Gesetzgeber Handlungsbedarf gesehen, diese Ungleichbehandlung auszugleichen, indem sich Erben den Kapitalwert ihrer steuerfreien (meist gesetzlichen) Versorgungsrente auf ihren Versorgungsbetrag anrechnen lassen müssen.

Eine vollständige Gleichstellung der gesetzlichen und privatrechtlichen Versorgungsbezugsrente wurde durch diese Regelung jedoch nicht erreicht, weil der Freibetrag nach § 17 ErbStG der Höhe nach begrenzt ist. Durch § 17 Abs. 1 ErbStG werden daher nur gesetzliche Renten im Wert bis zu 256.000 € einer indirekten Besteuerung unterworfen; für den über 256.000 € hinausgehenden Kapitalwert der Rente wird der Vorteil des steuerfreien Erwerbs durch § 17 Abs. 1 ErbStG nicht eingeschränkt.

Wie werden die anzurechnenden steuerfreien Versorgungsbezüge in § 17 ErbStG berechnet?

Die Bewertung der anzurechnenden steuerfreien Versorgungsbezüge erfolgt stichtagsbezogen und damit gemäß § 9 Abs. 1 Nr. 1 ErbStG in der Regel auf den Todestag des Erblassers. Bei den steuerfreien Versorgungsbezügen handelt es sich im Regelfall um lebenslängliche Leistungen in Form einer Rente. Deren Bewertung erfolgt nach Maßgabe des

1.2 Prüfungsreihenfolge der Schenkung und Erbschaftsteuer

§ 14 BewG als Produkt aus ihrem Jahreswert und dem maßgeblichen Vervielfältiger. Eine darauf entfallende Lohnsteuer oder Einkommensteuer wird nicht zum Abzug zugelassen.

Amely ist Erbin ihres verbeamteten Ehemannes Giuseppe. Wegen einer (gesetzlichen) beamtenrechtlichen Versorgungsrente konnte sie den Versorgungsfreibetrag nach § 17 ErbStG nicht geltend machen. Die Erbschaftsteuer wurde von Amely bezahlt. 6 Monate nach Tod ihres Mannes verstirbt auch Amely. Was sollten die Erben von Amely tun?

Amelys Erben sollten einen Antrag auf Berichtigung der ursprünglichen Erbschaftsteuer von Amely beim Finanzamt stellen. Verstirbt ein Berechtigter lebenslanger wiederkehrender Bezüge bereits nach wenigen Jahren, ist auf Antrag der Erben nach § 14 Abs. 2 BewG eine Berichtigung der vormaligen Steuerfestsetzung vorzunehmen. Die von dem überlebenden Ehegatten zuvor zu viel gezahlte Erbschaftsteuer wird den Erben allerdings ohne Verzinsung erstattet.

III. Berechnung des steuerpflichtigen Erwerbs
    d. Abrundung auf volle 100 € (§ 10 Abs. 1 S. 6 ErbStG)
IV. Berechnung der Steuer
    a. Erbschaftsteuersatz (§ 19 Abs. 1 ErbStG)

1.2.9 Steuertarif

1.2.9.1 Tarif
Wie ist der Steuertarif im Erbschaft- und Schenkungsteuerrecht ausgestaltet?

Abhängig von der Gruppierung der 3 Steuerklassen kommen unterschiedliche Steuersätze zur Anwendung, die zwischen 7 % und 50 % liegen können. Es handelt sich hierbei nicht um einen Progressionstarif, sondern um einen sog. Stufentarif. Somit gilt stets der nächsthöhere Steuersatz einer Stufe für den gesamten Vermögensanfall. Bemessungsgrundlage für den Steuersatz ist der steuerpflichtige Erwerb; d. h. der Nettobetrag des Vermögens, der nach Abzug der Steuerbefreiungen von dem Erwerb des Steuerpflichtigen verbleibt (§ 10 Abs. 1 ErbStG).

Gibt es im Erbschaft- und Schenkungsteuerrecht einen Progressionsvorbehalt?

Infolge eines Progressionsvorbehaltes wird nicht in Deutschland besteuertes Vermögen bei der Bestimmung des Steuertarifs miteingerechnet. Für das Erbschaft- und Schenkungsteuerrecht gibt es einen solchen Progressionsvorbehalt grundsätzlich nicht.

Besteht jedoch (ausnahmsweise) ein Doppelbesteuerungsabkommen (DBA) mit einem anderen Land und ist dort geregelt, dass Deutschland einen Teil des geerbten oder geschenkten Vermögens von der Steuer ausnimmt (freistellt), so sieht § 19 Abs. 2 ErbStG vor, dass für die Bestimmung des Steuersatzes für das steuerpflichtige Vermögen auch das steuerbefreite Vermögen einzubeziehen ist. Das gilt jedoch dann nicht, wenn das DBA explizit den Progressionsvorbehalt ausschließt. Derzeit sieht nur das DBA mit der Schweiz eine Freistellung mit Anwendung eines innerstaatlichen Progressionsvorbehalts vor.

▶ **Hinweis** *In der Regel besteht auf dem Gebiet der Erbschaft- oder Schenkungsteuer kein DBA. In diesen Fällen wird der Steuersatz stets für den gesamten Vermögensanfall ermittelt. Allerdings ist unter Umständen die ausländische Steuer gemäß § 21 ErbStG auf die deutsche Steuer anrechenbar. Gleiches gilt bei einem DBA, in welchen die Doppelbesteuerung durch Anrechnung in Deutschland vermieden wird. Ein Doppelbesteuerungsabkommen auf dem Gebiet der Erbschaftsteuer besteht aktuell mit Dänemark, Frankreich, Griechenland, Schweden, Schweiz und den USA.*

1.2.9.2 Härteklausel

IV. Berechnung der Steuer
    b. Überprüfung der Härteklausel (§ 19 Abs. 3 ErbStG)

Erklären Sie, wieso der Gesetzgeber für die Anwendung des Steuertarifs eine Härteausgleichsregelung im Gesetz (§ 19 Abs. 3 ErbStG) aufgenommen hat?

Beim Übergang von einer zur nächsthöheren Steuerstufe wird der ganze Erwerb von dem höheren Steuersatz der nächsten Stufe erfasst. Wer zum Beispiel 75.000 € in Steuerklasse I erwirbt, wird mit (75.000 × 0,0 =) 5250 € belastet. Wer 75.001 € erwirbt, müsste auf diesen Erwerb (75.001 × 0,11 =) 8250 € zahlen. Wegen des Mehrerwerbs von einem Euro müsste er 3000 € an Steuer mehr aufbringen. Das kann nicht richtig sein. § 19 Abs. 3 ErbStG begrenzt daher die Belastung, die auf den Mehrerwerb nach Überschreiten der letzten Steuerstufe fällt.

Dies bedeutet, dass ein Steuerpflichtige der Steuerklasse I nur maximal 50 % des die Stufe übersteigenden Betrages als Mehrsteuern zu versteuern hat.

Nelly erbt von ihrer Mutter Evelyn. Der steuerpflichtige Erwerb beträgt 76.000 €. Welche Erbschaftsteuer kommt zur Anwendung?

Als Abkömmling ihrer Mutter kommt für Nelly die Steuerklasse I zur Anwendung. Für den Erwerb von 76.000 € kommt der Steuersatz von 11 % zur Anwendung. Hieraus würde sich eine Steuerbelastung von 8360 € ergeben. Hätte der Erwerb nur 75.000 € betragen, wäre die Steuerbelastung bei einem Steuersatz von 7 % lediglich bei 5250 € gelegen. Infolge der Härteklausel wird dieses Missverhältnis ausgeglichen, indem der stufenübersteigende Betrag maximal mit 50 % besteuert wird:

Bis 75.000 €: 5320 €.
Maximal 50 % von 1000 € (76.000 abzgl. 75.000): 500 €.
Erbschaftsteuerbelastung insgesamt: 5820 €.
Die gesamte Steuerbelastung von Nelly beträgt demnach 5820 €.

IV. Berechnung der Steuer
    c. = Steuer

1.2.10 Ausländische Steuern

V. Steuerfestsetzung
   a. Anrechnung einer ausländischen Steuer nach § 21 ErbStG

Wie werden im Ausland bezahlte Steuern auf geschenkte oder vererbte Vermögen in Deutschland berücksichtigt?

Bei Vorliegen der nachfolgenden Voraussetzungen kann die ausländische Steuer auf Antrag auf die deutsche Erbschaftsteuer nach § 21 ErbStG angerechnet werden:

Antrag
Eines unbeschränkt Steuerpflichtigen
Erwerb von Auslandsvermögen im Sinne des § 21 Abs. 2 ErbStG
Besteuerung desselben Vermögens und desselben Erwerbs
Vergleichbarkeit der ausländischen Steuer mit deutscher Erbschaftsteuer (Entsprechungsklausel)
Ausländische Steuer ist festgesetzt, gezahlt und unterliegt keinem Ermäßigungsanspruch
Fehlen eines Doppelbesteuerungsabkommens
Deutsche Steuer ist innerhalb von 5 Jahren nach Entstehung der ausländischen Steuer entstanden (§ 21 Abs. 1 S. 5 ErbStG)

Sofern die Voraussetzungen nicht erfüllt sind, bleibt die Möglichkeit, die ausländische Steuerschuld (im Rahmen der Ermittlung der Bemessungsgrundlage) als Nachlassverbindlichkeit vom Nachlassvermögen nach § 10 Abs. 5 Nr. 1 ErbStG abzuziehen.

▶ **Hinweis** *§ 21 ErbStG hat eine hohe praktische Relevanz, weil auf dem Gebiet der Erbschaft- und Schenkungsteuer nur wenige Doppelbesteuerungsabkommen existieren.*

Welche ausländische Steuer ist auf die deutsche Erbschaftsteuer im Sinne des § 21 ErbStG anrechenbar?

Das erworbene Auslandsvermögen muss im ausländischen Staat durch eine ausländische Steuer belastet worden sein, die der deutschen Erbschaftsteuer entspricht. Der Wortlaut „im ausländischen Staat" statt „vom …" macht deutlich, dass nicht nur vom Staat selbst, sondern auch von seinen Untergliederungen (Einzelstaaten, Länder, Kantone, Gemeinden) erhobene Steuern anzurechnen sind,[129] selbst wenn sie neben einer Bundessteuer erhoben werden. Damit sind z. B. die in der Schweiz ausschließlich erhobenen kantonalen und gemeindlichen Erbschaftsteuern anrechenbar, aber auch die von den US-Bundesstaaten neben der Bundesnachlasssteuer erhobenen Erbschaftsteuern, soweit sie nicht zuvor intern in den USA auf die US-Steuer angerechnet werden.

Die ausländische Steuer entspricht dann der deutschen Erbschaftsteuer, wenn sie unmittelbar durch den Tod einer Person ausgelöst wird und den Nachlass dieser Person

---
[129] BFH, Urteil vom 15. Mai 1964 – II 177/61 U, BStBl. III 1964, 408.
[130] BFH, Urteil vom 21. April 1982 – II R 148/79, BStBl. II 1982, 597.

beim Übergang erfasst. Anrechenbar sind damit sowohl die in den meisten kontinentaleuropäischen Ländern (z. B. Frankreich) erhobenen Erbanfallsteuern als auch die vorwiegend im anglo-amerikanischen Rechtskreis (USA, Großbritannien, Südafrika) vom ungeteilten Nachlass erhobenen Nachlasssteuern.[130]

Livia und Chiara sind Erben ihrer Mutter Amely. Zum Nachlass gehört auch kanadisches Vermögen. Aus Anlass des Erbfalles fällt in Kanada eine sog. Capitalgains-tax an. Nach kanadischen Recht wird im Erbfall eine fiktive Vermögensübertragung unterstellt, deren Höhe von den persönlichen Verhältnissen des Erblassers abhängig ist. Ist die Capital-gains-tax in Deutschland auf die Erbschaftsteuer anrechenbar?

Nach Ansicht des Bundesfinanzhofes[131] handelt es sich bei der Capital-gains-tax um keine anrechenbare Steuer im Sinne des § 21 ErbStG, da diese Steuer nicht der deutschen Erbschaftsteuer entspricht. Zwar fällt die Steuer mit Erbfall an, jedoch geht es im Kern um eine Veräußerungssteuer, die der Einkommensteuer unterliegt. Livia und Chiara können jedoch die kanadische Capital-gains-tax als Nachlassverbindlichkeit gemäß § 10 Abs. 5 Nr. 1 ErbStG nach Umrechnung des amtlichen Devisenkurses zum Todestag abziehen.

Wer kann den Antrag nach § 21 Abs. 1 ErbStG stellen? Gibt es hierfür eine Frist oder Form, die einzuhalten ist?

Antragsberechtigt sind neben dem Erwerber auch die weiteren Personen, die zur Abgabe einer Steuererklärung berechtigt sind. Dies sind namentlich auch der Schenker oder ein Testamentsvollstrecker.

Ein Form- oder Fristerfordernis besteht für den Antrag nicht. Nach Bestandskraft der Veranlagung ist der Antrag nicht mehr möglich. Typischerweise wird der Antrag mit Einreichung der Steuererklärung gestellt.

Die Erbin Nelly hat die ausländische Erbschaftsteuer für die ihren Pflichtteil geltend machende Tochter Lisa bezahlt. Lisa möchte die ausländische Erbschaftsteuer auf ihre deutsche Erbschaftsteuer gemäß § 21 ErbStG anrechnen lassen. Geht das?

Lisa kann sich die ausländische Steuer grundsätzlich anrechnen lassen. Eine unmittelbare wirtschaftliche Belastung von Lisa ist für die Anrechnung nicht Voraussetzung.[132] Allerdings muss Lisa die von Nelly übernommene Steuer gemäß § 10 Abs. 2 ErbStG als zusätzlichen Vermögensvorteil ihrem Erwerb hinzurechnen.

Was ist zu beachten, wenn das Auslandsvermögen im Sinne des § 21 Abs. 2 ErbStG nur einen Teil des Gesamterwerbs darstellt?

In diesen Fällen kann die ausländische Steuer nur anteilig gemäß § 21 Abs. 1 S. 2 ErbStG angerechnet werden.

Der Anrechnungshöchstbetrag ergibt sich wie folgt:

Deutsche Erbschaftsteuer × steuerpflichtiges Auslandsvermögen : steuerpflichtiges Gesamtvermögen

---

[131] BFH, Urteil vom 26. April 1995 – II R 13/92, BStBl. II 1995, 540.
[132] Vgl. R E 21 Abs. 1 S. 3 ErbStR 2019.

1.2 Prüfungsreihenfolge der Schenkung und Erbschaftsteuer

Was ist zu beachten, wenn Auslandsvermögen in mehreren ausländischen Staaten vorliegt?

In diesen Fällen ist für jeden ausländischen Staat, in dem sich Auslandsvermögen befindet, die dafür erhobene ausländische Steuer und der dafür geltende Höchstbetrag gesondert gemäß § 21 Abs. 1 S. 3 ErbStG zu berechnen („Per-country-limitation").

1.2.11 Mehrfacherwerbe

Welchen Sinn und Zweck verfolgt die Vorschrift § 14 ErbStG?

Zur Verringerung der Erbschaftsteuer könnte der Erblasser oder Schenker statt in einem einzigen Schritt sein Vermögen in mehreren Schritten übertragen, um hierdurch mehrfach von günstigeren Steuersätzen oder Steuerbefreiungen zu nutzen. Der Gesetzgeber möchte dem entgegenwirken. Daher werden frühere Erwerbe derselben Person, die nicht länger als 10 Jahre zurückliegen, für die Steuerberechnung mitberücksichtigt. Zur Vermeidung einer Doppelbesteuerung wird die Steuer auf den Vorerwerb angerechnet.

Welche Grundsätze sind zu beachten, wenn die Gesamtsteuer für mehrere Erwerbe nach § 14 ErbStG zu berechnen ist?

Folgende drei Grundsätze sind zu beachten:

- Frühere steuerliche Wert des Vorerwerbs bleibt maßgeblich.
- Die Steuer für den Gesamtbetrag wird auf Grundlage des Zeitpunktes des Letzterwerbes (Steuerklasse, Freibeträge, Tarif) ermittelt.
- Die in den Vorjahren gezahlte Steuer wird wie folgt berücksichtigt: Abzug der tatsächlich geleisteten Steuer auf den Vorerwerb oder Abzug einer (nach heutigem Recht geltenden fiktiven) Steuer, wenn diese höher ist.

Giuseppe hatte 2005 seiner damaligen Lebensgefährtin Amely 150 TE geschenkt. Nach ihrer Hochzeit in 2011 schenkt er Amely weitere 800 TE.[133] Welche Steuer hat Amely zu bezahlen?

Steuerberechnung für 2011

Da Amely innerhalb von 10 Jahren von derselben Person Schenkungen erhalten hat, wird der Vorerwerb für die Steuer gemäß § 14 ErbStG mitgerechnet.

Barvermögen 2011	800.000
Barvermögen 2005	150.000
Gesamterwerb	950.000
./. Freibetrag (Steuerklasse I)	500.000
Steuerpflichtiger Erwerb	450.000
Steuersatz 15 %	67.500

---

[133] Fall angelehnt an H 14.1 Abs. 3 EStR.

Als Abzugsposten von der Steuerbelastung 67.500 € muss die tatsächlich gezahlte Steuer des Vorerwerbes oder die fiktiv gezahlte Steuer abgezogen werden. Der Abzug wird von dem Betrag vorgenommen, der höher ist. Demzufolge müssen beide Beträge bestimmt werden.
Tatsächlich gezahlte Steuer für 2005.

Barvermögen	150.000
./. Freibetrag (Steuerklasse III)	5200[a]
Steuerpflichtiger Erwerb	144.800
Steuersatz 23 %	33.304

[a]Im Jahr 2005 lag der Freibetrag noch bei 5200 €

Fiktive Abzugsteuer für 2005

Barvermögen	150.000
Persönlicher Freibetrag 500 TE bereits verbraucht; es bleibt bei Freibetrag von Erwerb 2005	./. 5200
Steuerpflichtiger Erwerb	144.800
Steuersatz 11 %	15.928

Da die tatsächliche Steuer in 2005 höher als die fiktive Steuer, wird die tatsächliche Steuer von der Steuer auf den Gesamterwerb abgezogen:

Steuer auf Gesamterwerb	67.500
./. Abzugsteuer	33.304
Festzusetzende Steuer in 2011	34.196

V. Steuerfestsetzung
   b. Ermäßigung der Steuer wegen mehrfachem Erwerb desselben Vermögens nach § 27 ErbStG

Wie unterscheiden sich die Anwendungsbereiche von § 14 ErbStG und § 27 ErbStG?

In § 14 ErbStG geht es um den **mehrfachen Erwerb eines Steuerpflichtigen** von demselben Erblasser oder Schenker in einem 10-Jahreszeitraum.

In § 27 ErbStG wechselt **derselbe Erwerb** innerhalb von 10 Jahren an **verschiedene Erwerber.**

Während § 14 ErbStG zu einer Anhebung der Steuer führt, soll § 27 ErbStG zu einer Herabsetzung der Steuer führen.

Welche Voraussetzungen müssen erfüllt sein, damit die Steuerermäßigung des § 27 ErbStG für den (letzten) Erwerber zur Anwendung kommt?

Folgende Voraussetzungen müssen für die Steuerermäßigung vorliegen:

- Mehrfacher Erwerb desselben Vermögens (Surrogation möglich)
- Erwerbe durch Personen der Steuerklasse I (jeweils aus Sicht des einzelnen Erwerbvorgangs)

1.2 Prüfungsreihenfolge der Schenkung und Erbschaftsteuer

- Jeweils steuerpflichtige Erwerbe
- Für Erwerbe ist jeweils Erbschaft-/Schenkungsteuer zu zahlen
- Letzterwerb von Todes wegen
- Erwerbe innerhalb von 10 Jahren

Welche Rechtsfolge ergibt sich aus § 27 ErbStG?

Die auf den Letzterwerb entfallende Steuer ermäßigt sich im Rahmen von 10 % bis 50 %. Die genaue Höhe der Steuerermäßigung hängt davon ab, wie lange die Zeitpunkte der Entstehung der Steuer auseinanderliegen. Liegen die Erwerbe weniger als 1 Jahr auseinander, so erfolgt eine Ermäßigung um 50 %, während bei einem Zeitraum von mehr als 8 Jahren lediglich eine Ermäßigung von 10 % möglich ist.

▶ **Hinweis** *Wird Vermögen hintereinander vererbt, so fällt grundsätzlich für jeden Erbfall Erbschaftsteuer an. Lediglich bei Erbschaften innerhalb der Steuerklasse I kann es bei Vorliegen der Voraussetzungen des § 27 ErbStG zugunsten des letzten Erwerbers zu einer Steuerermäßigung kommen.*

Wird geschenktes Vermögen weitergeschenkt, so fällt für jede Schenkung Schenkungsteuer an. Eine Steuerermäßigung für den Letzterwerbenden gibt es nicht.

▶ **Hinweis** *Ist der Erbe oder Beschenkte aufgrund der letztwilligen Verfügung oder des Schenkungsvertrages verpflichtet, Vermögen oder Vermögensgegenstände an einen Dritten weiterzuleiten, so kann der Erbe oder Beschenkte diese Verpflichtung vom Erwerb abziehen (vgl. auch § 10 Abs. 5 ErbStG).*

▶ **Hinweis** *§ 27 ErbStG ist von § 13 Nr. 10 ErbStG zu unterscheiden. In § 13 Nr. 10 ErbStG geht es um den Rückfall von geschenkten Vermögen an den Schenker durch einen Erbfall. In § 27 ErbStG geht es um die Weitervererbung eines bereits besteuerten Vermögens.*

1.2.12 Stundung

V. Steuerfestsetzung
  c. Ggf. Stundung nach § 28 ErbStG

Welche Stundungsmöglichkeiten gibt es für die Erbschaftsteuer?

Im Falle des Erwerbes von **begünstigten Vermögen nach § 13b ErbStG** ergibt sich eine spezielle Stundungsvorschrift in § 28 Abs. 1 ErbStG. Für Erwerbe von **Grundvermögen, der zu Wohnzwecken genutzt wird,** kommt die Stundung nach § 28 Abs. 3 ErbStG in Betracht. Daneben bleibt in beiden Fällen auch die Stundung nach § 222 AO möglich (vgl. § 28 Abs. 1 S. 4 und Abs. 3 S. 4 ErbStG).

Für **sonstiges Vermögen** besteht nur die Möglichkeit einer Stundung nach § 222 AO.

▶ **Merke** *Betriebsvermögen: § 28 Abs. 1 ErbStG oder § 222 AO*
Grundbesitz für Wohnzwecke: § 28 Abs. 3 ErbStG oder § 222 AO
Sonstiges Vermögen: nur § 222 AO

Haben Erben und Beschenkte die gleichen Stundungsmöglichkeiten?

Der **Erbe** kann grundsätzlich Stundung für die Erbschaftsteuer nach § 222 AO oder § 28 Abs. 1 und Abs. 3 ErbStG beantragen. Beide Möglichkeiten bestehen selbstständig nebeneinander (§ 28 Abs. 1 S. 4 bzw. § 28 Abs. 3 S. 4 ErbStG). Während es sich bei § 222 AO um eine bloße Ermessensentscheidung handelt, gewährt § 28 ErbStG dem Erben einen Anspruch auf Stundung, sofern die Voraussetzungen erfüllt sind („ist").

Der **Beschenkte** kann eine Stundung lediglich gemäß § 222 AO und § 28 Abs. 3 ErbStG beantragen. Eine Stundung gemäß § 28 Abs. 1 ErbStG scheidet für ihn aus.

▶ **Merke** *Für Erben gilt: § 28 Abs. 1 ErbStG, § 28 Abs. 3 ErbStG und § 222 AO*
Für Beschenkten gilt: § 28 Abs. 3 und § 222 AO

Welche Voraussetzungen müssen für einen Stundungsantrag nach § 28 Abs. 3 ErbStG erfüllt sein?

Es müssen folgende Voraussetzungen vorliegen:

- Erwerb von Todes wegen oder Schenkung
- Zu Wohnzwecken genutzter Wohnraum[134]
- Steuer nur durch Veräußerung dieses Grundbesitzes aufzubringen (Stundung ausgeschlossen, wenn Erwerber die Steuer entweder aus dem übrigen geerbten Vermögen oder aus seinem Eigenvermögen vor der Zuwendung[135] bestreiten kann)
- Antrag
- Weitere Erfordernisse bei in Drittstaaten belegenem Grundbesitz (S. 5 und S. 6)

▶ **Merke** *Stundung ist für den Erben ausgeschlossen, wenn er die Steuer durch eine Kreditaufnahme abwenden kann. Der Erbe trägt hierfür die Feststellungslast.[136]*

▶ **Hinweis** *Zinsen für den Kreditaufwand zur Bezahlung der Erbschaftsteuer können nicht als Nachlassverbindlichkeiten zur Minderung der Erbschaftsteuer abgezogen werden.*

Auch für Zwecke der Einkommensteuer können die Zinsaufwendungen von einer natürlichen Person nicht steuermindernd abgezogen werden. Die Erbschaftsteuer ist eine persönliche Steuerschuld (§ 12 Nr. 3 ErbStG). Eine Geltendmachung als Sonderausgabe oder außergewöhnliche Belastung scheidet gleichsam aus.

---

[134] Durch das Jahressteuergesetz 2024 wurde die Vorschrift auf selbstgenutzte Immobilien zu Wohnzwecken erweitert. Die Erweiterung gilt für Erwerbe ab 2025.
[135] Troll/Gebel/Jülicher/Gottschalk ErbStG § 28 Rn. 17.
[136] Vgl. ErbStR E 28 Abs. 7 S. 2 ErbStR 2019.

1.2 Prüfungsreihenfolge der Schenkung und Erbschaftsteuer

Für eine erbende Kapitalgesellschaft ist die Erbschaftsteuer für Zwecke der Körperschaftsteuer eine nicht abziehbare Betriebsausgabe (§ 10 Nr. 2 KStG). Dies umfasst auch die Zinsaufwendungen.

Ist die Stundung nach § 28 Abs. 3 ErbStG zu verzinsen?
Für die Stundung ergibt sich folgende Rechtsfolge:

- Bei Erwerben von Todes wegen: zinslose Stundung (bis zu 10 Jahre)
- Bei Erwerben unter Lebenden: Verzinsung

Welche Voraussetzung muss für einen Stundungsantrag nach § 28 Abs. 1 ErbStG erfüllt sein?
Es müssen folgende Voraussetzungen erfüllt sein:

- Erwerbe von Todes wegen
- Begünstigtes Vermögen im Sinne des § 13b EStG
- Antrag

Ist die Stundung nach § 28 Abs. 1 ErbStG zu verzinsen?
Für die Stundung ergibt sich folgende Rechtsfolge:
Bis ein Jahr nach Festsetzung der Steuer ist die Stundung zinslos. Die Dauer der Zinslosigkeit hängt davon ab, wie schnell die Steuerbehörde die Steuer festsetzt. Ein Jahr nach der Steuerfestsetzung erfolgt eine Verzinsung. Gemäß § 28 Abs. 1 S. 3 ErbStG i. V. m. § 238 AO beträgt die Verzinsung 0,5 % pro Monat oder 6 % pro Jahr.

▶ **Hinweis** *Für die Erbschaft- und Schenkungsteuer kann eine Verzinsung nur in Betracht kommen, wenn die Steuer gestundet wird. Ist die gestundete Steuer zu verzinsen, so gilt hier stets eine Verzinsung mit 6 % pro Jahr. Eine allgemeine Verzinsung (wie z. B. bei den Ertragsteuern nach § 233a AO) gibt es nicht.*

1.2.13 Erlöschen der Steuer

VI. Erlöschen der Steuer (§ 29 ErbStG)

In welchen Fällen kann die Schenkung- oder Erbschaftsteuer wieder rückwirkend entfallen?
§ 29 ErbStG kennt 4 Fälle, in welchen die Schenkungsteuer (Nr. 1 bis 4) und die Erbschaftsteuer (Nr. 4) mit Wirkung für die Vergangenheit wieder entfallen kann:
Nr. 1 regelt die erzwungene Rückgabe eines Geschenks aufgrund eines vertraglichen oder gesetzlichen Rückforderungsrechts.
Nr. 2 regelt den Fall, dass die Herausgabe des Geschenks wegen Verarmung des Schenkers gemäß § 528 Abs. 1 S. 2 BGB durch Zahlung eines Geldbetrages abgewendet wird.

In Nr. 3 verbleibt zuvor geschenktes Vermögen beim Empfänger, wird aber bei Beendigung des Güterstandes der Zugewinngemeinschaft unter Anrechnung des vormaligen Geschenks auf die Ausgleichsforderung des Empfängers im Nachhinein steuerfrei gestellt.

In Nr. 4 erlischt die Steuer aufgrund einer nicht erzwungenen, sondern freiwilligen Herausgabe des Geschenks an bestimmte privilegierte, überwiegend gemeinnützige Empfänger.

Tatbestand:	Steuer, die erlischt:
Herausgabe wegen Rückforderungsrecht	Schenkungsteuer
Abwendung der Herausgabe wegen Verarmung des Schenkers	Schenkungsteuer
Anrechnung der Schenkung auf Zugewinnausgleichsanspruch	Schenkungsteuer
Spende des erlangten Vermögenswertes an privilegierte/ gemeinnützige Einrichtung binnen 24 Monaten	Erbschaft- und Schenkungsteuer

Einen Antrag sieht das Gesetz in allen 4 Fällen nicht vor. In der Praxis wird es aber wohl eines Antrages bedürfen.

▶ **Hinweis** *In der Praxis werden häufig vertraglich vereinbarte Rückforderungsrechte des Schenkers im Schenkungsvertrag aufgenommen. Ein Recht zum Rücktritt kann z. B. bestehen, wenn der Beschenkte zu Lebzeiten des Schenkers stirbt, die Ehe des Beschenkten geschieden wird, das Insolvenzverfahren über das Vermögen des Beschenkten eröffnet wird oder unerwartete ungünstige steuerlichen Folgen eintreten.*

Was sind die Rechtsfolgen von § 29 ErbStG?

Unter den Voraussetzungen des § 29 Abs. 1 ErbStG erlischt die Steuer mit Wirkung für die Vergangenheit. Von der Steuerbefreiung des § 29 ErbStG ist auch die Rückabwicklung nach § 29 Abs. 1 Nr. 1 ErbStG umfasst. Eine vollständige Erstattung der Schenkungsteuer scheidet dann aus, wenn ein Geschenk nur teilweise zurückgegeben wird. Unter den Voraussetzungen des § 29 Abs 2 ErbStG erlischt die Steuerpflicht nicht vollständig. Der Erwerber, dem Nutzungen des zugewendeten Vermögens zugestanden haben, ist wie ein Nießbraucher zu behandeln. Die ursprüngliche Steuerpflicht bleibt in Höhe des Nutzungsvorteils bestehen.

Können bestandskräftige Steuerbescheide wegen § 29 ErbStG geändert werden?

Die in § 29 Abs. 1 ErbStG genannten Sachverhalte stellen allesamt „rückwirkende Ereignisse" im Sinne des § 175 Abs. 1 S. 1 Nr. 2 AO dar. Etwaige bestandskräftige Bescheide können somit geändert werden. Hatte der Steuerpflichtige zuvor die Steuer nicht gezahlt, dürften wohl bereits festgesetzte Säumniszuschläge und Stundungszinsen entsprechend § 240 Abs. 1 S. 4 AO bei Änderung der Steuerfestsetzung weiterhin geschuldet sein, um keine Ungleichbehandlung gegenüber Steuerpflichtigen zu bewirken, die unmittelbar gezahlt haben.

1.3 Besonderheiten bei der Besteuerung

Was ist mit einem Rückforderungsrecht im Sinne des § 29 Abs. 1 Nr. 1 ErbStG gemeint?

Hierunter fallen jegliche vertragliche und gesetzliche (z. B. Rückforderung wegen ungerechtfertigter Bereicherung gemäß § 812 BGB) Rücktrittsrechte. Ist der Schenkungsgegenstand nicht mehr vorhanden, genügt auch die Herausgabe eines Surrogats.[137]

Kann eine Schenkungsteuer nachträglich entfallen, wenn ein Wegfall einer Geschäftsgrundlage vorliegt?

In der Praxis stellt dies einen häufigen Streitfall zwischen Steuerpflichtigen und Finanzverwaltung dar. Häufig wird der Wegfall der Geschäftsgrundlage jedoch nicht ausreichen, um die Steuer nach § 29 ErbStG nachträglich entfallen zu lassen. Nach § 313 BGB wird häufig zivilrechtlich eine Anpassung des Vertrages durchzuführen sein. In diesen Fällen würde die Rückabwicklung die Steuer bestehen lassen. Ein (gesetzliches) Rücktrittsrechtsrecht ist nur ausnahmsweise möglich, wenn die Anpassung nicht möglich ist oder einer Partei nicht zugemutet werden kann (vgl. § 313 Abs. 3 BGB). Für die Praxis empfiehlt sich, den Wegfall der Geschäftsgrundlage als vertragliches Rücktrittsrecht in die Schenkungsurkunde aufzunehmen. In diesen Fällen führt die Rückabwicklung stets zu einem Wegfall der Steuerpflicht.

1.3 Besonderheiten bei der Besteuerung

1.3.1 Vor- und Nacherbschaft

Was versteht man unter einer Vor- bzw. Nacherbschaft?

Im Fall der Vor- und Nacherbfolge (§§ 2100 ff. BGB) teilen sich zwei (oder mehrere) Erben in der Weise den Nachlass, dass sie nicht gleichzeitig, sondern nacheinander Erben werden. Mit dem Erbfall geht das Vermögen des Erblassers zunächst auf den Vorerben über (vgl. auch § 1922 Abs. 1 BGB). Mit dem Nacherbfall hört der Vorerbe jedoch auf, Erbe zu sein, und die Erbschaft des Erblassers fällt dem Nacherben an (vgl. auch § 2139 BGB). Der Vorerbe ist also Erbe auf Zeit. Seine Erbenstellung dauert nur bis zum Nacherbfall. Der Nacherbe ist nicht Erbe des Vorerben, sondern stets Erbe des vorverstorbenen Erblassers.

Wie wird die Vor- und Nacherbschaft steuerlich behandelt?

Liegt eine Vor- und Nacherbschaft im Steuerrecht vor, so muss zunächst unterschieden werden, ob der Nacherbfall durch den Tod des Vorerben eintritt (vgl. § 6 Abs. 2 ErbStG) oder ob ein anderes Ereignis (z. B. Eintritt eines bestimmten Alters des Nacherben) die Nacherbfolge eintreten lässt (vgl. § 6 Abs. 3 ErbStG).

Wird die **Nacherbfolge durch den Tod des Vorerben festgelegt,** so wird die zivilrechtliche Betrachtung, wonach der Nacherbe vom Erblasser erbt, nicht übernommen. Stattdessen wird in § 5 Abs. 2 S. 1 ErbStG unterstellt, dass der Nacherbe vom Vorerben erbt. Im Ergebnis wird der Nacherbe als „normaler Erbe" des Vorerben angesehen.

---

[137] Finanzgericht München, Urteil vom 9. Februar 2012 – 3 K 232/11, DStRE 2012, 1453.

Allerdings hat der Nacherbe gemäß § 6 Abs. 2 S. 2 ErbStG ein Wahlrecht, den Erbfall als vom Erblasser stammend zu behandeln. Das Wahlrecht hat Auswirkungen auf die Steuerklasse, den Freibetrag, den Versorgungsfreibetrag und den Steuersatz. Im Übrigen bleibt es jedoch ein Erbfall vom Vorerben. Dies zeigt sich z. B. daran, dass sonstige unentgeltlichen Zuwendungen des Vorerben an den Erben zu einer Zusammenrechnung mit dem Nacherbfall nach § 14 ErbStG führen können.

Ist ein Antrag nach § 6 Abs. 2 S. 2 ErbStG gestellt, so sind die beiden Vermögensmassen (eigenes Vermögen des Vorerben und nachgeerbtes Vermögen) hinsichtlich der Steuerklasse getrennt zu ermitteln (§ 6 Abs. 2 S. 3 ErbStG). Für das eigene Vermögen des Vorerben kann ein Freibetrag nur gewährt werden, wenn der Freibetrag für das der Nacherbschaft unterliegende Vermögen nicht ausgeschöpft ist (§ 6 Abs. 2 S. 4 ErbStG). Damit dem Nacherben wegen des Antrages nach § 6 Abs. 2 S. 2 ErbStG und der damit einhergehenden Vermögenstrennung kein unerwünschter Progressionsvorteil entsteht, wird ein Steuersatz angewendet, der sich für den Gesamterwerb in der jeweiligen Steuerklasse ergibt.

Wird die **Nacherbfolge durch ein anderes Ereignis als den Tod des Vorerben festgelegt,** so erbt der Nacherbe das der Nacherbschaft unterliegende Vermögen stets vom ursprünglichen Erblasser (also nicht vom Vorerben). Die zivilrechtliche Rechtslage wird folglich steuerlich übernommen. Mit dem Ereignis (z. B. Bestehen einer Prüfung) tritt die aufschiebende Bedingung der Erbfolge des Nacherben vom Erblasser ein (vgl. auch § 6 Abs. 3 S. 1 ErbStG). Etwaiges eigenes Vermögen des Vorerben würde der Nacherbe vom Vorerben direkt erhalten. Ein Antragsrecht gibt es in diesem Fall nicht.

Tod als Nacherbfall	Anderes Ereignis als Nacherbfall
Nacherbe erbt von Vorerbe	Nacherbe erbt Vermögen von Erblasser und ggf. eigenes Vermögen vom Vorerben
Antragsrecht nach § 6 Abs. 2 S. 2 ErbStG (Behandlung als vom Erblasser stammend hinsichtlich Steuerklasse, Freibetrag, Versorgungsfreibetrag und Steuersatz)	Kein Wahlrecht

Wer schuldet die Erbschaftsteuer, wenn eine Vor- und Nacherbschaft vorliegt?

Der Vorerbe ist Vollerbe und demzufolge Steuerschuldner für die durch den Vorerbfall entstehende Erbschaftsteuer. Gemäß § 20 Abs. 4 ErbStG ist der Vorerbe – anders als ein normale Erbe – insoweit begünstigt, als die Erbschaftsteuer nur aus dem geerbten Vermögen zu bezahlen ist. Das sonstige Vermögen des Vorerben darf folglich für die Bedienung der Steuerschuld nicht herangezogen werden. Obgleich den Nacherben damit mittelbar die festgesetzte Steuerschuld beim Vorerben betrifft, kann er sich selbst nicht gegen eine fehlerhafte Steuerfestsetzung beim Vorerben wehren.[138]

---

[138] Troll/Gebel/Jülicher/Gottschalk ErbStG § 20 Rn. 55.

1.3 Besonderheiten bei der Besteuerung

Ist die Erbschaftsteuer beim Tode des Vorerben noch nicht bezahlt, so erbt der Nacherbe als Gesamtrechtsnachfolger die Steuerschuld des Vorerben als Nachlassverbindlichkeit.

Alex hat seinen kinderlosen Bruder Chris zum Vorerben eingesetzt. Zudem verfügt er, dass sein Sohn Stefan sein Nacherbe ist. Alex verstirbt. Kurze Zeit danach verstirbt Chris, der Stefan als Alleinerben eingesetzt hat. Bei seinem Tode hat Chris eigenes Vermögen von 1 Mio. € und vorgeerbtes Vermögen von 500 TE.
Wie stellt sich die Rechtslage dar, wenn Stefan den Antrag nach § 6 Abs. 2 S. 2 ErbStG stellt bzw. nicht stellt?

Kein Antrag:

- Vermögenswert 1,5 Mio. €
- Abzgl. 20 TE
- Steuersatz 30 % (Steuerklasse III) 444.000 €

Insgesamt beträgt hier die Steuerbelastung 444 TE.
Antrag:
Beide Vermögen sind nun zu trennen. Infolge des Antrages steht Stefan ein Freibetrag von 400 TE bzgl. des von Alex stammenden Vermögens zu. Bezüglich des von Chris geerbten Vermögens hat Stefan dann jedoch keinen Freibetrag mehr.
Nacherbschaftsvermögen

- Wert des Vermögens 500 TE
- Abzgl. Freibetrag 400 TE
- Steuer 19 % (Steuerklasse I): 19 TE

Vermögen von Chris

- Wert des Vermögens 1 Mio. €
- Kein Freibetrag (vgl. § 6 Abs. 2 S. 4 ErbStG)
- Steuer 30 %: 300 TE

Insgesamt beträgt hier die Steuerbelastung 319 TE.
Der verwitwete Stefan verfügt über ein Grundstück. Er möchte, dass nach seinem Tode zunächst sein Schwager Giuseppe das Grundstück nutzen soll und seine Kinder das Grundstück erst nach dem Tode von Giuseppe übernehmen sollen. Stefan überlegt, ob er Giuseppe nach dessen Tode als Vorerben einsetzen oder ihm durch einen Vermächtnisanspruch gegen die Erben einen lebenslangen Nießbrauch einräumen soll. Vorerbe und Nießbrauch: Welche Alternative ist steuerlich vorzugswürdig?

Die Rechtstellung eines (nichtbefreiten) Vorerben kommt wirtschaftlich der Stellung eines Nießbrauches sehr nahe, wenngleich der Nießbraucher formal ein bloßes Nutzungsrecht hat. Vor diesem Hintergrund ist ersichtlich, dass die Vorerbschaft oder die Einräumung eines Nießbrauches als Gestaltungsoptionen miteinander konkurrieren. Dennoch wird die Einräumung eines Nießbrauches steuerlich vorteilhaft sein. Anders als bei der Vor- und Nacherbschaft liegt bei der Einräumung eines Nießbrauches nur ein Erbanfall (Tod von Stefan) vor. Zusätzlich wirkt sich steuerlich vorteilhaft aus, dass sich der Erbfall auf 2 Begünstigte (Giuseppe: Nießbrauch) und Kinder (Grundstück abzüglich des Wertes des Nießbrauchs) aufteilt. Bei der Vorerbschaft hingegen liegen zwei Erbfälle vor (Tod des Stefan und Tod des Giuseppe). An jedem dieser Erbfälle ist nur Giuseppe oder die Kinder beteiligt. Mangels Aufteilung wird daher wegen der steigenden progressiven Steuersätze oder der Überschreitung der Freibeträge eine höhere Gesamtsteuerbelastung eintreten.

Erschwerend wirkt sich noch aus, dass der Vorerbe seine bestehenden Verfügungsbeschränkungen nicht steuermindernd geltend machen kann (§ 9 Abs. 2 und 3 ErbStG).

Nießbrauch:	Vor/Nacherbschaft:
1 Erbanfall	2 Erbanfälle
Aufgeteilt auf 2 Begünstigte	Aufgeteilt auf je 1 Begünstigten

Die unverheiratete Louise verfügt folgendes Testament: „Nach meinem Tode soll meine Tochter Johanna allein erben. Meine 5 Enkel erhalten einen Geldbetrag von jeweils 200 TE. Der Geldanspruch ist fällig, wenn meine Tochter Johanna verstirbt."

Als Louise verstirbt, erstellt Johanna die Erbschaftsteuererklärung. Sie möchte die Ansprüche der Enkel als Nachlassverbindlichkeit steuermindernd geltend machen. Zu Recht?

Louise hat die Erbin Johanna in ihrem Testament mit sog. Vermächtnissen beschwert. Vermächtnisse sind gemäß § 10 Abs. 5 Nr. 2 ErbStG grundsätzlich steuermindernd bei der Erbschaftsteuerberechnung abzuziehen. Besonders ist jedoch, dass Louise die Fälligkeit der Vermächtnisse an den Tod der Erbin gekoppelt hat. Gemäß § 6 Abs. 4 ErbStG sind beim Tode des Erblassers fällige Vermächtnisse einer Nacherbschaft gleichzusetzen. Infolge dieser Regelung kommt § 6 Abs. 2 S. 1 ErbStG zur Anwendung mit der Folge, dass der Vermächtniserwerb als Erwerb vom Beschwerten (Johanna) und nicht als Erwerb vom Erblasser (Louise) gilt. Weil der Vermächtniserwerb als Erwerb vom Beschwerten gilt, wird er so behandelt, als hätte der Beschwerte selbst und nicht der Erblasser das Vermächtnis angeordnet. Ein von ihm selbst angeordnetes Vermächtnis kann der Erbe daher nicht bei dem ihm vom Erblasser zugefallenen Nachlass bereicherungsmindernd geltend machen.[139]

Johanna kann die Geldvermächtnisse folglich nicht steuermindernd geltend machen.

▶ **Hinweis** *Nachvermächtnisse und Vermächtnisse, die erst beim Tode des Beschwerten fällig werden, führen (wie auch bei der Vor- und Nacherbschaft) zu einer doppelten Sustanzbesteuerung. Durch Wahlrecht (§ 6 Abs. 4 iVm Abs. 2 S. 2 ErbStG) und Steueranrechnung (§ 6 Abs. 4 iVm Abs. 3 S. 2 ErbStG) wird dieser Effekt bestenfalls*

---

[139] Vgl. Meincke/Hannes/Holtz ErbStG § 6 Rn. 30.

1.3 Besonderheiten bei der Besteuerung

gemildert. Für die Praxis empfiehlt sich, dass der Erblasser einen festen Termin oder Zeitraum nach dem Erbfall für die Fälligkeit des Vermächtnisses vorgibt. In diesem Fall kann das Vermächtnis beim ersten Erbfall abgezogen werden. Eine doppelte Substanzbesteuerung findet dann nicht statt.

1.3.2 Berliner Testament

Was ist ein Berliner Testament?

Unter einem Berliner Testament versteht man typischerweise, dass sich Ehegatten gegenseitig als Erben und beim Tode des länger lebenden Ehegatten die Kinder einsetzen.

Bei einem Berliner Testament ist möglich, dass der überlebende Ehegatte Vollerbe oder Vorerbe ist. Soll der überlebende Ehegatte unbeschränkt verfügen können, so wird man davon ausgehen, dass der überlebende Ehegatte Vollerbe und die Kinder Schlußerben sein sollen. Anders als der Vollerbe kann der Vorerbe nicht uneingeschränkt über den Nachlass verfügen (§§ 2113 ff. BGB). Im Zweifelsfall geht das Zivilrecht in § 2269 Abs. 1 BGB von einer Vollerbschaft aus.

Welche steuerlichen Bedenken bestehen gegen ein Berliner Testament?

Wird ein Berliner Testament verfügt, so ist steuerlich nachteilig, dass die Kinder den Freibetrag des zuerst versterbenden Ehegatten nicht in Anspruch nehmen können. Zudem wird eine höhere Steuersatzstufe (Progression) meist in Betracht kommen, da durch die Zusammenfassung der beiden Vermögen ein höheres steuerpflichtiges Vermögen (§ 10 ErbStG) in Betracht kommt.

Gemäß § 15 Abs. 3 S. 2 i. V. m. § 6 Abs. 2 S. 2 ErbStG können jedoch die Schlusserben beantragen, hinsichtlich des soweit noch vorhandenen Vermögens des erstversterbenden Ehegatten nach dessen Verwandtschaftsverhältnis besteuert zu werden. Hinsichtlich des Freibetrages bleibt es jedoch dabei, dass nur ein Freibetrag genutzt werden kann (§ 15 Abs. 3 S. 2 i. V. m. § 6 Abs. 2 S. 4 ErbStG). Auch die höhere Progression bleibt anwendbar (§ 15 Abs. 3 S. 2 i. V. m. § 6 Abs. 2 S. 5 ErbStG).

1.3.3 Mittelbare Schenkung

Chris überweist seinem Sohn Max einen Geldbetrag in Höhe von 300 TE mit dem Zusatz „für eine Eigentumswohnung Deiner Wahl". Was hat Chris seinem Sohn Max geschenkt?

Fraglich ist, ob (mittelbar) ein Grundstück oder Geld geschenkt ist. Ist ein Grundstück (mittelbar) geschenkt, so ist eine Bewertung nach §§ 12 Abs. 3 ErbStG i. V. m. 151 ff. i. V. m. 176 ff. BewG durchzuführen. Zudem kommen die Steuerbefreiungen für Grundvermögen zur Anwendung (z. B. bei Familienheim gemäß § 13 Abs. 1 Nr. 4a ErbStG). Bei Geld ergibt sich der Wert der Schenkung aus dem Nominalbetrag. Steuerbefreiungen gibt es hier nicht. Die Rechtsprechung hat hierzu das Institut der mittelbaren Grundstücksschenkung entwickelt. Hiernach ist von einer mittelbaren (Grundstücks-)Schenkung auszugehen, wenn im Zeitpunkt der Schenkung der Wille erkennbar ist, dass ein **bestimmtes Grundstück** zugewendet wird, der Geldbetrag spätestens bei Erwerb oder Baubeginn **zugesagt** ist und zwischen Schenkung und Erwerb bzw. Baubeginn ein **enger zeitlicher Zusammenhang** besteht.[140]

Eine mittelbare Schenkung liegt folglich vor, wenn folgende Voraussetzungen erfüllt sind:

- Erkennbarer Wille im Zeitpunkt der Schenkung, dass ein bestimmtes Grundstück/Gebäude zugewendet wird
- Geldbetrag wird spätestens bei Erwerb oder Baubeginn zugesagt
- Enger zeitlicher Zusammenhang zwischen Schenkung und Erwerb

In dem vorliegenden Fall scheidet eine mittelbare Grundstücksschenkung deshalb aus, weil eine bestimmte Wohnung gerade nicht von vornherein feststeht. Somit liegt eine bloße Geldschenkung vor, der eine Auflage zugrunde liegt, das Geld für eine Wohnung zu verwenden. Die Auflage kann bei der Berechnung der Bereicherung des Max nicht abgezogen werden, weil die Auflage dem Beschenkten Max selbst zugutekommt (§ 10 Abs. 9 ErbStG).

▶ **Hinweis** *Bei Erwerben von Todes wegen ist eine mittelbare Grundstücksschenkung nicht möglich. Erhält ein Erbe Geld vom Erblasser mit der Bestimmung ein bestimmtes Grundstück zu erwerben, ist stets das Geld geschenkt.*

Ben hat ein Grundstück am 20. November 2024 gekauft. Seine Mutter Susanne schenkt ihm am 11. Dezember 2024 einen Geldbetrag, damit Ben den Grundstückspreis bezahlen kann. Was hat Susanne geschenkt?

Susanne hat das Geld geschenkt. Eine mittelbare Grundstücksschenkung liegt nicht vor, da der Grundstückserwerb vor der Zusage von Susanne erfolgt ist.

Lisa schenkt ihrer Tochter Carla einen Geldbetrag in Höhe von 500 TE, damit sich Carla im Grundstück nebenan ein Haus bauen kann. Der Herstellungsaufwand beträgt jedoch lediglich 400 TE. Was hat Lisa geschenkt?

Wendet der Schenker dem Bedachten einen den Herstellungsaufwand übersteigenden Betrag zu, liegt neben der Grundstücksschenkung in der Höhe des übersteigenden Betrages eine zusätzliche Geldschenkung vor. Steht der Betrag in Höhe des Herstellungsaufwands im Voraus zinslos zur Verfügung, liegt in der Kapitalnutzung eine Zuwendung vor, die mit jährlich 5,5 % des Kapitals zu bewerten ist[141] (§ 12 Abs. 1 BewG i. V. m. § 15 BewG).

---

[140] Vgl. R E 7.3 EStR 2019.
[141] BFH, Urteil vom 4. Dezember 2002 – II R 75/00, BStBl. II 2003, 273.

1.3 Besonderheiten bei der Besteuerung

1.3.4 Konfusion

Louise hat noch eine Mietforderung gegen Carla. Louise verstirbt und hat Carla als Erbin eingesetzt. Ist die Mietforderung erbschaftsteuerpflichtig?

Infolge des Erbfalles ist die Schuldnerin der Mietforderung auch Gläubigerin geworden. Zivilrechtlich erlischt die Forderung hierdurch (sog. Konfusion). Nach § 10 Abs. 3 ErbStG gilt erbschaftsteuerlich die Forderung jedoch nicht als erloschen, sodass die Forderung in die Bereicherung einzubeziehen ist.

1.3.5 Teilungsanordnung

Was sind Teilungsanordnungen und welche steuerliche Bedeutung haben sie?

Mit einer Teilungsanordnung nach § 2048 BGB regelt der Erblasser, wie der Nachlass gegenständlich bei mehreren Erben aufzuteilen ist. Teilungsanordnungen führen nicht zu einer Veränderung der Erbquoten, sodass sie erbschaftsteuerlich unbeachtlich sind.[142]

Erblasser Chris hat verfügt, dass seine beiden Söhne Max und Nico je zur Hälfte als Erben eingesetzt werden. Im Rahmen einer Teilungsanordnung hat er bestimmt, dass Nico Grundvermögen im Wert von 1 Mio. € (Steuerwert 900 TE) und Max Aktien im Wert von 1,2 Mio. € erhält. Max soll als Ausgleichszahlung 100 TE an Nico leisten.

Zunächst ist stets für den gesamten Nachlass der Steuerwert abzüglich Nachlassverbindlichkeiten zu berechnen. Erst anschließend wird jedem Miterben sein Anteil am Nachlass entsprechend § 39 Abs. 2 Nr. 2 AO zugerechnet. Teilungsanordnungen bleiben unberücksichtigt.

Als Erwerb durch Erbfall sind bei Max und Nico ohne Rücksicht auf die Teilungsanordnung jeweils die Hälfte des Steuerwerts des Nachlasses (1/2 von 2,1 Mio. €), folglich 1,05 Mio. € anzusetzen.[143]

Erblasser Chris verfügt, dass seine Söhne Max und Nico erben. Nico bekommt das Grundstück (Wert 800 TE) und Max die Münzsammlung (Wert 400 TE).

Teilungsanordnungen, die zugleich eine Erbeinsetzung beinhalten, sind stets beachtlich.

Die Erbquote ergibt sich dann im Verhältnis des Wertes der zugewendeten Gegenstände (Nico 2/3 und Max 1/3).

▶ **Hinweis** *Teilungsanordnungen sind zwar wie Erbauseinandersetzungen für die Ermittlung des Anteils des einzelnen Erben am Nachlass ohne Bedeutung. Sind Miterben auf Grund einer Teilungsanordnung des Erblassers jedoch verpflichtet, das begünstigte Familienheim auf einen Miterben zu übertragen, können die übertragenden Miterben die Befreiung nicht in Anspruch nehmen.*[144]

---

[142] Vgl. R E 3.1 und 3.2 EStR 2019.
[143] Vgl. auch H E 3.1 Abs. 1 ErbStH.
[144] Vgl. R E 13.4 EStR 2019.

1.3.6 Renten, Nutzungen und Leistungen

Welche Besonderheit gibt es bei der Besteuerung von Renten, Nutzungen und Leistungen?

Nach § 23 ErbStG hat jeder Erwerber eines Rentenrechts oder eines Rechts auf (wiederkehrende) Nutzungen und Leistungen für die Steuerentrichtung ein Wahlrecht. Er kann die Steuer entweder sofort vom Kapitalwert des Rechts oder jährlich vom Jahreswert des Rechts entrichten. Der anwendbare Steuersatz entspricht dem der Einmalsteuer und dem Kapitalwert. Hintergrund des Wahlrechts ist, dass der Erwerber eines Rentenrechts im Gegensatz zum Erwerb von Barvermögen den Kapitalwert des Rechts nicht sofort zur freien Verfügung hat. Die Regelung des § 23 ErbStG wirkt zwar ähnlich einer Stundung, stellt aber eine neue Modalität der Steuerberechnung dar. Das Wahlrecht gilt steuerklassenunabhängig.

Alex schenkt seinem Sohn Marc ein Grundstück und räumt seiner 40-jährigen Tochter Carla den Nießbrauch daran ein. Carla hat bisher kein Vermögen erhalten. Der Steuerwert des Grundstücks beträgt 744.000 €. Der Jahreswert des Nießbrauchs beträgt unter Beachtung des § 16 BewG 40.000 €. Der Kapitalwert des Nießbrauches beträgt nach Berücksichtigung des einschlägigen Vervielfältigers 674.480 €. Wie ist der Nießbrauch bei Carla zu besteuern?

Nach Abzug des persönlichen Freibetrags von 400.000 € (§ 16 Abs. 1 Nr. 1 ErbStG) ergibt sich für Carla ein steuerpflichtiger Erwerb von – abgerundet nach § 10 Abs. 1 S. 5 ErbStG – 274.400 €, der bei einem Steuersatz von 11 % zu einer Steuerschuld von 30.140 € führt.

Carla kann statt der sofortigen Entrichtung dieser Steuer nach dem Kapitalwert des Nießbrauchs die Entrichtung der Steuer nach dem Jahreswert wählen. Bei Wahl der Jahressteuer richtet sich der Steuersatz nach dem steuerpflichtigen Erwerb von 274.400 € und beträgt somit 11 % für einen Jahresbetrag von 40.000 €. Die jährliche Steuer beträgt deshalb 4400 €, sobald der Freibetrag aufgezehrt ist.

▶ **Hinweis** *Der mit dem Nießbrauch beschwerte Eigentümer und Erbe kann den Wert des Nießbrauchs von dem Wert des geschenkten Grundstücks abziehen.*

Literatur

Erkis/Thonemann-Micker (1.1.2025). Beck Online Kommentar Erbschaft- und Schenkungsteuergesetz, Kommentar (26. Edition, Stand: 01.01.2025), München: C.H. Beck.

Fischer/Pahlke/Wachter (FPW) (2017). Erbschaft- und Schenkungsteuergesetz, Kommentar (6. Aufl.). Freiburg: Haufe Verlag.

Flämig, C. (1986). Die Familienstiftung unter dem Damoklesschwert der Erbersatzsteuer. DStZ (Seite 11–14).

Gosch (2020). Körperschaftsteuergesetz, Kommentar (4. Aufl.). München: C.H. Beck.

Grüneberg (2024). Kommentar zum Bürgerlichen Gesetzbuch, bearb. von Ellenberger, Götz, Grüneberg, Herrler. u. a. (84. Aufl.), München: C. H. Beck.

Gürsching/Stenger (2020). Bewertungsrecht, Kommentar, Loseblatt Stand August 2020. Köln: Dr. Otto Schmidt Verlag.

Loose, M. (2015). Verminderter Wertansatz nach § 13 c ErbStG. ErbR (Seite 304–305).

Meincke, J. P. (2007). Anmerkungen zum BFH-Urteil vom 14. Februar 2007, II R 69/05. ZEV (Seite 292).

Meincke/Hannes/Holtz (2021). Erbschaft- und Schenkungsteuer, Kommentar (18. Aufl.). München: C.H. Beck.

Moench/Weinmann (2025). Erbschaft- und Schenkungsteuergesetz mit Bewertungsgesetz, Kommentar, Loseblatt Stand Januar 2025. Freiburg im Breisgau: Haufe Verlag.

Tiedtke (2009). Erbschaftsteuer- und Schenkungsteuergesetz. Kommentar (1. Aufl.), Berlin: Erich Schmidt Verlag.

Troll/Gebel/Jülicher/Gottschalk (2024). Erbschaft- und Schenkungsteuergesetz, Kommentar, Loseblatt Stand September 2024. München: Vahlen.

Viskorf, H.-U., Schuck, S., & Wälzholz (2023). Erbschaftsteuer- und Schenkungsteuergesetz, Bewertungsgesetz Kommentar (7. Aufl.), Herne: NWB Verlag.

von Oertzen/Loose Erbschaft- und Schenkungsteuer (2020). Erbschaft- und Schenkungsteuergesetz (2. Aufl.). Köln: Verlag Dr. Otto Schmidt.

2 Bewertung von Schenkungen und Erwerben von Todes wegen

2.1 Feststellungsverfahren

In welchen Fällen sind für Zwecke der Erbschaft- und Schenkungsteuer gesonderte Feststellungen über den Wert von Vermögensgegenständen außerhalb des eigentlichen Steuerbescheides vorzunehmen?

Das Erbschaft- und Schenkungsteuerfinanzamt führt grundsätzlich die steuerliche Bewertung selbst im Rahmen der Veranlagung durch. In ausgewählten Fällen sieht jedoch der Gesetzgeber vor, die Bewertung außerhalb des eigentlichen Veranlagungsverfahrens durch ein anderes Finanzamt in einem gesonderten Feststellungsverfahren zu ermitteln und festzulegen:

Gemäß § 151 Abs. 1 BewG ist für die Erbschaft- und Schenkungsteuer eine gesonderte Feststellung für folgende Fallgruppen vorgesehen:

- Grundbesitzwerte
- Den Wert des Betriebsvermögens bei Gewerbetreibenden (§ 95 BewG) und bei freiberuflich Tätigen (§ 96 BewG) oder des Anteils am Betriebsvermögen (§ 97 Abs. 1a BewG)
- Anteile an Kapitalgesellschaften im Sinne des § 11 Abs. 2 BewG
- Sonstige Vermögensgegenstände und Schulden, die mehreren Personen zustehen, wenn die Werte für die Erbschaft-/Schenkungsteuer von Bedeutung sind[1]

Die Werte sind für die Erbschaft- und Schenkungsteuer jedoch insbesondere dann nicht von Bedeutung, wenn es offenbar zu keiner Steuer kommt. Dies kann z. B. der Fall sein, wenn das Grundstück nach § 13 Abs. 1 Nr. 4b oder 4c ErbStG vollständig steuerfrei bleibt. Es kommt dann zu keiner gesonderten Feststellung.

---

[1] Vgl. auch R B 151.1 Abs. 2 ErbStR 2019.

Über den Feststellungsbedarf entscheidet allein das Erbschaft- und Schenkungsteuerfinanzamt, nicht das Lagefinanzamt oder das Betriebsfinanzamt (§ 151 Abs. 1 S. 1 BewG).

Die gesonderte Feststellung selbst führt jedoch das Lagefinanzamt oder Betriebsfinanzamt durch (§ 152 BewG).

Erbschaftsteuerfinanzamt: Erbschaftsteuerbescheid
Lage- oder Betriebsfinanzamt: gesonderte Feststellung nach § 151 BewG

Im Erbschaftsteuer- und Schenkungsteuerrecht sowie im Bewertungsrecht gibt es zudem noch einige weitere Feststellungsverfahren, in welchen bestimmte Größen, die für die Besteuerung relevant sind, gesondert festgestellt werden (z. B. Bestimmung des Verwaltungsvermögens bei der Übertragung von Betriebsvermögen vgl. § 13b Abs. 10 ErbStG).

▶ **Hinweis** *Will sich der Steuerpflichtige gegen den festgestellten Wert im gesonderten Feststellungsverfahren wehren, so hat er Einspruch beim für die Feststellung zuständigen Finanzamt einzulegen. Ein dennoch beim Erbschaft- und Schenkungsteuerfinanzamt eingelegter Einspruch ist jedoch gemäß § 357 Abs. 2 S. 2 AO fristwahrend.*

Wann kann eine gesonderte Bewertung nach § 151 BewG unterbleiben, wenngleich der Wert für die Besteuerung von Bedeutung ist?

Ausländisches Vermögen ist von der gesonderten Feststellungspflicht ausgenommen (§ 151 Abs. 4 BewG). Ausländischer Grundbesitz wird im Rahmen des Veranlagungsverfahrens durch das Schenkung- und Erbschaftsteuerfinanzamt nach § 31 BewG bewertet (§ 12 Abs. 7 ErbStG).

Ferner wird in der Praxis auch von Feststellungen abgesehen, wenn die wirtschaftliche Einheit innerhalb eines Jahres mehrmals übertragen wird. Hier kann man den einmal bereits festgestellten Wert (Basiswertregelung) als Wert für die folgenden Übertragungen heranziehen, wenn zwischenzeitlich keine wertbeeinflussenden Änderungen eingetreten sind.

In welchem Verhältnis stehen Feststellungsbescheid nach § 151 BewG und Schenkung- bzw. Erbschaftsteuerbescheid zueinander?

Der Feststellungsbescheid ist ein sog. Grundlagenbescheid (§ 182 Abs. 1 S. 1 AO) für den Schenkung- oder Erbschaftsteuerbescheid. Eine Änderung des Grundlagenbescheides zieht eine Änderung des Erbschaft- und Schenkungsteuerbescheides nach § 175 Abs 1 Nr. 1 AO zwingend nach sich.

Cally verstirbt. Zum Nachlassvermögen gehören (nicht börsennotierte) Aktien. Das Finanzamt fordert die Erbin Johanna auf, die Feststellungerklärung zur Bestimmung des erbschaftsteuerlich relevanten Wertes zu erstellen. Zu Recht?

Ist Gegenstand der gesonderten Feststellung der Anteilswert an einer Kapitalgesellschaft und muss der gemeine Wert der Anteile gemäß § 11 Abs. 2 BewG i. V. m. § 12 Abs. 2 ErbStG festgestellt werden, kann das (Feststellungs-)Finanzamt die Erklärung nur von der Kapitalgesellschaft selbst verlangen. Nicht möglich ist, die Erklärung vom Erben oder Beschenkten oder sonst bedachten Anteilseigner zu verlangen (§ 153 Abs. 3 BewG). Der gesetzliche Vertreter der Kapitalgesellschaft (Vorstand, Geschäftsführer bzw. sonstige Personen im Sinne des § 34 AO) hat für die Erstellung der Erklärung Sorge zu tragen. Die Kapitalgesellschaft trägt die Erklärungskosten, obwohl sie nicht bereichert worden ist.

Für die Finanzverwaltung ist die Vorschrift hilfreich, da sie die Erklärungspflicht bei der Kapitalgesellschaft leichter rechtlich durchsetzen kann. Durch die Aufforderung zur Abgabe der Feststellungserklärung wird neben den Erben auch die Kapitalgesellschaft Beteiligte des Feststellungsverfahrens (§ 154 Abs. 1 BewG).

2.2 Bewertung von Vermögen, soweit es sich nicht um Betriebs- oder Grundvermögen handelt

2.2.1 Allgemeine Gegenstände

Angie hat von Nelly einen Pkw für 500 € erworben. Nelly hatte den Pkw wegen einer finanziellen Notlage unter Wert verkaufen müssen. Der Verkehrswert liegt im Zeitpunkt des Versterbens von Angie bei 6000 €. Wie ist der Pkw erbschaftsteuerlich zu bewerten?

Mangels einer speziellen Bewertungsvorschrift ist der Pkw nach § 12 ErbStG Abs. 1 i. V. m. § 9 BewG mit dem gemeinen Wert zu bewerten. Gemeiner Wert ist der im gewöhnlichen Geschäftsverkehr für ein Wirtschaftsgut nach seiner Beschaffenheit unter Berücksichtigung aller den Preis beeinflussenden Umstände erzielbare Verkaufspreis, wobei ungewöhnliche oder persönliche Verhältnisse nicht zu berücksichtigen sind. Dies entspricht dem Verkehrswert. Somit ist ein Wert von 6000 € zu erfassen.

Unerheblich ist hierbei, dass Nelly den Pkw für 500 € veräußert hat. Der Preis kam nur zustande, weil Nelly sich in einer finanziellen Schieflage befand. Dies stellt einen persönlichen Umstand dar, der bei der Bewertung nicht berücksichtigt werden darf (§ 9 Abs. 2 S. 2 BewG).

▶ **Hinweis** *Mangels Urkunde (§ 11 Abs. 1 BewG) und Forderung auf einen Geldbetrag (§ 12 Abs. 1 BewG) werden Kryptowährungen nach § 9 BewG bewertet. Weiter fallen unter § 9 BewG auch Kunstgegenstände, Münzen und Briefmarkensammlungen*

▶ **Hinweis** *Zu den nicht zu berücksichtigenden persönlichen Verhältnissen gehören z. B. auch Verfügungsbeschränkungen in einem Gesellschaftsvertrag. Absolute Verfügungsbeschränkungen wirken hingegen kraft Gesetzes gegenüber jedermann (z. B. Gegenstände, die der Verwaltung eines Testamentsvollstreckers unterliegen). Sie sind bei der Bestimmung des gemeinen Werts zu berücksichtigen.*

2.2.2 Forderungen und Schulden

Wie werden Kapitalforderungen bewertet?

Unter Kapitalforderungen sind Forderungen zu verstehen, die auf Geld oder geldwerte Forderungen gerichtet sind. Hierzu gehören z. B. Darlehensforderungen, Gehaltsforderungen, Pflichtteilsansprüche, Einlagen von typisch stillen Gesellschaftern. Kapitalforderungen, die in Wertpapieren verbrieft sind, gehören nur dazu, sofern nicht § 11 BewG einschlägig ist.

Die Bewertung erfolgt grundsätzlich nach § 12 Abs. 1 ErbStG i. V. m. § 12 BewG mit dem Nennwert (= Zahlbetrag bei Fälligkeit).

▶ *Hinweis Die Vorschrift gilt grundsätzlich nicht für die Bewertung von Kapitalforderungen, die zum gewerblichen Betriebsvermögen gehören. Hier gilt die Sonderregelung in § 109 BewG mit dortigem Verweis auf § 11 Abs. 2 BewG. Eine Einzelbewertung der Kapitalforderung findet hier nicht statt. Etwas anderes gilt nur, wenn die Kapitalforderung zum nicht betriebsnotwendigen Vermögen gehört.*

Wie werden Schulden bewertet?

Schulden sind ebenfalls grundsätzlich mit dem Nennwert anzusetzen, es sei denn, dass besondere Umstände einen höheren oder geringeren Wert begründen § 12 Abs. 1 BewG). Für die Bewertung von Schulden gelten dieselben Grundsätze wie für die Bewertung von Kapitalforderungen.

Wann werden Kapitalforderungen abweichend vom Nennwert bewertet?

Nach § 12 Abs. 1 S. 1 BewG sind Kapitalforderungen (und Schulden) mit einem höheren oder niedrigeren Wert anzusetzen, wenn dies besondere Umstände begründen. Besondere Umstände können sich nur aus dem Schuldverhältnis als solchem oder aus der Person des Vertragspartners ergeben. Das Gesetz gibt die häufigsten Anwendungsfälle der besonderen Umstände vor: Dies kann die Vereinbarung einer hohen oder niedrigen Verzinsung sein (§ 12 Abs. 1 S. 2 BewG), die Uneinbringlichkeit (§ 12 Abs. 2 BewG) oder die Unverzinslichkeit der Forderung (§ 12 Abs. 3 BewG).

▶ *Hinweis Die Vorschrift in § 12 Abs. 2 BewG gilt, anders als die Vorschriften in § 12 Abs. 1 und 3 BewG, nicht für Schulden. Schulden, die aus Sicht des Gläubigers nicht realisierbar sind, hindern nicht den erbschaftsteuerlichen Abzug mit dem Nennbetrag.*[2]

Anna ist Erbin einer Werklohnforderung. Die Forderung ist bereits verjährt. Die Schuldnerin Christiane ist jedoch zahlungsfähig und hat sich bisher nicht auf die Verjährung berufen. Wie ist die Forderung erbschaftsteuerlich zu bewerten?

Die Forderung hat keinen Wert. Sie ist als uneinbringlich im Sinne des § 12 Abs. 2 BewG einzustufen.[3]

---

[2] BFH, Urteil vom 26. Februar 2003 – II R 19/01, BStBl. II 2003, 561.
[3] Rössler/Troll/Eisele BewG § 12 Rn. 14.

Kurz vor dem Tod der Erblasserin Nanni kündigt deren Darlehensschuldnerin Kathy an, die Darlehenszinsen wegen Liquiditätsproblemen nicht mehr zahlen zu können. Wie ist die Kapitalforderung im Erbfall zu bewerten?

Kapitalforderungen, die uneinbringlich sind, bleiben als wertlos außer Ansatz (§ 12 Abs. 2 BewG). Uneinbringlichkeit ist anzunehmen, wenn der Schuldner zahlungsunfähig ist oder wenn eine Hypothek bei der Zwangsversteigerung ausgefallen ist. Ist dagegen nur zweifelhaft, ob eine Kapitalforderung in voller Höhe bezahlt werden kann, so ist dies ein Umstand, der lediglich den Ansatz eines geringeren Werts als des Nennwerts begründet (§ 12 Abs. 1 BewG).

Wie ist der Vermögenswert eines zinslosen Darlehens zu bewerten?

Der Wert des Erwerbs ergibt sich aus der Kapitalisierung des Nutzungsvorteils. Der Jahreswert des Nutzungsvorteils ist gemäß § 15 Abs. 1 BewG im Zweifel mit 5,5 % der überlassenen Darlehenssumme anzusetzen. Dies gilt jedoch nur, wenn kein anderer Wert feststeht. Wegen der lang andauernden Niedrigzinsphase wird sich jedoch regelmäßig ein niedrigerer Wert nachweisen lassen. Liegt eine feste Laufzeit des Darlehens vor, so ist Jahreswert mit dem Kapitalisierungsfaktor aus Anlage 9a gemäß § 13 Abs. 1 BewG zu multiplizieren.

Fehlt es an der Vereinbarung einer festen Laufzeit, so ist der Jahreswert des Nutzungsvorteils gemäß § 13 Abs. 2 BewG mit dem 9,3-fachen seines Jahreswerts anzusetzen.

Wie wird eine Forderung in fremder ausländischer Währung bewertet?

Es handelt sich um eine Kapitalforderung nach § 12 BewG. Es hat eine Umrechnung auf Euro mit dem am Besteuerungszeitpunkt maßgeblichen Zeitpunkt zu erfolgen.[4]

▶ **Hinweis** *Entsprechendes gilt für Verbindlichkeiten in fremder Währung.*

Ben schenkt seine GmbH-Beteiligung in einem Schenkungsvertrag seiner Tochter Anna. In dem Vertrag wird auch bestimmt, dass Anna die bereits beschlossene Gewinnausschüttung des Vorjahres der GmbH erhalten soll. Anna möchte wissen, wie sich diese Regelung auf die Schenkungsteuer auswirkt.

Der Gewinnanspruch stellt für Ben nach Beschlussfassung der GmbH eine Kapitalforderung dar. Wird dieser Anspruch übertragen, so ist der Wert der Forderung zusätzlich zur geschenkten Beteiligung bei der Bestimmung der Schenkungsteuer zu berücksichtigen.[5]

Nico erbt die Mietwohnung von seinem Vater Chris. Als Instandhaltungsrücklage hatte Chris zu Lebzeiten einen Betrag von 20.000 € einbezahlt. Wie ist die Rücklage erbschaftsteuerlich zu behandeln?

Die Instandhaltungsrücklage ist eine Kapitalforderung im Sinne des § 12 BewG, die neben dem Grundstückseigentum gesondert mit dem Nennwert zu erfassen ist.

---

[4] Vgl. R B 12. 1 Abs. 5 ErbStR 2019.
[5] Vgl. R E Abs. 1 S. 3 EStR 2019.

Die Finanzverwaltung folgt damit der Konsequenz der Rechtsprechung des Bundesfinanzhofes, wonach ein gezahltes Entgelt für die Übernahme der Instandhaltungsrücklage eines erworbenen Grundstücks nicht in die Bemessungsgrundlage der Grunderwerbsteuer einfließt.[6]

▶ **Hinweis** *Mangels Rechtsprechung ist bis heute ungeklärt, wie Genossenschaftsanteile zu bewerten sind. Kennzeichnend für Genossenschaften sind, dass ihre Anteile nicht übertragbar sind (blosse Mitgliedschaft) und ein ausscheidender Genosse lediglich seine Einlage zurückerhält. Teilweise wird der Genossenschaftanteil als Kapitalforderung eingestuft, weshalb lediglich die Einlage für die Wertbestimmung maßgeblich ist. Nach anderer Ansicht ist der Genossenschaftsanteil nach § 11 Abs. 2 BewG oder § 9 BewG zu bewerten. Hier käme es dann nicht auf die Einlage, sondern auf den Unternehmenswert an.[7]*

Keinesfalls ist der Genossenschaftsanteil begünstigtes Vermögen nach § 13a, § 13b ErbStG.

2.2.3 Einlage, Versicherungen und Inhaberschuldverschreibungen

Der stille Gesellschafter Max hat bei der T-GmbH eine Einlage von 40.000 € erbracht. Wie ist die Einlage zu bewerten, wenn die Einlage erst in einigen Jahren zurückgefordert werden kann und der Durchschnittsertrag der Einlage bei 17,5 % liegt?

Die Einlage eines typischen stillen Gesellschafters ist eine Kapitalforderung im Sinne des § 12 BewG. Grundsätzlich ist die stille Einlage mit dem Nennwert anzusetzen. Ist die Einlage jedoch im Besteuerungszeitpunkt längere Zeit nicht kündbar und liegt der Durchschnittsertrag über 9 %, so ist der Nennbetrag der Einlage um einen zusätzlichen Betrag zu erhöhen. Der zusätzliche Betrag errechnet sich aus dem 5-fachen Unterschiedsbetrag zwischen dem Durchschnittsertrag und einer Verzinsung um 9 %:[8] 5 × (17,5 % − 9 %) = 42,5 %.

Die stille Einlage ist somit wie folgt zu bewerten: 142,5 % × 40.000 = 57.000 €.

Julia ist Erbin ihres verstorbenen Ehemannes Stefan. Zum Nachlassvermögen gehört eine Lebensversicherung „Jetzt", die nach dem Tode zugunsten von Julia fällig wird. Ferner gehört zum Nachlassvermögen eine Lebensversicherung „Bald", die erst in 5 Jahren fällig wird, sowie eine allgemeine Haftpflichtversicherung. Julia möchte wissen, wie die Versicherungen erbschaftsteuerlich zu bewerten sind.

Versicherungen sind bis zum Eintritt bloße Anwartschaften und bleiben nach §§ 4 ff. BewG unberücksichtigt. Anders ist dies jedoch bei Lebens-, Kapital- und Rentenversicherungen, die in aller Regel bereits vor dem Versicherungsfall einen wirtschaftlichen

---
[6] Bayerisches Landesamt für Steuern, Verfügung vom 27. August 2012, S. 3190.1.1 – 5/2.
[7] Haberger, ZEV 2023, S. 71.
[8] Vgl. R B 12.4 ErbStR 2019.

Wert in Höhe des auszahlbaren Rückkaufswertes haben. Die Lebensversicherung „Bald" ist demnach mit dem Rückkaufswert gemäß § 12 Abs. 4 BewG erbschaftsteuerlich einzubeziehen. Für fällige Versicherungsansprüche kommt eine Bewertung mit dem Rückkaufswert nicht in Betracht. Insoweit erfolgt die Bewertung gemäß § 12 Abs. 1 BewG mit dem Nennwert. Die Lebensversicherung „Jetzt" ist demnach mit dem Nennbetrag des Auszahlungsanspruches zu bewerten. Die Haftpflichtversicherung bleibt unberücksichtigt.

Wie werden börsennotierte Unternehmensanleihen bewertet? Was gilt, wenn der Eigentümer am Sonntag verstirbt und an diesem Tag keine Notierung festgestellt wird?

Gemäß § 11 Abs. 1 BewG sind notierte Wertpapiere und Schuldbuchforderungen mit dem am Stichtag notierten Kurs zu bewerten.

Wertpapiere sind in § 2 Wertpapierhandelsgesetz legal definiert. Neben Aktien (oder Genussscheinen und Orderpapiere) fallen hierunter auch Inhaberschuldverschreibungen. Wird am Todestag kein Wert notiert, so ist der letzte dem Todestag vorangegangene Tag der Notierung maßgeblich (nicht der darauffolgende Tag!).

2.2.4 Sachleistungen

Was sind Sachleistungsansprüche und wie werden sie bewertet?

Sachleistungsansprüche sind Forderungen, die nicht auf Zahlung in Geld, sondern auf die Übertragung eines bestimmten Wirtschaftsgutes gerichtet sind. (z. B. Anspruch auf Errichtung eines Gebäudes oder Lieferung einer Ware). Die Bewertung von Sachleistungsansprüchen bei gegenseitigen Verträgen erfolgt gemäß § 9 BewG nach dem gemeinen Wert des Gegenstandes, auf den die Leistung gerichtet ist.[9]

▶ **Hinweis** *Anders ist die Bewertung bei Sachvermächtnissen oder anderen einseitigen Sachleistungsansprüchen. Hier ist der Steuerwert des Gegenstandes anzusetzen. Wird z. B. ein Vermächtnis zugunsten eines Grundstücks testamentarisch angeordnet, erfolgt die Bewertung des Vermächtnisanspruchs nach §§ 176 ff. BewG.*

Analog erfolgt die Bewertung bei Sachleistungsverpflichtungen aus gegenseitigen Verträgen bzw. einer einseitiger Verbindlichkeit.

▶ **Hinweis** *§ 12 BewG gilt nur für Kapitalforderungen und Kapitalschulden und ist somit nicht einschlägig.*

Ben hat gegenüber Anna einen Anspruch auf Übereignung einer Eigentumswohnung. Noch vor Eigentumsübertragung stirbt Ben. Bens Erben möchten wissen, wie der Vorgang erbschaftsteuerlich zu bewerten ist.

Ben hat zu Lebzeiten einen Sachleistungsanspruch gegenüber Anna. Besteht ein solcher Anspruch, so erfolgt die Bewertung nach dem gemeinen Wert gemäß §§ 12 Abs. 1 ErbStG i. V. m. § 9 BewG und nicht nach der steuerlichen Bewertung gemäß §§ 157 ff. BewG.

---

[9] Vgl. R B 9.3 ErbStR 2019.

Amely verstirbt. Zu Lebzeiten hat Amely noch ein Auto gekauft. Das Auto wurde jedoch noch nicht geliefert. Auch hat Amely das Auto noch nicht bezahlt. Wie ist der Vorgang erbschaftsteuerlich zu erfassen?

Solange noch von keiner Vertragspartei mit der Erfüllung eines solchen schwebenden Geschäftes begonnen worden ist, wird unterstellt, dass sich bei der einzelnen Vertragspartei der Wert der von ihr zu erbringenden Leistung und der Wert der von ihr zu beanspruchenden Gegenleistung[10] ausgleichen. Anspruch und Verbindlichkeit brauchen deshalb bei ihr nicht erfasst zu werden.

2.2.5 Nutzungen und Leistungen

Was sind wiederkehrende Nutzungen und Leistungen im Erbschaftsteuerrecht?

Leistungen sind Zuwendungen in Geld oder Geldeswert. Bei wiederkehrenden Leistungen geht es vor allem um Rentenzahlungen.

Nicht zu den wiederkehrenden Leistungen gehören Kaufpreisraten. Auf die im Einkommensteuerrecht notwendige Unterscheidung zwischen Zeitrente und Kaufpreisrente kommt es auch hier an.[11] Keine wiederkehrenden Leistungen sind auch Kapitalzinsen, Miet- und Pachtzinsen und sonstige Erträge der zum Vermögen des Steuerpflichtigen gehörenden Wirtschaftsgüter. Sie können neben den Wirtschaftsgütern nicht nochmals mit ihrem Kapitalwert erfasst werden. Ebenso gehören Gehälter und Arbeitslöhne grundsätzlich nicht dazu.

Nutzungen beinhalten das Recht, eine fremde Sache zu nutzen. Wichtigster Anwendungsfall für wiederkehrende Nutzungen sind das Nießbrauchs- und Wohnrecht. Es ist unerheblich, ob es sich um dingliche (z. B. beschränkte persönliche Dienstbarkeit oder Wohnrecht nach § 1093 BGB) oder schuldrechtliche Rechte (z. B. vertraglich vereinbartes Wohnrecht) handelt.

▶ **Hinweis** *Das Erbbaurecht ist zwar ein Nutzungsrecht. Es wird jedoch wie ein eigenes Grundstück des Erbbauberechtigten behandelt (vgl. § 92 Abs. 1 BewG) und ist deshalb in §§ 13 bis 16 BewG nicht gemeint.*

Wie ist bei wiederkehrenden Nutzungen und Leistungen hinsichtlich der Bewertung zu differenzieren?

Bei der Bewertung der wiederkehrenden Leistungen und Nutzungen muss unterschieden werden, wonach sich die Dauer der wiederkehrenden Nutzung oder Leistung richtet.

---

[10] BFH, Urteil vom 27. Februar 1991 – II R 54/87, BFH/NV 1992 S. 441. Finanzverwaltung hat noch in R B 9.1 Abs. 1 ErbStR 2011 die gesonderte Bewertung von Anspruch und Verbindlichkeit vorgesehen. In den R 9.1 ErbStR 2019 ist dieser Hinweis nicht mehr enthalten.

[11] Vgl. R 22.1 Abs. 1 EStR 2012.

2.2 Bewertung von Vermögen, soweit es sich nicht um Betriebs- oder ...

Folgende Differenzierung ist notwendig:

Auf bestimmte Zeit (§ 13 Abs. 1 BewG)
Immerwährend (§ 13 Abs. 2 Alt. 1 BewG)
Auf unbestimmte Dauer (§ 13 Abs. 2 Alt. 2 BewG)
Auf die Lebenszeit einer Person (§ 14 BewG)

Zur Einordnung der wiederkehrenden Leistungen und Nutzungen ist die einschlägige Fallgruppe näher zu bestimmen:

Bei Nutzungen und Leistungen auf bestimmte Zeit ist das Ende kalendermäßig bestimmbar
Immerwährend sind Nutzungen und Leistungen, bei denen ungewiss ist, ob und wann deren Ende in absehbarer Zeit eintritt
Bei Nutzungen auf unbestimmte Dauer ist das Ende an sich sicher, jedoch ist der Zeitpunkt der Beendigung noch ungewiss
Nutzungen oder Leistungen auf die Lebenszeit einer Person sind ein Sonderfall und werden gesondert bewertet

▶ **Hinweis** *Die Laufzeit eines wiederkehrenden Bezugs kann auch von mehreren Ereignissen abhängig sein (z. B. bestimmte Laufzeit und Lebenszeit). Bei der abgekürzten Leibrente (z. B. 10 Jahre, höchstens aber die Lebenszeit) ist der niedrigere Wert von § 13 Abs. 1 BewG und § 14 Abs. 1 BewG zugrundezulegen. Bei der verlängerten Leibrente (z. B. mind. 10 Jahre, höchstens aber Lebenszeit) ist der höhere Wert von § 13 Abs. 1 BewG und § 14 Abs. 1 BewG maßgeblich.*

Wie sind wiederkehrende Nutzungen und Leistungen zu bewerten?

Die Bewertungsvorschriften finden sich in § 12 Abs. 1 ErbStG i. V. m. §§ 13 bis 16 BewG.

Für die Bewertung ist der Kapitalwert maßgeblich. Der Kapitalwert wird wie folgt berechnet:

> Jahreswert der Nutzung / Leistung × Vervielfältiger.

Für die Anwendung des Vervielfältigers kommt es nun darauf an, wonach sich die Laufzeit der wiederkehrenden Leistungen oder Nutzungen richtet:

Nutzungen und Leistungen, die auf eine bestimmte Zeit beschränkt sind:	Vervielfältiger der Anlage 9a zum BewG
Immerwährende Nutzungen und Leistungen:	18,6-fache des Jahreswertes
Nutzungen und Leistungen von unbestimmter Dauer:	9,3-fache des Jahreswertes
Lebenslange Nutzungen und Leistungen:	Vervielfältiger nach Maßgabe eines BMF-Schreibens, in welchem unter Berücksichtigung der Sterbetafel die statistische Lebensdauer als Vervielfältiger festgesetzt wird

▶ **Hinweis** *In engen Ausnahmefällen (vgl. § 13 Abs. 3 BewG, § 14 Abs. 4 BewG) ist der Bewertungsmaßstab nicht der Kapitalwert, sondern der gemeine Wert.*

Wie ist der Jahreswert der Nutzungen oder Leistungen zu bestimmen?

Der Jahreswert der Nutzungen ergibt sich aus § 15 BewG. Hierbei ist insbesondere zu unterscheiden, ob es sich um eine Nutzung einer Geldsumme handelt (§ 15 Abs. 1 BewG) oder um eine Nutzung bzw. Leistung, die nicht in Geld (Sachbezüge) besteht (§ 15 Abs. 2 BewG) oder um Nutzungen und Leistungen, die ihrem Betrag nach ungewiss sind oder schwanken (§ 15 Abs. 3 BewG).

Nutzung einer Geldsumme	5,5 %, es sei denn, ein anderer Wert steht fest
Sachbezüge	Üblicher Mittelpreis des Verbrauchsortes
Jahreswert ungewisser oder schwankender Nutzungen und Leistungen	Betrag, der in Zukunft im Durchschnitt der Jahre voraussichtlich erzielt werden wird

Unter einer **Geldsumme** sind auch Kapitalforderungen zu verstehen (z. B. bei Sparguthaben, Wechsel, Scheck).

Sachbezüge sind alle Leistungen, die nicht in Geld bestehen (z. B. Wohnung, Dienstleistung, Kost, Waren).

Mittelpreis ist jeweils der Betrag, den ein Fremder unter gewöhnlichen Verhältnissen für ein Wirtschaftsgut gleicher Art und Güte im freien Verkehr am Stichtag hätte aufwenden müssen.[12]

Als **ungewiss** sind solche Nutzungen und Leistungen einzustufen, bei denen zu Beginn nicht mit ausreichender Sicherheit feststeht, dass sie (dem Grunde nach) anfallen werden.

Bei **schwankenden** Nutzungen und Leistungen sind solche gemeint, die in unterschiedlicher Höhe anfallen, weil sie sich nach veränderlichen Größen – z. B. Umsatz oder Gewinn eines Unternehmens – richten.

▶ **Hinweis** *Bei der Ermittlung des Jahreswerts der Nutzungen und wiederkehrenden Leistungen ist vom Reinertrag auszugehen. Besteht an einem Mietshaus ein Nießbrauch, so sind bei der Bestimmung des Jahreswertes von den Mieteinnahmen die Werbungskosten abzuziehen. Bei einem Nießbrauch an einem Aktienpaket ist von den ausgeschütteten Dividenden abzüglich der in Zusammenhang stehenden Werbungskosten auszugehen. Bei einem Nießbrauch an einem GmbH-Anteil soll es beim Jahreswert auf den Ertrag ankommen, der sich bei einer Anteilsbewertung ergibt.*[13]

▶ **Hinweis** *Legt der Steuerpflichtige dar, dass die Nutzungen und Leistungen schwanken oder in ihrem Betrag ungewiss sind, wird abweichend vom Stichtagsprinzip für die Bewertung in die Zukunft geschaut. Die Vorschrift des § 15 Abs. 3 BewG hat eine erhebliche praktische Bedeutung.*

---

[12] BFH, Urteil vom 27. März 1981 – VI R 132/78, BStBl. II 81, 577.
[13] Rössler/Troll/Eisele BewG § 15 Rn. 7–9.

2.2 Bewertung von Vermögen, soweit es sich nicht um Betriebs- oder …

▶ **Hinweis** *Bei der Ermittlung des Jahreswertes für Nutzungen (nicht für Leistungen!) ist der sich nach § 16 BewG ergebende Höchstbetrag zu beachten.*

Die Jahresbetrag von Nutzungen (z. B. Wohnrecht in einem Einfamilienhaus) wird der Höhe nach durch § 16 BewG begrenzt. Wie wird dieser Höchstbetrag ermittelt?

Der Jahreswert von Nutzungen kann niemals höher sein als der Wert, der sich ergibt, wenn der steuerliche Wert des mit dem Nießbrauch oder Nutzungsrecht belasteten Wirtschaftsguts durch 18,6 geteilt wird. Im Ergebnis sind dies 5,5 % des Steuerwerts. Liegt der Jahreswert darunter, so ist von diesem auszugehen, liegt er darüber, so gilt der Höchstbetrag. Für die Ermittlung des Höchstbetrages bei einem Wohnrecht an einem Einfamilienhaus müsste zunächst anhand des Vergleichswertverfahrens der Wert des bebauten Grundstücks ermittelt werden. Von diesem Betrag wäre der Betrag von 18,6 zu dividieren. Das Ergebnis hieraus wäre der Höchstbetrag nach § 16 BewG.

▶ **Merke** *Jahreshöchstbetrag für Nutzungen = steuerliche Wert des Wirtschaftsgutes dividiert durch 18,6.*

Peter war infolge eines Testaments eine Leibrente von jährlich 10.000 € eingeräumt worden. Bei Beginn der Rentenzahlungen im Jahr 2013 hatte er das 59. Lebensjahr vollendet. Peter stirbt bereits kurze Zeit nach Vollendung des 63. Lebensjahres. Wie ist die Leibrente zu bewerten? Welchen Einfluss hat der (frühe) Tod von Peter auf die Bewertung der Leibrente?

Für die Leibrente ist der Jahreswert mit dem Vervielfältiger nach Maßgabe des § 14 Abs. 1 BewG anzusetzen. Hieraus ergibt sich ein Kapitalwert von 10.000 € × 12,960 = 129.600 €. Peter stirbt bereits kurz nach Vollendung des 63. Lebensjahres. Damit hat die tatsächliche Laufzeit der Leibrente gemäß § 14 Abs. 2 BewG nicht mehr als 8 Jahre betragen. Es ist deshalb eine Berichtigung der Veranlagung durchzuführen. Hierbei ist auf die wirkliche Dauer der Leistung abzustellen. Demnach sind anzusetzen: 10.000 € × 3,602 = 36.020 €.

▶ **Hinweis** *Die Bewertung der lebenslänglichen Nutzungen und Leistungen hängt grundsätzlich von der statistischen Lebenserwartung des Begünstigten ab (Vervielfältiger der Tabelle nach § 14 Abs. 1 BewG). Jedoch ist bei frühzeitigem Wegfall der Nutzung oder Leistung durch Tod des Begünstigten nach Maßgabe des § 14 Abs. 2 BewG eine nachträgliche Berichtigung durchzuführen.*

Auf wen ist bei der Bestimmung des Vervielfältigers gemäß 14 BewG abzustellen, wenn eine lebenslange Nutzung oder Leistung vom Tode mehrerer Personen abhängt (z. B. Nießbrauch soll bis zum Tode beider Ehegatten bestehen)?

Hängt die Dauer einer lebenslangen Nutzung oder Leistung vom Tode mehrerer Personen ab, so ist auf die Person abzustellen, für welche ein höherer Vervielfältiger gilt (§ 13 Abs. 3 HS 1 BewG).

Auf wen ist bei der Bestimmung des Vervielfältigers gemäß § 14 BewG abzustellen, wenn eine lebenslange Nutzung oder Leistung vom Tode eines von mehreren Personen abhängt (z. B. Wohnrecht soll nur bestehen bis ein Elternteil verstirbt)?

Hängt die Dauer einer lebenslangen Nutzung oder Leistung vom Tode eines mehrerer Personen ab, so ist auf die Person abzustellen, für welche der niedrigere Vervielfältiger gilt (§ 13 Abs. 3 HS 2 BewG).

Peter soll im Alter von 59 Jahren ab 2013 eine Leibrente von jährlich 1000 € erhalten (Faktor 12.960). Nach 7 Jahren soll der Rentenbetrag auf 1500 € erhöht werden (Faktor für 7 Jahre: 5839). Wie ist die Leibrente zu bewerten?

Änderungen in der Höhe des Jahreswertes sind zu berücksichtigen, wenn sie von vornherein feststehen. Bei der Erhöhung der Rente ist zunächst der höhere Jahreswert mit dem Faktor für die gesamte Laufzeit anzusetzen. Sodann ist der Unterschiedsbetrag zwischen alten und neuen Jahreswert mit dem Faktor zu multiplizieren, der für die Laufzeit des niedrigeren Rentenbetrages gilt. Dann wird der niedrigere Kapitalwert von dem höheren Kapitalwert abgezogen.

Höhere Rente 1500 € × 12,960 = 19.440 €	
Differenz (1500 €/1000 €) × 5,8392 = 920 €	
Kapitalwert = 16.520 €	

▶ **Hinweis** *Möglich ist auch, dass von vornherein feststeht, dass sich (statt der Änderung der Höhe) die Art der Leistung ändert. Dies wäre zum Beispiel der Fall, wenn nach 7 Jahren der Nießbrauch durch eine Rente (Anschlussrente) abgelöst wird. In diesem Fall wäre entsprechend zu verfahren.*

Wie ist die Leibrente zu bewerten, wenn die Zahlung erst nach dem Stichtag eintreten soll (sog. aufgeschobene Leibrente)?

Hat die Leibrente nicht schon vom Stichtag, sondern erst von einem späteren Zeitpunkt an zu laufen begonnen, so ist für das Lebensalter und für die Dauer der tatsächlichen Laufzeit auf den Zeitpunkt des Rentenbeginns abzustellen. Der sich für diesen Zeitpunkt ergebende Kapitalwert ist dann wie eine unverzinsliche Kapitalforderung für die Zeit zwischen dem Stichtag und dem ersten Fälligkeitstag abzuzinsen.

Wie ist eine Leibrente zu bewerten, die von einem ungewissen Ereignis abhängt (sog. aufschiebend bedingte Rente)?

Wenn der Zeitpunkt des Beginns der Rentenzahlung noch nicht genau feststeht, weil er von einem Ereignis abhängt, dessen Eintritt noch ungewiss ist (z. B. Rentenbezug hängt davon ab, dass ein Begünstigter ein bestimmtes Alter erreicht), handelt es sich um eine aufschiebend bedingte Rente, die nach § 4 Abs. 2 BewG erst bei Bedingungseintritt zu berücksichtigen ist.

Sofern ein vorzeitiges Ende der Rentenzahlung eintritt, wird es zu einer Berichtigung der Besteuerung kommen. Nicht zu berichtigen ist der Wegfall jedoch nach § 5 Abs. 1 oder

§ 7 Abs. 1 BewG. Für die Bewertung ist § 13 Abs. 2 BewG maßgeblich, der eine pauschale Bewertung unabhängig von der Wahrscheinlichkeit des Wegfalles vornimmt. Jedoch müsste in Anlehnung an die Rechtsprechung[14] eine rückwirkende Berichtigung nach § 175 Abs. 1 S. 1 Nr. 2 AO entsprechend der Laufzeit möglich sein.

2.2.6 Bedingte Erwerbe und Lasten

Was sind bedingte Erwerbe oder Lasten? Wie werden diese steuerlich behandelt?

Wird dem Beschenkten oder Erben Vermögen unter einer Bedingung zugewendet, so ist in den § 4 bis § 8 BewG geregelt, inwieweit diese Bedingung dazu führt, dass der Erwerb bzw. die Last bei der Steuerbelastung einzubeziehen sind. Das Gesetz unterscheidet hier zwischen aufschiebenden und auflösenden Bedingungen. Erwerben oder Lasten unter einer auflösenden Bedingung ist immanent, dass der Erwerb oder die Last aktuell besteht, aber ggf. später bei Eintritt der Bedingung wegfallen kann. Anders ist dies bei Erwerben oder Lasten unter einer aufschiebenden Bedingung. Hier tritt der Erwerb oder die Last in Zukunft erst ein, wenn die Bedingung eintritt.

Da das Erbschaftsteuerrecht eine Stichtagsbetrachtung ist und Schwebezustände unberücksichtigt lässt, sind für die erbschaftsteuerliche Berechnung zunächst die Verhältnisse bei Tode des Erblassers bzw. bei Ausführung der Schenkung maßgeblich.

Der Eintritt einer aufschiebenden Bedingung eines Erwerbes oder einer Last wird bei der Bestimmung der Erbschaftsteuer nicht berücksichtigt (§ 4 und § 6 Abs. 1 BewG). Tritt die aufschiebende Bedingung für eine Last ein, kommt es nach vorherigem Antrag zu einer Berichtigung (§ 6 Abs. 2 BewG). Tritt die aufschiebende Bedingung für einen Erwerb ein, ist eine Berichtigung im Gesetz nicht vorgesehen. Zu beachten ist jedoch, dass aufschiebend bedingte Forderungen mit ihrem abgezinsten Wert anzusetzen sind, sofern die Bedingung (Fälligkeit) zu einem bestimmten feststehenden Zeitpunkt eintritt.

Auflösend bedingte Erwerbe oder auflösend bedingte Lasten (§ 5 Abs. 1, § 7 Abs. 1 BewG) werden zunächst nicht berücksichtigt. Tritt die Bedingung jedoch ein (§ 5 Abs. 2, § 7 Abs. 2 BewG), kommt es auf Antrag zu einer Berichtigung.

Hinweis:

Auflösende Bedingung:	Aufschiebende Bedingung:
Unberücksichtigt im Erwerbsfall	Berücksichtigung im Erwerbsfall
Bedingungseintritt:	Bedingungseintritt:
Korrektur auf Antrag bei Erwerb und Last	Korrektur auf Antrag nur bei Last

---

[14] BFH, Urteil vom 12. Juli 1979 – II R 26/78, BStBl. II 1997, 631.

2.3 Bewertung von Grundvermögen

Welche Rechtsvorschriften gelten für die Bewertung von Grundvermögen?
Die anzuwendenden Bewertungsvorschriften finden sich in den §§ 176 ff. BewG. Die Anwendbarkeit ergibt sich über eine Verweisungskette (§§ 12 Abs. 3 ErbStG i. V. m. §§ 151, 157 Abs. 3 i. V. m. 176 ff. BewG).

2.3.1 Bewertungsgrundsätze

Marc erbt von seinem Vater Alex ein Haus mit Garten. Im Garten befindet sich ein Swimmingpool. Zudem befindet sich eine Garage sowie eine Hofeinfahrt auf dem Grundstück. In der Küche des Hauses befindet sich eine Einbauküche. Marc möchte wissen, ob die gesamten Bestandteile seines Grundstücks in die Grundvermögensbewertung nach §§ 176 ff. BewG einfließen.

Zum Grundvermögen gehören neben dem Grund und Boden sowie dem Gebäude auch die sonstigen Bestandteile und das Zubehör (§ 176 Abs. 1 Nr. 1 BewG). Hiervon ausgenommen sind insbesondere Bodenschätze und Betriebsvorrichtungen (vgl. §§ 176 Abs. 2 BewG). Swimming Pool, Hofeinfahrt und Garagen sind grundsätzlich sonstige Bestandteil und werden von der Grundvermögensbewertung umfasst.

Einbauküchen sind in aller Regel nicht Gebäudebestandteil.[15] Insoweit erfolgt dann eine gesonderte Bewertung.

Lisa erbt eine Eigentumswohnung, für welche der Erblasser eine Instandhaltungsrücklage geleistet hat. Wie wird die Instandhaltungsrücklage nach WEG angesetzt?

Die Rechtsprechung[16] hat entschieden, dass die Instandhaltungsrücklage neben der Wohnung ein gesondertes Wirtschaftsgut ist. Die Instandhaltungsrücklage nach WEG stellt eine mit einer Geldforderung vergleichbare Vermögensposition dar und ist demnach als gesonderte Kapitalforderung nach § 12 BewG zu erfassen. Wird die Eigentumswohnung in einem förmlichen Feststellungsverfahren bewertet, ist hiervon die Instandhaltungsrücklage ausgenommen.

Nico errichtet auf seinem Grundstück ein Haus. Nico stirbt. Zu diesem Zeitpunkt ist das Haus errichtet, jedoch noch unbewohnt. Malerarbeiten sowie das Verlegen des Bodenbelages sind noch nicht durchgeführt. Ebenso fehlt noch die Abnahme durch die Bauaufsichtsbehörde. Im Übrigen sind jedoch alle Arbeiten erledigt. Handelt es sich um ein unbebautes oder bebautes Grundstück?

Zunächst ist festzuhalten, dass unbebaute Grundstücke (§§ 178, 179 BewG) und bebaute Grundstücke (§§ 180 ff. BewG) unterschiedlich bewertet werden. Deshalb ist die Bestimmung bedeutsam.

---

[15] Näheres zur Beurteilung einer Einbauküche als Gebäudebestandteil siehe FG Berlin-Brandenburg vom 22. November 2017 – 3 K 3170/17, EFG 2018 S. 439.
[16] BFH, Urteil vom 9. Oktober 1991 – II R 20/89, BStBl. II 1992, 152.

2.3 Bewertung von Grundvermögen

Ein Gebäude ist benutzbar, wenn es bezugsfertig ist. Die Bezugsfertigkeit hängt davon ab, ob den zukünftigen Bewohnern oder Benutzern die Nutzung zugemutet werden kann. Alle wesentlichen Arbeiten müssen am Bewertungsstichtag abgeschlossen sein. Geringfügige Restarbeiten (wie z. B. Malerarbeiten, Verlegen des Bodens) schließen die Bezugsfertigkeit jedoch nicht aus.[17] Die Abnahme durch die Behörde ist nicht entscheidend. Es liegt folglich ein bebautes Grundstück vor. Die Bewertung erfolgt nach den Vorschriften §§ 180 ff. BewG.

Wie wird ein Grundstück bewertet, dass sich im Zustand der Bebauung befindet, jedoch noch nicht bezugsfertig ist?

Hierzu findet sich eine Regelung in § 196 BewG.

Mit § 196 BewG soll erreicht werden, dass auch die im Bau befindlichen Bauwerke der Erbschaftsteuer unterworfen werden.

Die Ermittlung des Grundbesitzwerts erfolgt in zwei Schritten. Zunächst ist das Grundstück ohne Berücksichtigung der Gebäude oder Gebäudeteile zu bewerten. In der Regel wird das ein unbebautes Grundstück sein. In diesem Fall errechnet sich der Wert aus dem Bodenrichtwert und der Fläche gemäß § 179 BewG. Dazu sind die bis zum Bewertungsstichtag angefallenen Herstellungskosten hinzuzurechnen.

Denkbar ist aber auch, dass ein schon bebautes Grundstück weiter bebaut wird, z. B. auf einem Betriebsgrundstück wird eine zweite Lagerhalle errichtet. Sind auf einem Grundstück vor Beginn der noch nicht abgeschlossenen Baumaßnahme bereits bezugsfertige Gebäude oder Gebäudeteile nach § 180 BewG vorhanden, ist zunächst das bisher bebaute Grundstück nach §§ 182 bis 195 BewG, d. h. im Sachwertverfahren, zu bewerten. Zu dem so ermittelten Wert sind die bis zum Bewertungsstichtag angefallenen Herstellungskosten hinzuzurechnen.

Ein niedrigerer Wertnachweis nach § 198 BewG bleibt möglich.

Wie wird ein unbebautes Grundstück bewertet?

Der Wert des Grundbesitzwertes ergibt sich wie folgt: Aktueller Bodenrichtwert × Grundstücksfläche (vgl. § 179 S. 1 BewG). Mit dem Grundbesitzwert sind die Außenanlagen abgegolten (R B 179.1 Abs. 1 S. 1 ErbStR).

> Wert von unbebautem Grundstück = Bodenrichtwert × Grundstücksfläche

▶ **Hinweis** *Der Gutachterausschuss kann wertbeeinflussende Faktoren bestimmen. Weichen die wertbeeinflussenden Faktoren des Bodenrichtwertgrundstücks von den Faktoren des tatsächlich zu bewertenden Grundstücks ab, ist der zugrunde zu legende Bodenrichtwert umzurechnen. Dies ist insbesondere der Fall, wenn die Geschossflächenzahl des Bodenrichtwertgrundstücks von der Geschossflächenzahl des zu bewertenden Grundstücks abweicht. Es erfolgt hier eine Umrechnung anhand sog. Umrechnungskoeffizienten.*[18]

---

[17] Vgl. R B 178 Abs. 2 S. 4 ErbStR 2019.
[18] Vgl. H B 179.2 ErbStR; vgl. auch Beispiele in H B 179.2 ErbStR.

▶ **Hinweis** *Der örtliche Gutachterausschuss legt zu einem bestimmten Stichtag den Bodenrichtwert neu fest. In München ist der Bodenrichtwert zum 1 Januar 2024 festgeschrieben und gilt bis zum 31. Dezember 2025. Wird ein Grundstück nach dem 31. Dezember 2025 übertragen, so gilt der Bodenrichtwert ab dem 1. Januar 2026 auch dann, wenn der Gutachterausschuss diesen Bodenwert noch nicht ermittelt hat (§ 177 Abs. 2 S. 2 BewG). Bei der steuerlichen Beratung ist darauf zu achten, dass der Zeitpunkt des Übergangs von Nutzen und Lasten als Bewertungsstichtag passend zum gewollten niedrigeren Bodenrichtwert vertraglich bestimmt wird.*

Das Grundstück Seidlstraße liegt in der Gemeinde Baldham. Der Eigentümer Marc verstirbt am 15. März 2025. Der Gutachterausschuss bestimmt in seiner turnusmäßigen Sitzung am 30. März 2025, dass der Bodenrichtwert zum 31. Dezember 2024 einen Wert von 3000 € pro qm beträgt. Der zuletzt festgestellte Bodenrichtwert am 31. Dezember 2022 betrug 2600 € pro qm. Welcher Bodenrichtwert ist maßgeblich für die erbschaftsteuerliche Bewertung?

Maßgeblich für die Bewertung ist der Bodenrichtwert, der vom Gutachterausschuss zuletzt zu ermitteln war (§ 179 S. 3 BewG). Dies ist der 31. Dezember 2024, sodass als Bodenrichtwert 3000 € pro qm heranzuziehen ist.

Wie werden bebaute Grundstück bewertet?

Für die Bewertung von bebauten Grundstücken kommen 3 Verfahren in Betracht: Das Vergleichsverfahren, das Ertragswertverfahren und das Sachwertverfahren.

Für die Frage, welches der Bewertungsverfahren zur Anwendung kommt, kommt es auf die Grundstücksart an (vgl. §§ 181, 182 BewG):

Das Vergleichswertverfahren (§ 182 Abs. 2 BewG) gilt für Wohneigentum, Einfamilienhaus, Zweifamilienhaus.

Das Ertragswertverfahren (§ 182 Abs. 3 BewG) gilt für Mietwohngrundstück, Geschäftsgrundstück, gemischt genutzte Grundstücke.

Das Sachwertverfahren (§ 182 Abs. 4 BewG) gilt für Grundstücke, für welche ein Vergleichswert/Ertragswert (übliche Miete) nicht ermittelbar ist, und sonstige bebaute Grundstücke.

Bewertung von bebauten Grundstücken:

Vergleichswertverfahren	Ertragswertverfahren	Sachwertverfahren
WEG, Einfamilienhaus, Zweifamilienhaus	Mietwohngrundstück, Geschäftsgrundstück, gemischt genutzte Grundstücke	Grundstücke, für welche ein Vergleichs- oder Ertragswert nicht ermittelbar ist, und sonstige bebaute Grundstücke

▶ **Hinweis** *In der Praxis besteht häufiger Streit darüber, ob das Vergleichs- bzw Ertragswertverfahren oder das Sachwertverfahren durchzuführen ist. Dies gilt vor allem dann, wenn das Sachwertverfahren zu einem deutlich abweichenden Wert kommt. Ein Vergleichswertverfahren ist nur anwendbar, wenn Vergleichswerte vorliegen und diese qualitativ zum Vergleich geeignet sind. Das Ertragswertverfahren setzt eine tatsächliche Vermietung oder eine ermittelbare ortsübliche Miete voraus.*

2.3.2 Bewertungsverfahren

Wie erfolgt die Bewertung im Vergleichswertverfahren (§ 183 BewG)?

Bodenwert und Wert des Gebäudes werden einheitlich ermittelt. Maßgeblich ist grundsätzlich der vom örtlichen Gutachterausschuss mitgeteilte gesamte Vergleichspreis (vgl. § 183 Abs. 1 S. 2 BewG) für Gebäude und Grund und Boden. Der Vergleichspreis leitet sich aus Kaufpreisen vergleichbarer Grundstücke ab. Anstelle von Preisen kann die Wertbestimmung auch durch das Vergleichsfaktorverfahren erfolgen (§ 183 Abs. 2 BewG).

Der Nachweis eines geringeren gemeinen Werts bleibt möglich (§ 198 BewG).

▶ *Hinweis Der Vergleichswert umfasst stets Gebäude sowie Grund und Boden. Eine zusätzliche Hinzurechnung des Bodenrichtwertes hat zu unterbleiben. Anders ist dies beim Ertragswertverfahren und Sachwertverfahren.*

▶ *Hinweis Liegen keine vergleichbaren Verkäufe vor, so kommt das Sachwertverfahren zur Anwendung. Ist das Sachwertverfahren günstiger, sollte nicht durch einen Verkauf des Grundstücks innerhalb eines Jahres nach Schenkung oder Erbschaft wieder das Vergleichswertverfahren eröffnet werden (Steuerfalle). Das Bewertungsgesetz enthält nämlich keine Aussage hinsichtlich der Zeitpunkte der Verkäufe.*

Wie erfolgt die Bewertung im Ertragswertverfahren (Prüfungsschema) (§ 184 BewG)?

Bodenwert und Ertragswert des Gebäudes sind getrennt zu ermitteln:

Gebäudeertragswert
Rohertrag (§ 186 BewG)
./. Bewirtschaftungskosten (§ 187 BewG)
= Reinertrag
./. Liegenschaftszins (§ 185 Abs. 2 S. 1, 2 BewG; § 188 BewG; Anlage 23)
= Gebäudereinertrag
x Vervielfältiger (§ 185 Abs. 3 BewG; Anlage 21)
= Gebäudeertragswert
Bodenwert (Quadratmeter × Bodenrichtwert)
Summe aus Gebäudeertragswert und Bodenwert
= Ertragswert des Grundstücks
Ggf. Nachweis eines niedrigeren Wertes nach § 198 BewG

▶ *Hinweis Rohertrag ist die am Bewertungsstichtag vertraglich vereinbarte Miete ohne Betriebskosten. Ausnahmsweise kommt es auf die ortsübliche Miete an, wenn die vertragliche Miete weniger als 20 % der ortsüblichen Miete beträgt (§ 186 Abs. 1 und Abs. 2 Nr. 2 BewG).*

Wie erfolgt die Bewertung im Sachwertverfahren (Prüfungsschema) (§ 189 ff. BewG)?

Bodenwert und Gebäudesachwert sind getrennt zu ermitteln:

Gebäudesachwert
× Regionalfaktor (§ 190 Abs. 5 BewG)
× Altersminderungsfaktor (§ 190 Abs. 4 BewG)
= Gebäudesachwert
Bodenwert (Quadratmeter × Bodenrichtwert)
Summe aus Bodenwert und Gebäudesachwert (vorläufige Sachwert)
× Wertzahl (§ 189 Abs. 3, § 191 BewG)
= Sachwert des Grundstücks
Ggf. Nachweis eines niedrigeren Wertes nach § 198 BewG

▶ **Hinweis** *Gebäudesachwert = durchschnittliche Herstellungskosten* × Bruttogrundfläche × Baupreisindex (§ 190 Abs. 3 S. 2 und Abs. 4 BewG)

Wie sind Betriebsvorrichtungen bei der Bewertung von Grundvermögen erbschaftsteuerlich zu behandeln?

Zum Grundvermögen gehören nach § 176 Abs. 1 Nr. 1 BewG die Gebäude, der Grund und Boden, die sonstigen Bestandteile und das Zubehör. Maschinen und sonstige Vorrichtungen aller Art, die zu einer Betriebsanlage gehören (sog. Betriebsvorrichtungen), werden nach § 176 Abs. 2 Nr. 2 BewG ausdrücklich nicht in das Grundvermögen einbezogen. Dies ist auch dann der Fall, wenn die Betriebsvorrichtung wesentlicher Bestandteil des Grundvermögens ist. Im Rahmen des Feststellungsverfahren nach § 151 Abs. 1 S. 1 Nr. 1 BewG wird entschieden, ob eine Betriebsanlage zum Grundvermögen gehört oder eine Betriebsvorrichtung darstellt. Betriebsvorrichtungen sind nach Maßgabe von § 12 Abs. 5 ErbStG selbständige Wirtschaftsgüter des Betriebsvermögens.

Erfolgt die Bewertung nach dem vereinfachten Ertragswertverfahren nach §§ 199 ff. BewG sind die Betriebsvorrichtungen mit der Bewertung mitabgegolten. Bei der Ermittlung des Substanzwertes aufgrund der Mindestregelung nach § 11 Abs. 2 S. 3 BewG ist die Betriebsvorrichtung jedoch gesondert im Wege der Einzelbewertung mit dem gemeinen Wert zu erfassen.

Wie werden Betriebsgrundstücke bewertet?

Betriebsgrundstücke gehören zum Betriebsvermögen. Für die Bewertung des Betriebsvermögens kommt das (vereinfachte) Ertragswertverfahren zur Anwendung. Im Rahmen dieses Verfahrens ist eine gesonderte Bewertung des Grundstücks nach den §§ 176 ff. BewG für folgende Sachverhalte zusätzlich notwendig:

Der Ertragswert des Betriebsvermögens darf den Substanzwert der im Betriebsvermögen gehaltenen Wirtschaftsgüter nach § 11 Abs. 2 S. 3 BewG nicht unterschreiten. Für die Ermittlung des Substanzwertes des Betriebsgrundstückes ist eine Bewertung nach § 176 ff. BewG erforderlich. Grundvermögen im Betriebs- und Privatvermögen werden folglich gleich bewertet (§ 99 Abs. 3 BewG).

2.3 Bewertung von Grundvermögen

Ferner ist eine gesonderte Bewertung des Grundstücks nach §§ 176 ff. BewG erforderlich, wenn im Rahmen des vereinfachten Ertragswertverfahrens das Grundstück als nicht betriebsnotwendiges Betriebsvermögen (§ 200 Abs. 2 BewG) oder junges Betriebsvermögen (§ 200 Abs. 4 BewG) zu qualifizieren ist.

Außerdem ist eine gesonderte Bewertung des Grundvermögens erforderlich, wenn das Grundstück Sonderbetriebsvermögen eines Gesellschafters einer Personengesellschaft darstellt. Der Ansatz des Grundstücks erfolgt mit dem festzustellenden Grundbesitzwert und wird dann dem Anteil am Betriebsvermögen zugerechnet (§ 97 Abs. 1a Nr. 2 BewG).

> **Merke**
>
> *Gesonderte Wertermittlung nach §§ 176 ff. BewG für Betriebsgrundstücke erforderlich bei:*
> *Feststellung des Substanzwertes*
> *Wertermittlung bei nicht betriebsnotwendigen Betriebsvermögen nach § 200 Abs. 2 BewG*
> *Wertermittlung von jungem Betriebsvermögen nach § 200 Abs. 4 BewG*
> *Grundstücke im Sonderbetriebsvermögen*

Ist der Steuerpflichtige zwingend an die formale Bewertung von Grundstücken nach dem Bewertungsgesetz gebunden?

Nach § 198 Abs. 1 BewG kann der Steuerpflichtige einen niedrigeren Wert nachweisen. Gelingt der Nachweis, hat der Steuerpflichtige einen Rechtsanspruch auf Ansatz des niedrigeren Werts. Sollte der nachgewiesene Wert nicht niedriger sein, bleibt es bei der Bewertung nach dem Bewertungsgesetz. Als Nachweis eines niedrigeren bedarf es regelmäßig eines Gutachtens nach § 198 Abs. 2 BewG. Auch kann der Steuerpflichtige einen niedriger Wert nachweisen, wenn ein Kaufvertrag über das Grundstück innerhalb eines Jahres vor oder nach dem Bewertungsstichtag abgeschlossen wurde (§ 198 Abs. 3 BewG). In diesem Fall kann der Kaufpreis als Wert herangezogen werden.[19] Voraussetzung ist jedoch, dass die Verhältnisse bei Abschluss des Kaufvertrages und am Bewertungsstichtag gleich waren.

▶ **Hinweis** *Ein Gutachten ist nun auch durch einen zertifizierten Sachverständigen möglich; ein Gutachten durch Gutachterausschuss oder einen öffentlich bestellten und vereidigten Sachverständigen ist nicht mehr zwingend notwendig. Es ist jedoch zu beachten, dass ein Gutachten bestimmte Anforderungen erfüllen muss, damit es als Wertnachweis anerkannt wird.*[20]

▶ **Hinweis** *Wird ein Gutachter beauftragt, so kann er auswählen, ob er für die Wertbestimmung das Vergleichswert-, Ertragswert- oder Sachwertverfahren anwendet. Der Gutachter hat seine Auswahl lediglich zu begründen (§ 6 ImmoWertV). Im Bewertungsverfahren nach dem Bewertungsgesetz ist die Methode streng vorgegeben.*

---

[19] Offen ist das Konkurrenzverhältnis zwischen § 198 Abs. 2 und § 198 Abs. 3 BewG. Die Finanzverwaltung geht von einem Vorrang des Kaufpreises aus. Zweifelhaft ist jedoch, ob die Gerichte dieser Auffassung folgen; BeckOK BewG/Dorn § 198 Rn. 140.

[20] BFH, Urteil vom 24. Oktober 2017 – II R 40/15, BStBl. II 2019, 21.

▶ **Hinweis** *Die Bewertung nach dem Bewertungsgesetz ist ein typisiertes Verfahren. Nicht erheblich ist bei der Bewertung z. B. ein vorhandener Instandhaltungsrückstau, eine Lärmbelästigung, die Bahnnähe, Denkmalschutzauflagen oder neue gesetzliche Auflagen (wie z. B. das Heizungsgesetz). Auch nicht berücksichtigt ist ein etwaiger Rückgang des Bodenwertes zwischen dem Stichtag und der Schenkung bzw. Erbschaft.*

2.4 Bewertung von Betriebsvermögen

2.4.1 Bewertungsgrundsätze

Wie wird inländisches Betriebsvermögen bewertet? Gilt für Einzelkaufleute, Freiberufler, gewerbliche sowie freiberufliche Personengesellschaften und Kapitalgesellschaften der gleiche Bewertungsansatz?

Die Bewertung (nicht börsennotierter) Anteile an Kapitalgesellschaften richtet sich nach § 11 Abs. 2 BewG. Demzufolge ist für die Bewertung der gemeine Wert zugrunde zu legen.

Für (gewerbliche und freiberufliche) Personengesellschaften ist gleichsam der gemeine Wert maßgeblich. Über § 109 Abs. 2 BewG wird auf § 11 Abs. 2 BewG verwiesen.

Auch für Gewerbetreibende und Freiberufler erfolgt über § 109 Abs. 1 BewG ein Verweis auf § 11 Abs. 2 BewG.

Lediglich bei börsennotierten Anteilen (an Kapitalgesellschaften) gilt über § 11 Abs. 1 BewG der Kurswert.

Im Ergebnis ist damit weitgehend eine rechtsformunabhängig gleiche Bewertung sichergestellt.

▶ **Merke** *Das gewerbliche oder freiberufliche Einzelunternehmen, der Anteil an einer gewerblichen oder freiberuflichen Personengesellschaft sowie der Anteil an einer nicht bösennotierten Kapitalgesellschaft wird damit nach dem gemeinen Wert gemäß § 11 Abs. 2 BewG bewertet.*

Wie ist der gemeine Wert nach § 11 Abs. 2 BewG zu bestimmen?

Es gilt ein gestuftes Vorgehen:

Handelt es sich um börsennotierte Anteile (an einer Kapitalgesellschaft), so ist der Börsenwert maßgeblich.

Ansonsten ist der gemeine Wert aus einem Verkauf unter fremden Dritten abzuleiten, sofern ein solcher nicht länger als 1 Jahr zurückliegt (§ 11 Abs. 2 S. 2 BewG).

Liegt ein solcher Verkaufsfall nicht vor, so ist der gemeine Wert durch ein Ertragswertverfahren oder einer anderen anerkannten Methode zu ermitteln (§ 11 Abs. 2 S. 2 BewG). Möglich ist als Verfahren auch das vereinfachte Ertragswertverfahren (§ 11 Abs. 2 S. 4 BewG i. V. m. §§ 199 ff. BewG), sofern dies nicht offensichtlich zu einem unzutreffenden Ergebnis führt (§ 199 Abs. 2 letzter Halbsatz BewG). Bei Anwendung des vereinfachten Ertragswertverfahrens ist mindestens der Substanzwert anzusetzen (§ 11 Abs. 2 S. 3 BewG).

2.4 Bewertung von Betriebsvermögen

▶ **Merke** *Im Rahmen der Substanzbewertung muss bei Personengesellschaften noch an das Sonderbetriebsvermögen gedacht werden. Bei Kapitalgesellschaften ist zu beachten, dass begünstigtes Betriebsvermögen nur bei einem Anteil des Schenkers oder Erblassers von mehr als 25 % möglich ist.*

▶ **Hinweis** *Nach Ansicht der Rechtsprechung ist der Wert von Anteilen an einer nichtbörsennotierten Kapitalgesellschaft nicht auf den Substanzwert begrenzt, wenn eine Ableitung des niedrigeren gemeinen Werts aus Verkäufen unter fremden Dritten, die weniger als ein Jahr zurückliegen, möglich ist.[21] Bei einem Sachwertgutachten oder dem vereinfachten Ertragswertverfahren bleibt der Substanzwert als Mindestwert weiter relevant. Nähere Ausführungen hierzu auch unter Ziffer 2.4.2.*

2.4.2 Vereinfachtes Ertragswertverfahren

Für welche „Wirtschaftsgüter bzw. Wirtschaftseinheiten" kommt das vereinfachte Ertragswertverfahren in Betracht?

Das vereinfachte Ertragswertverfahren kann in folgenden Fällen zur Anwendung kommen:

Nicht börsennotierte Anteile an Kapitalgesellschaften (§ 199 Abs. 1 i. V. m. § 11 Abs. 2 S. 2 BewG).

Betriebsvermögen und Anteile am Betriebsvermögen (§ 199 Abs. 2 i. V. m. § 11 Abs. 2 Satz 2 und § 109 Abs. 1 und 2 BewG). Insbesondere zählen hierzu gewerbliche Einzelunternehmen (§ 95 BewG) und freiberufliche Einzelunternehmen (§ 96 BewG), Anteile an gewerblichen (auch gewerblich geprägten) und freiberuflichen Personengesellschaften (§ 97 Abs. 1 Nr. 5 und Abs. 1a BewG) sowie das Betriebsvermögen einer Kapitalgesellschaft als solches (§ 97 Abs. 1 Nr. 1 BewG).

Das vereinfachte Ertragsverfahren kann nur dann angewendet werden, wenn das vereinfachte Ertragswertverfahren nicht zu offensichtlich unzutreffenden Ergebnissen führt (vgl. § 199 Abs. 2 BewG). Es ist ein Wahlrecht („kann"). Keinesfalls besteht eine Verpflichtung des Steuerpflichtigen, die Wertermittlung nach dem vereinfachten Ertragswertverfahren durchzuführen.

Wann ist das vereinfachte Ertragswertverfahren im Sinne des § 199 BewG offensichtlich unzutreffend?

Offensichtlich unzutreffend kann das vereinfachte Ertragswertverfahren aus den folgenden Gründen sein:

- Vorliegen zeitnaher Verkäufe, wenn diese nach dem Bewertungsstichtag liegen
- Vorliegen von Verkäufen, die mehr als ein Jahr vor dem Bewertungsstichtag liegen
- Erbauseinandersetzung, bei denen die Verteilung der Erbmasse Rückschlüsse auf den gemeinen Wert zulässt[22]

---

[21] BFH, Urteil vom 25. September 2024 II R 15/21.
[22] Vgl. R B 199.1 Abs. 5 Nr. 3 ErbStR 2019.

▶ **Hinweis** *In Klausuren wird dieses Kriterium häufig durch einen zeitnahen Verkauf nach dem Bewertungsstichtag abgeprüft.*

Wie wird der Gesamtunternehmenswert im vereinfachten Ertragswertverfahren ermittelt?

Der Gesamtunternehmenswert ergibt sich aus der Summe des Ertragswertes und des Hinzurechnungsbetrages. Der Gesamtunternehmenswert darf den Substanzwert nicht unterschreiten. Die Berechnungen erfolgen wie folgt:

Zunächst wird der Ertragswert ermittelt:

	Jahr 01	Jahr 02	Jahr 03
Gewinne (Ausgangswert)			
+ Hinzurechnungen (§ 202 Abs. 1 Nr. 1 BewG) (z. B. Teilwert-AfA)			
./. Kürzung (§ 202 Abs. 1 Nr. 2 BewG) (z. B. Unternehmerlohn)			
= Betriebsergebnisse			
./. Abschlag (30 %) (Abgeltung des Ertragssteueraufwands)			
Summe der jeweiligen Jahreserträge			
Summe aller Jahreserträge (01 bis 03)			
× 1/3			
= nachhaltig erzielbarer Jahresertrag			
× 13,75 (Kapitalisierungsfaktor § 203 Abs. 1 BewG)			
= Ertragswert (mindestens jedoch Substanzwert) § 11 Abs. 2 S. 3 BewG			

Zusätzlich wird dann der Hinzurechnungsbetrag ermittelt:

Gemeiner Wert von nicht betriebsnotwendigem Vermögen nach § 200 Abs. 2 BewG
+ gemeiner Wert von Beteiligungen nach § 200 Abs. 3 BewG
+ junges Betriebsvermögen nach § 200 Abs. 4 BewG
= Hinzurechnungsbetrag

Aus der Summe des Ertragswertes und des Hinzurechnungsbetrages ergibt sich der Gesamtunternehmenswert:

Gesamtunternehmenswert (§ 11 Abs. 2 BewG)
= Ertragswert + Hinzurechnungsbetrag
(Wertuntergrenze: Substanzwert § 11 Abs. 2 S. 3 BewG)

▶ **Hinweis** *Betriebsgrundstücke müssen nicht gesondert bewertet werden. Anders ist dies nur, wenn sie junges Betriebsvermögen, nicht notwendiges Betriebsvermögen oder Sonderbetriebsvermögen darstellen. Auch im Rahmen des Substanzwertes als Mindestwertes bedarf es einer gesonderten Grundbesitzbewertung (§ 11 Abs. 2 S. 3 BewG).*

2.4 Bewertung von Betriebsvermögen

Was ist nicht betriebsnotwendiges Vermögen im Sinne des § 200 Abs. 2 BewG?

Wirtschaftsgüter des nicht betriebsnotwendigen Vermögens und die mit diesen in wirtschaftlichen Zusammenhang stehenden Schulden sind neben dem Ertragswert mit ihrem gemeinen Wert anzusetzen. Zum betriebsnotwendigen Vermögen gehören Wirtschaftsgüter, die sich ohne Beeinträchtigung der eigentlichen Unternehmenstätigkeit aus dem Unternehmen herauslösen lassen, ohne dass die operative Geschäftstätigkeit eingeschränkt wird.[23]

Beispiele: Kunstgegenstände eines EDV-Unternehmens, ungenutztes Grundstück eines Unternehmens.

Was ist mit Beteiligungen im Sinne des § 200 Abs. 3 BewG gemeint?

Es geht hier um Anteile an Personen- und Kapitalgesellschaften. Eine Mindestquote gibt es nicht. Hat das Unternehmen (Obergesellschaft), an welchem die Beteiligung besteht, ihrerseits eine Beteiligung (Untergesellschaft), so muss diese Beteiligung grundsätzlich nicht auch im vereinfachten Ertragswertverfahren bewertet werden. Anders ist dies nur, wenn die fehlende Bewertung an der Untergesellschaft zu einem offensichtlich unzutreffenden Ergebnis führt.[24]

Johanna hält sämtliche Anteile an der H-GmbH. Die H-GmbH ihrerseits hält eine Beteiligung an der T-GmbH sowie ein betrieblich genutztes Grundstück. Nach dem Tode von Johanna möchte ihre Erbin Livia wissen, ob mit der Bestimmung des Ertragswertes der H-GmbH der erbschaftsteuerliche Wert feststeht.

Neben dem Ertragswert der H-GmbH ist im vereinfachten Ertragswertverfahren zusätzlich der erbschaftsteuerliche Wert der Beteiligung an der T-GmbH gemäß § 200 Abs. 3 BewG für die Bestimmung des Gesamtunternehmenswertes hinzuzurechnen. Keine Hinzurechnung hat für das Grundstück zu erfolgen, weil es sich um betriebsnotwendiges Betriebsvermögen handelt.

▶ **Hinweis** *Zur Vermeidung einer Doppelerfassung sind etwaige erhaltene Dividenden von der T-GmbH oder Darlehensaufwendungen im Zusammenhang mit der T-GmbH bei der Bestimmung des Ertragswertes gemäß § 202 Abs. 1 Nr. 1 f. bzw. Nr. 2 f. BewG zu korrigieren.*

Was ist junges Betriebsvermögen im Sinne des § 200 Abs. 4 ErbStG?

Jegliche Einlagen und damit zusammenhängende Schulden, die bis zu 2 Jahre vor dem Bewertungsstichtag eingebracht werden, sind junges Betriebsvermögen. Sie müssen eigenständig mit dem gemeinen Wert bewertet werden und fließen als Hinzurechnungsbetrag in den Unternehmenswert ein.

---

[23] Vgl. R B 200 Abs. 2 ErbStR 2019.
[24] Vgl. R B 200 Abs. 3 ErbStR 2019.

> **Hinweis**
>
> *Junges Betriebsvermögen ist relevant bei der Ertragswertbestimmung von Betriebsvermögen. Junges Verwaltungsmittel und junge Finanzmittel sind erheblich bei der Bestimmung von schädlichem Verwaltungsvermögen.* ◄

Welche Jahre sind für die Ermittlung des Ertragswertes relevant?

Grundlage des Ermittlungszeitraumes für den Jahresertrag sind die drei vor dem Bewertungsstichtag abgelaufenen Wirtschaftsjahre.

Der Zeitraum von 3 Jahren ist zu kürzen, wenn sich der Charakter des Unternehmens nach dem Gesamtbild der Verhältnisse nachhaltig verändert hat oder das Unternehmen neu entstanden ist (vgl. § 201 Abs. 3 BewG).

Ausnahmsweise kann das aktuelle Jahr, in welchem der Bewertungsstichtag fällt, für die Ermittlung des Ertragswertes relevant werden. Dies gilt dann, wenn das drittletzte abgelaufene Wirtschaftsjahr lediglich ein Rumpfgeschäftsjahr ist.

Beispiel: Gründung des Unternehmens am 1. Oktober 2021; Bewertungsstichtag 15. März 2024.

Für die Ermittlung des Ertragswertes ist auf die Jahre 2022 bis 2024 abzustellen.

Für die Ermittlung des Betriebsergebnisses im Sinne des § 202 BewG ist vom Gewinn auszugehen. Welcher Gewinn ist hier genau gemeint?

Der Gesetzgeber geht vom Steuerbilanzgewinn aus. Nicht relevant ist das zu versteuernde Einkommen. Hierdurch wird erreicht, dass die Gewinne rechtsformunabhängig identisch sind.

Ergebnisse aus Sonder- und Ergänzungsbilanzen bleiben unberücksichtigt (§ 202 Abs. 1 S. 1 HS 2 BewG).

> **Hinweis**
>
> *Bei der Wertbestimmung für den Substanzwert als Mindestwert wird hingegen neben dem Gesamthandsvermögen auch das Sonderbetriebsvermögen mitumfasst (vgl. § 97 Abs. 1a Nr. 3 BewG).* ◄

Welchen Hintergrund hat der Unternehmerlohn und wann ist er nach § 202 Abs. 1 Nr. 2d BewG abzuziehen?

Der Abzug des Unternehmenslohnes dient insbesondere der Gleichstellung von Einzelunternehmen, die im Gegensatz zu Gesellschafter-Geschäftsführern von Kapital- und Personengesellschaften keinen Unternehmerlohn bei der (ertragsteuerlichen) Ermittlung des Betriebsergebnisses geltend machen können.

Kein Abzug ist möglich, wenn eine angemessene Tätigkeitsvergütung bei einer Kapital- oder Personengesellschaft bereits (aufwandswirksam) bezahlt wird.

2.4 Bewertung von Betriebsvermögen

Die Höhe des Unternehmerlohns wird nach der Vergütung bestimmt, die eine nicht beteiligte Geschäftsführung – Fremdvergleich – erhalten würde.[25] Der Verzicht des Gesetzgebers auf die Vorgabe eines fixen Unternehmerlohns wirft die Frage auf, wie ein angemessener Unternehmenslohn zu ermitteln ist. Die Bestimmung der Angemessenheit ist daher in der Praxis streitanfällig.

▶ **Hinweis** *Erhalten die geschäftsführenden Gesellschafter einer Personengesellschaft ihre Tätigkeitsvergütung als Vorweggewinnzuweisung über das Kapitalkonto, ist mangels Gewinnminderung noch ein Abzug eines Unternehmenslohnes vorzunehmen.*

Wie wirken sich verdeckte Gewinnausschüttungen oder verdeckte Einlagen bei der Ermittlung des Betriebsergebnisses aus?

Nach § 202 Abs. 1 S. 2 Nr. 3 BewG sind auch sonstige wirtschaftlich nicht begründete Vermögensminderungen/-erhöhungen mit Einfluss auf den zukünftig nachhaltig zu erzielenden Jahresertrag und mit gesellschaftsrechtlichem Bezug zu korrigieren (Hinzurechnung/Kürzung), soweit noch keine Korrekturen nach § 202 Abs. 1 Nr. 1 und 2 BewG erfolgt sind. Hierzu gehören insbesondere verdeckte Gewinnausschüttungen und verdeckte Einlagen.

Beispiel 1

Eine Gesellschaft zahlt an den Gesellschafter-Geschäftsführer einen überhöhten Unternehmerlohn.

Die wirtschaftlich nicht begründete Vermögensminderung der Gesellschaft ist in Höhe der Differenz zum angemessenen Unternehmerlohn zur Ermittlung des Betriebsergebnisses hinzuzurechnen (§ 202 Abs. 1 S. 2 Nr. 3 BewG). ◀

Beispiel 2

Eine natürliche Person überlässt der Gesellschaft, an der sie oder eine ihr nahestehende Person beteiligt ist, ein Grundstück zu einer niedrigen Miete. Die wirtschaftlich nicht begründete Vermögenserhöhung der Gesellschaft ist in Höhe der Differenz zur üblichen Miete bei der Ermittlung des Betriebsergebnisses abzuziehen (§ 202 Abs. 1 S. 2 Nr. 3 BewG).

Anmerkung: Ertragsteuerlich ist die verbilligte Nutzungsüberlassung im Beispiel 2 kein einlagefähiger Vermögensvorteil und damit keine verdeckte Einlage. Dennoch kommt es für Zwecke der Schenkungsteuer zu einer Korrektur. ◀

---

[25] Vgl. R B 202 Abs. 3 S. 2 Nr. 2d S. 2 ErbStR 2019.

Wie wird ausländisches Betriebsvermögen bewertet? Gelten hier Besonderheiten?

Ausländisches Sachvermögen wird gemäß § 31 BewG mit dem gemeinen Wert nach § 9 BewG bewertet. Ein anderer Bewertungsmaßstab (wie z. B. § 11 Abs. 2 BewG) ist nicht zugelassen. Ausländisches Sachvermögen ist das ausländische Betriebsvermögen und Grundvermögen. Nicht umfasst von dem Begriff Sachvermögen sind ausländische Aktien (Wertpapiere), die unter § 11 BewG fallen.

Wann ist der Substanzwert bei der Bewertung von Betriebsvermögen als Mindestwert zu prüfen?

Der Substanzwert als Mindestwert einer Bewertung ist zu prüfen, wenn die Bewertung nach Maßgabe eines vereinfachten Ertragswertverfahren oder eines Sachverständigengutachtens erfolgt (§ 11 Abs. 2 S. 3 BewG). Die Anwendung des Substanzwertes ist ausgeschlossen, wenn sich der gemeine Wert aus tatsächlichen Verkäufen unter fremden Dritten im gewöhnlichen Geschäftsverkehr ableitet.[26]

Was ist bei der Ermittlung des Substanzwertes zu beachten?

In die Ermittlung des Substanzwertes sind dem Grunde nach sämtliche Wirtschaftsgüter einzubeziehen, die nach §§ 95 bis 97 BewG am Bewertungsstichtag zum Betriebsvermögen gehören.

Aktive und passive Wirtschaftsgüter gehören selbst dann zum Betriebsvermögen, wenn für sie ein steuerliches Aktivierungs- oder Passivierungsverbot besteht (z. B. Drohverlustrückstellung nach § 5 Abs. 4a EStG).

Zum Betriebsvermögen gehören auch selbstgeschaffene oder entgeltlich erworbene immaterielle Wirtschaftsgüter (Markenrechte, Patente etc.). Darüber hinaus sind auch solche Faktoren zu erfassen, die den Geschäftswert bilden und einer eigenständigen Bewertung zugänglich sind (Kundenstamm und Know-how). Andere Faktoren bleiben unberücksichtigt, da sie gerade den Unterschied zwischen Ertragswert und Substanzwert ausmachen.

Rechnungsabgrenzungsposten bleiben als temporäre Posten unberücksichtigt.

Rücklagen (z. B. Investitionsrücklage nach § 6b EStG) sind bei der Ermittlung des Substanzwerts nicht zu berücksichtigen (§ 103 Abs. 3 BewG).

Wirtschaftsgüter des beweglichen abnutzbaren Anlagevermögens können aus Vereinfachungsgründen mit 30 % der Anschaffungs- oder Herstellungskosten angesetzt werden, wenn dies nicht zu unzutreffenden Ergebnissen führt.

Wirtschaftsgüter des Umlaufvermögens sind mit ihren Wiederbeschaffungs- oder Wiederherstellungskosten zum Bewertungsstichtag anzusetzen.

Im Übrigen ist die Ermittlung nach dem gemeinen Wert durchzuführen (§ 11 Abs. 2 S. 3 BewG).

Nach § 151 BewG festgestellte Werte für Grundbesitz, Betriebsvermögen und Anteile an Kapitalgesellschaften sind zu übernehmen.[27]

---

[26] Vgl. R B 11.5 Abs. 1 S. 2 ErbStR 2019.
[27] Vgl. R B 11.5 Abs. 1 bis 9 ErbStR 2019.

2.4.3 Bewertung des Anteils an einem Betriebsvermögen (Personengesellschaft)

Wie wird der Anteil an einer Personengesellschaft mit Betriebsvermögen für erbschaft- und schenkungsteuerliche Zwecke bewertet?

Für die Wertbestimmung des (anteiligen) Betriebsvermögens ist auf einen Kaufpreis für einen Anteil an der Personengesellschaft, der unter fremden Dritten und längstens ein Jahr zurückliegt, abzustellen. Liegt ein solcher Kauf nicht vor, erfolgt die Bewertung durch ein unter Berücksichtigung der Ertragsaussichten anerkanntes Verfahren zur Wertermittlung. Hierzu kann auch das vereinfachte Ertragswertverfahren nach §§ 199 ff. BewG herangezogen werden. Der Substanzwert darf bei einer Wertbestimmung durch ein Ertragswertverfahren nicht unterschritten werden (§ 11 Abs. 2 BewG).

Alex ist 50 %iger Gesellschafter einer Personengesellschaft. Er vermietet der Personengesellschaft sein ihm gehörendes Haus zur Nutzung als Büro. Für dieses Haus hat Alex eine Darlehensschuld aufgenommen. Nach dem Tode von Alex ist Anette Alleinerbin.

Der erbschaftsteuerliche Wert des Hauses liegt bei 1 Mio. € und der Darlehensschuld bei 500 TE. Der erbschaftsteuerliche Wert des Unternehmens liegt bei 2 Mio. €. Die Kapitalkonten aller Gesellschafter betragen 1 Mio. €, wovon auf Alex ein Kapitalkonto von 400 Mio. € entfällt. Wie sind die Vermögensgegenstände erbschaftsteuerlich zu erfassen?

Zunächst ist der Wert des Unternehmens nach § 109 Abs. 2 i. V. m. § 11 Abs. 2 BewG zu ermitteln. Sodann ist der Anteil des Wertes für Alex zu bestimmen. Hierbei ist wie folgt vorzugehen:

Die Kapitalkonten sind den Gesellschaftern vorweg zuzurechnen (§ 97 Abs. 1a Nr. 1a BewG). Der verbleibende Teil ist nach dem Gewinnaufteilungsschlüssel (üblicherweise nach den Gesellschaftsanteilen) aufzuteilen (§ 97 Abs. 1a Nr. 1b BewG). Zusätzlich ist der gemeine Wert des Sonderbetriebsvermögen zu ermitteln und dem Anteil am Gesamthandsvermögen hinzuzurechnen (§ 97 Abs. 1a Nr. 2 und Nr. 3 BewG).

Steuerlicher Wert des gesamten Betriebsvermögens der Personengesellschaft: 2 Mio. €. Hiervon entfällt auf Alex ein Anteil von 900 TE (Kapitalkonto 400 TE und 50 % von verbleibender 1 Mio. €).

Zusätzlich ist der Wert des Grundstücks als Sonderbetriebsvermögen mit dem gemeinen Wert in Höhe von 1 Mio. € hinzuzurechnen sowie die Sonderbetriebsschuld in Höhe von 500 TE abzuziehen:

900 TE + 1 Mio. € – 500 TE = 1,4 Mio. €

Der (erbschaftsteuerliche) Wert des Anteils von Alex beträgt demnach 1,4 Mio. €.

Werts des Anteils am Gesamthandvermögen der Personengesellschaft:
Berechnung des gesamten Werts des Unternehmens
Hiervon vorweg Zurechnung der Kapitalkonten an die Gesellschafter
Im Übrigen wird Wert nach Gewinnaufteilungsschlüssel aufgeteilt

Unternehmensanteilswert eines Gesellschafters einer Personengesellschaft:
Wert des Anteils am Gesamthandsvermögen der Personengesellschaft
Hinzurechnung von Sonderbetriebsvermögen bzw. Kürzung von Sonderbetriebsschulden

▶ *Hinweis Das Grundstück im Sonderbetriebsvermögen ist für erbschaftsteuerliche Zwecke nicht Grundvermögen des Gesellschafters, sondern gehört als Betriebsgrundstück (§ 99 BewG) zum Sonderbetriebsvermögen der Personengesellschaft.*

Die Personengesellschaft hat ein Grundstück erworben, das betrieblich genutzt wird. Der Gesellschafter Alex fragt sich, ob sich mit der vereinfachten Ertragsbewertung des Gesellschaftsanteils nach § 109 Abs. 2 i. V. m. § 11 Abs. 2 S. 4 BewG auch die Bewertung des Grundstücks erledigt.

Grundsätzlich ja. Von dem (vereinfachten) Ertragswertverfahren ist auch der Wert des Grundstücks inkludiert. Ein gesonderter Ansatz des Grundbesitzwertes ist nur bei der Substanzwertermittlung (§ 11 Abs. 2 S. 3 BewG) oder bei Vorliegen von nicht betriebsnotwendigem (§ 200 Abs. 2 BewG) oder jungen Betriebsvermögen (§ 200 Abs. 4 BewG) nötig.

Der Personengesellschaft des Mehrheitsgesellschafters Ben gehört ein Haus. Dieses Haus wird ausschließlich von Ben und seiner Familie (für private Zwecke) bewohnt. Ist das Haus gesondert zu bestimmen?

Für die Zuordnung zum erbschaftsteuerlichen Betriebsvermögen gelten die ertragsteuerlichen Grundsätze.[28] Demnach gehört das Haus, wenngleich es sich im Gesamthandsvermögen der Personengesellschaft befindet, nicht zum (erbschaftsteuerlichen) Betriebsvermögen. Es bedarf eines gesonderten Ansatzes des Grundbesitzwertes.

▶ *Hinweis Überlässt ein Gesellschafter einer gewerblichen oder freiberuflichen Personengesellschaft ein Grundstück, so ist das überlassene Grundstück grundsätzlich kein schädliches und damit begünstigtes Verwaltungsvermögen (§ 13b Abs. 4 Nr. 1 S. 2 Buchst. a Fall 2 ErbStG). Entsprechendes gilt bei Personengesellschaften mit einem land- und forstwirtschaftlichen Betrieb (§ 13b Abs. 4 Nr. 1 S. 2 Buchst. f ErbStG).*

▶ *Hinweis Bei anderen Wirtschaftsgüter im Sonderbetriebsvermögen (Wertpapiere, Beteiligung an der Komplementär-GmbH, bewegliche Gegenstände etc.) gibt es keine entsprechende Begünstigung wie bei Grundstücken (§ 13 Abs. 4 Nr. 1 Buchst. a ErbStG). Hier ist regelmäßig von nicht begünstigtem Verwaltungsvermögen auszugehen.*

2.4.4 Bewertung des Anteils an einer vermögensverwaltenden Personengesellschaft

Der unmittelbare oder mittelbare Erwerb eines Anteils an einer vermögensverwaltenden Personengesellschaft gilt als Erwerb der anteiligen Wirtschaftsgüter. Die anteiligen übergehenden Schulden und Lasten sind wie eine Gegenleistung zu behandeln (§ 10 Abs. 1 S. 4 ErbStG).

---

[28] Vgl. R B 97.1 Abs. 1 S. 5 ErbStR 2019.

2.4 Bewertung von Betriebsvermögen

Die Wirtschaftsgüter der vermögensverwaltenden Personengesellschaft oder Gesamthandsgemeinschaft sind einzeln nach den allgemeinen Bewertungsgrundsätzen (z. B. Grundstücke gemäß §§ 176 ff. BewG) zu bewerten; gleiches gilt für Schulden und Lasten. Für den Wert am Anteil an den Vermögensgegenständen und Schulden erfolgt gemäß § 151 Abs. 1 S. 1 Nr. 4 BewG eine gesonderte Feststellung, wenn die Werte für die Erbschaft- oder Schenkungsteuer von Bedeutung sind.

▶ **Hinweis** *Die Fiktion des anteiligen Erwerbs der Wirtschaftsgüter sowie Schulden und Lasten findet nur für den Vermögensanfall bzw. den Erwerb als solchen Anwendung. Infolgedessen ist der Erwerb einer mittelbar über eine Gesamthandsgemeinschaft gehaltenen Beteiligung an einer Kapitalgesellschaft aufgrund des eindeutigen Wortlautes nicht nach § 13b Abs. 1 Nr. 3 ErbStG begünstigt.*

2.4.5 Bewertung des Anteils an einer Kapitalgesellschaft

Wie wird der Anteil an einer Kapitalgesellschaft für erbschaft- und schenkungsteuerliche Zwecke bewertet?

Ist die Kapitalgesellschaft börsennotiert, so ergibt sich der Wert aus der Börsennotierung zum Stichtag (§ 11 Abs. 1 BewG). Im Übrigen ist auf einen Kaufpreis unter fremden Dritten, der längstens ein Jahr vor dem Bewertungsstichtag stattfand, abzustellen. Liegt ein solcher Kauf nicht vor, erfolgt die (anteilige) Bewertung durch ein unter Berücksichtigung der Ertragsaussichten anerkanntes Verfahren zur Wertermittlung. Hierzu kann auch das vereinfachte Ertragswertverfahren nach §§ 199 ff. BewG herangezogen werden. Der Substanzwert darf bei einer Wertbestimmung durch ein Ertragswertverfahren nicht unterschritten werden (§ 11 Abs. 2 BewG).

Ben und Anna sind an der AB GmbH beteiligt. Ben hält 60 % und Anna 40 % der Anteile. Laut Gesellschaftervertrag sind die Gesellschafter zu je 50 % an den Gewinnen beteiligt. Für Anna ist im Gesellschaftsvertrag vorgesehen, dass sie ihre Beteiligung nur veräußern kann, wenn Ben zustimmt. Anna hat ihr Nennkapital noch nicht in voller Höhe einbezahlt (5000 € noch offen). Der Wert der AB GmbH nach dem vereinfachten Ertragswertverfahren beträgt 1 Mio. €. Als Anna stirbt, möchte die Erbin wissen, welcher Anteil am ermittelten Ertragswert auf den geerbten Anteil entfällt.

Gemäß § 97 Abs. 1b S. 1 BewG ist grundsätzlich der Anteil am Stammkapital (40 %) für die Aufteilung maßgeblich. Der Anteil am Nennkapital ist jedoch dann nicht einschlägig, wenn eine abweichende Gewinnverteilung im Gesellschaftsvertrag vereinbart ist. In diesem Fall ist für die Aufteilung auf diese Vereinbarung abzustellen (§ 97 Abs. 1b S. 4 BewG). Somit ist der Anteil der Anna mit 500 TE zu bewerten.

Unerheblich ist, dass Anna das Nennkapital noch nicht voll einbezahlt hat. Dies wäre nur anders, wenn eine Vereinbarung bestehen würde, wonach sich das eingezahlte Kapital auf die Beteiligung am Vermögen oder Gewinn auswirkt. Eine solche Vereinbarung ist jedoch nicht ersichtlich (vgl. § 97 Abs. 1b S. 2 und 3 BewG).

Die Verfügungsbeschränkung über den Anteil wirkt sich gleichsam nicht auf den Wert des Anteils aus. Ungewöhnliche oder persönliche Verhältnisse dürfen sich nach § 9 Abs. 2 und Abs. 3 BewG nicht auf den Wert auswirken (vgl. § 97 Abs. 1b S. 4 BewG, der insoweit § 9 BewG ausdrücklich aufgreift). Die Verfügungsbeschränkung bleibt somit für die Wertermittlung unberücksichtigt.

▶ **Hinweis** *Für die Bestimmung des Wertanteils an einer Kapitalgesellschaft ist vorrangig die im Gesellschaftsvertrag vom Nennkapital abweichende Gewinnverteilung maßgeblich. Eine vom Nennkapital abweichende Verlustbeteiligung oder Beteiligung am Liquidationserlös wäre insoweit auch vorrangig. Andere ungewöhnliche oder persönliche Verhältnisse spielen keine Rolle für die Bestimmung des Wertanteils. Dies gilt insbesondere für Stimmrechtsbindungen.*

Unternehmensanteilswert bei einer Kapitalgesellschaft:
Vorrangig nach Gewinn-, Verlust- oder Liquidationsverteilung im Gesellschaftsvertrag aufzuteilen
Ersatzweise Aufteilung nach dem Nennkapital

▶ **Merke** *Die Berechnung des Anteils an einer Personengesellschaft berechnet sich nach § 97 Abs. 1a BewG. Die Berechnung des Anteils an einer Kapitalgesellschaft berechnet sich nach § 97 Abs. 1b BewG.*

2.4.6 Paketzuschlag

Christian hat ein Aktienpaket (30 % am Grundkapital). Nach seinem Tod erben seine Söhne Nico und Maxi den Anteil. Die Aktien haben im Zeitpunkt des Ablebens von Christian einen Börsenwert von 1 Mio. €. Nico und Maxi beabsichtigen, das Aktienpaket hälftig (je 15 %) aufzuteilen. Ist der Börsenwert von 1 Mio. € für die Erbschaftsbesteuerung zugrunde zu legen?

Gemäß § 12 Abs. 2 ErbStG i. V. m. § 11 Abs. 1 BewG ist der Börsenwert für die Bewertung maßgeblich. Gemäß § 11 Abs. 3 BewG ist jedoch ein höherer Wert anzusetzen, wenn sich aus besonderen Umständen ein höherer Wert ergibt. Als ein Beispiel nennt das Gesetz, wenn sich aus Höhe der Beteiligung eine Beherrschung ergibt. Dies ist nach Auffassung der Finanzverwaltung bereits der Fall, wenn auf Erben mehr als 25 % der Anteile übergehen.[29] Es spielt hierbei keine Rolle, dass jeder Erbe nach Aufteilung weniger als 25 % Anteile erhält.[30] Es kommt ein Zuschlag von bis zu 25 % (von 1 Mio. €) in Betracht.[31]

---

[29] Vgl. R B 11.8. Abs. 3 ErbStR 2019.
[30] Vgl. R B 11.8. Abs. 4 ErbStR 2019.
[31] Vgl. R B 11.8. Abs. 9 ErbStR 2019.

2.4 Bewertung von Betriebsvermögen

Wie wäre der Fall, wenn Christian das Aktienpaket den Söhnen von vornherein zu je 1/2 geschenkt hätte?

In diesem Fall wäre ein Paketzuschlag nach § 11 Abs. 3 BewG nicht vorzunehmen.[32] Nico und Maxi erhalten von vornherein nur je 15 % der Aktien.

Wie wäre der Fall, wenn die Aktien nicht an einer Börse notiert sind und die erbschaftsteuerliche Bewertung nach dem vereinfachten Ertragswertverfahren (§ 11 Abs. 2 S. 4 BewG i. V. m. §§ 199 f. BewG) erfolgt ist?

In diesem Fall ist kein Paketzuschlag vorzunehmen.[33]

Aufgrund des abschließenden Charakters und der Systematik des vereinfachten Ertragswertverfahrens gibt es hier keinen Paketzuschlag. In einem „normalen" Ertragswertverfahren oder bei der Wertfindung anhand eines Drittverkaufes wäre ein Paketzuschlag vorzunehmen, sofern sich nicht ergibt, dass ein solcher bereits bei der Gutachtenermittlung oder Preisfindung inkludiert war.

▶ **Hinweis** *Bei Ermittlung des Substanzwertes (§ 11 Abs. 2 S. 3 BewG) gibt es auch keinen Paketzuschlag. Der Substanzwert ermittelt nicht den gemeinen Wert der Anteile, sodass ein Zuschlag ausscheidet.*[34]

Gibt es auch bei Personengesellschaften einen Paketzuschlag?

Mangels Verweisung auf § 11 Abs. 3 BewG in § 109 Abs. 2 BewG scheiden Paketzuschläge nach § 11 Abs. 3 BewG im Kontext der Bewertung von Anteilen an Personengesellschaften (weiterhin) aus. Dem Wortlaut nach ist der Paketzuschlag ausschließlich auf Kapitalgesellschaften anzuwenden.

2.4.7 Buchwertklausel bei Personengesellschaften

Fin schenkt seiner Freundin Lisa seine Beteiligung an einer Personengesellschaft (steuerlicher Wert 70 TE). Im Gesellschaftsvertrag der Personengesellschaft ist bestimmt, dass bei Ausscheiden eines Gesellschafters eine Abfindung an den ausscheidenden Gesellschafter zu zahlen ist. Für die Wertermittlung des Abfindungsanspruches wurde eine sog. Buchwertklausel (Wertberechnung ohne stille Reserven) verwendet. Hieraus errechnet sich ein Abfindungsanspruch von 50 TE. Wie ist der Fall steuerlich zu würdigen?

Fraglich ist, ob der Steuerwert der Beteiligung oder der Wert des Abfindungsanspruches für die Bewertung maßgeblich ist. In § 7 Abs. 5 S. 1 ErbStG ist geregelt, dass die Buchwertklausel zunächst bei der Wertermittlung unberücksichtigt bleibt. Hinsichtlich der Schenkung, die den Buchwert übersteigt (20 TE), gilt die Schenkung als auflösend bedingt

---

[32] Vgl. R B 11.8. Abs. 6 ErbStR 2019.
[33] Vgl. auch R B 11.8 Abs. 2 S. 3 ErbStR 2019.
[34] Vgl. R B 11.8. Abs. 2 S. 5 ErbStR 2019.

(vgl. § 7 Abs. 5 S. 2 ErbStG). Das Gesetz sagt nicht, welches Ereignis als Bedingungseintritt gewertet werden soll. Da die Abfindungsklausel für den Ausscheidens- oder Auflösungsfall gilt, liegt es nahe, das Ausscheiden des Gesellschafters oder die Auflösung der Gesellschaft als maßgebliches Ereignis anzusehen.[35]

Das bedeutet, dass Lisa eine Berichtigung der Steuerfestsetzung erst nach ihrem Ausscheiden aus der Gesellschaft beantragen kann (§ 5 Abs. 2 BewG).

▶ **Hinweis** *Wegen seiner systematischen Stellung bei den Schenkungen unter Lebenden gilt § 7 Abs. 5 ErbStG nicht für Erwerbe von Todes wegen. Ferner gilt § 7 Abs. 5 ErbStG nicht bei Beteiligungen an Kapitalgesellschaften.*

Literatur

Baldauf/Dorn/Korezkij (1.1.2025). Beck Online Kommentar Bewertungsgesetz, Kommentar (1. Edition, Stand: 01.01.2025), München: C.H. Beck.
Meincke/Hannes/Holtz (2021). Erbschaft- und Schenkungsteuer, Kommentar (18. Aufl.). München: C.H. Beck.
Rössler/Troll (2024). Bewertungsgesetz, Kommentar (38. Auflage). München: Vahlen.

---

[35] Veräußert oder verschenkt ein Gesellschafter seine Beteiligung, kann dieser Vorgang nicht zur Anwendung des § 7 Abs. 5 Satz 2 ErbStG führen. Denn ein Gesellschafter verfügt damit über die stillen Reserven als Teil seines Vermögens und kann sich daher nicht darauf berufen, dass er diese Reserven tatsächlich nicht erworben hat; vgl. Meincke/Hannes/Holtz ErbStG § 7 Rn. 144.

If you have any concerns about our products,
you can contact us on
ProductSafety@springernature.com

In case Publisher is established outside the EU,
the EU authorized representative is:
**Springer Nature Customer Service Center GmbH
Europaplatz 3, 69115 Heidelberg, Germany**

Printed by Libri Plureos GmbH
in Hamburg, Germany